इतिहास, परम्परा और आधुनिकता

वाणी प्रकाशन

इतिहास, परम्परा और आधुनिकता

दयानिधि मिश्र

प्रधान सम्पादक

उदयन मिश्र

प्रकाश उदय

सम्पादक

वाणी प्रकाशन

4695, 21-ए, दरियागंज, नयी दिल्ली 110 002

शाखा

अशोक राजपथ, पटना 800 004

फ़ोन : +91 11 23273167 फ़ैक्स : +91 11 23275710

www.vaniprakashan.in

vaniprakashan@gmail.com

ITIHAS, PARAMPARA AUR AADHUNIKTA

Editor in Chief : Dayanidhi Mishra

Editor : Udayan Mishra, Prakash Uday

ISBN : 978-93-5072-995-3

Criticism

प्रथम संस्करण 2015

मूल्य : ₹350

शुभम् ऑफ़सेट, दिल्ली-110093 में मुद्रित

वाणी प्रकाशन का लोगो मक़बूल फ़िदा हुसेन की कूची से

भूमिका

समाज की काल-चेतना से जुड़ कर 'इतिहास', 'परम्परा' और 'आधुनिकता' जैसी अवधारणाओं ने आज अनेक अर्थ ग्रहण कर लिए हैं और इनकी व्याख्या और उपयोग का दायरा बनता बिगड़ता रहा है। आमतौर पर संस्कृति में होने वाले परिवर्तनों और उसकी निरन्तरता को आत्मघात करने के लिए इन शब्दों का व्यवहार किया जाता है। यहाँ यह स्मरण रखना चाहिए कि संस्कृतियाँ अकेली निरपेक्ष नहीं होती हैं। उनका अन्य संस्कृतियों से विनिमय और तालमेल भी होता है। वे एक-दूसरे से प्रभावित भी होती हैं और स्वयं हर संस्कृति के भीतर परिवर्तन और उसका प्रतिरोध भी चलता रहता है। साथ ही संस्कृति में सर्जनात्मकता के तत्व भी मौजूद होते हैं जो न केवल समस्याओं का समाधान करते हैं बल्कि उनसे आगे जाने का मार्ग और नया विकल्प भी प्रस्तुत करते हैं। एक तरह से कहें तो संस्कृति एक गतिशील और समावेशी प्रक्रिया है और इसकी पहचान निरन्तर होती रहनी चाहिए। इसी पृष्ठभूमि में इस संकलन को प्रस्तुत किया गया है।

यह दुर्भाग्य ही कहा जायेगा कि विभिन्न किस्म के 'वादों' (इज़्म) से जोड़ कर साहित्य और संस्कृति के कई अध्येताओं ने इन शब्दों का उपयोग ऐसे प्रयोजन के लिए भी किया है जो संस्कृति के स्वभाव के विरुद्ध जाते हैं। इन शब्दों को प्रगति (अधोगति!) और उन्नति (अवनति!) से जोड़ने से इनके प्रति आकर्षण (और विकर्षण!) में और वृद्धि हुई है। इसी प्रवृत्ति का परिणाम है कि देश के सामाजिक-सांस्कृतिक विकास को समझने के औजार के रूप में भारतीय दृष्टि को दरकिनार कर उधार के पश्चिमी और तथाकथित अन्तरराष्ट्रीय पैमाने को अपनाकर इसे समझने की कोशिश हो रही है। यह कोशिश मानव समाज की सांस्कृतिक विविधता को झुठलाती है और जीवन की शैलियों की समृद्धि को नकारती है। आधुनिकता को पश्चिमीकरण और परम्परा को भारतीय (और दकियानूसी!) मान बैठने का समीकरण और ऐसी आधुनिकता की राह को ही सबका 'कॉमन' भविष्य मान बैठना अति सरलीकरण के अतिरिक्त कुछ नहीं है। इससे समाज और संस्कृति की जड़ें ही खोखली होंगी क्योंकि तब हमारी अपनी ही विरासत बोझ हो जायेगी और हमारी

अपनी पहचान संशय और सन्देह के घेरे में आ जायेगी। इसके उदाहरण आये दिन देखने को मिल रहे हैं।

आधुनिकता के नाम पर मात्र पश्चिमीकरण के हिमायती अक्सर भूल जाते हैं कि संस्कृति विकास का साधन भी है और लक्ष्य भी। आज इस बात के पर्याप्त प्रमाण उपलब्ध हैं कि विश्व के विभिन्न भागों में विकास का रथ उन स्थानों पर तेजी से आगे बढ़ा है जहाँ संस्कृति को शामिल करते हुए प्रयास किया गया। वस्तुत: संस्कृति समूह-विशेष का लक्षण (मात्र) नहीं है वह एक समुदाय की कारयित्री प्रतिभा का मूर्त रूप भी है और है एक सजीव प्रक्रिया। थोपा गया पश्चिमीकरण अनेकानेक विसंगतियों को जन्म दे रहा है और उसकी खामियाँ कई तरह से प्रकट हो रही हैं। जीवन-मूल्यों पर इसका व्यापक असर दिख रहा है।

भारतीय नेतृवर्ग उद्योग, तकनीकी, शिक्षा, भाषा आदि के मामलों में भारत के अपने मिजाज और जरूरत के बदले औद्योगिक और तथाकथित विकसित देशों की तर्ज पर विकास के मार्ग का अनुसरण करने में लग गया। हमने अंग्रेजों के द्वारा स्थापित और परिवर्धित मानसिक दृष्टि को अपनाते हुए जो प्रयास किये हैं उनकी प्रवृत्ति अधिकांशत: भारतीयों में अनुकरण को ही बढ़ावा देने की रही है न कि सृजन और नवाचार को प्रशस्त करने की। परन्तु इसका बड़ा अनपेक्षित परिणाम हमें बढ़ते हुए सांस्कृतिक विस्मरण के रूप में दिख रहा है, जो हमारी जीवनी-शक्ति को कम करता है और आत्मघाती है। इनसे जुड़े विमर्श में कुछ दिनों से वैश्विकता या भूमंडलीकरण (ग्लोबलाइजेशन) का एक और किरदार भी शामिल हो गया है।

इस संग्रह में परम्परा को स्वयं के पुनराविष्कार के रूप में ग्रहण करने न कि पुरातन के निर्जीव संग्रह के रूप में लेने पर बल दिया गया है। इस सोच में परम्परा और आधुनिकता के बीच कोई स्वाभाविक अन्तर्विरोध नहीं है और वे दो स्वतन्त्र कोटियों में नहीं आती हैं। साथ ही इतिहासबोध की व्याख्या को भी भारतीय सांस्कृतिक और वैचारिक परिदृश्य में ही देखना उचित और लाभदायक होगा। यह बात स्पष्ट रूप से उभर कर आयी कि भारतीय चिन्तन इतिहासग्रस्त नहीं है। वह इतिहास के आगे जाता है और काल की, समय की 'लीनियर' सीधी रेखा की अवधारणा को नकारता है।

प्रस्तुत संकलन में जो विचार उभरे हैं वे निर्विवाद रूप से इस तथ्य की ओर संकेत करते हैं कि बिना विचारे पश्चिम का अन्धानुकरण भारतीय समाज को आगे नहीं ले जा सकता। यहाँ की जरूरत के मुताबिक और यहाँ की परम्परा के अनुकूल किये गये प्रयास ही सफल हो सकते हैं। भारत की नब्ज टटोलना, उसे पहचानना और उसके अनुसार योजना बनाना ही श्रेयस्कर है। भारत के समृद्ध और समर्थ

वैचारिक और भौतिक संसाधनों का उचित रूप से विनियोग कर के ही हम आगे जा सकते हैं। आज पूरे विश्व में संस्कृति को एक संसाधन के रूप में लिया जा रहा है। संस्कृति हमारे सामने विकल्प रखती है, अवसर प्रदान करती है और कर्तृत्व को आकार देने के लिए प्रेरित करती है।

विजयादशमी, वि.सं. 2071

गिरीश्वर मिश्र

सम्पादकीय

इतिहास, परम्परा और आधुनिकता की हमारी एक अपनी, ठेठ देशी समझ है और इस समझ के अपने, ठेठ देशी सन्दर्भ हैं। समय की सताई और समय में समाई कुछ बीती बातों का यथासम्भव यथातथ्य वर्णन या विवरण मात्र न तो 'हमारे लिए' न ही 'हमारा' इतिहास हो सकता है; 'परम्परा' हमारे लिए वह 'ट्रेडिशन' नहीं हो सकती जिससे मुक्ति को ही हम 'आधुनिकता' समझने की भूल कर बैठें। जाहिर है कि हमारी यह समझ इसकी, सम्प्रति, प्रचलित और प्रचारित पश्चिमी समझ से हटकर है, लेकिन हटकर ही, कमतर तो कतई नहीं और बेशक इसे उससे बढ़कर मानने का भी खास कोई मतलब नहीं। हमारी जो समझ है वह हमारे अपने परिप्रेक्ष्य, अपने पर्यावरण के मुताबिक है, जिसे लेकर कोई कारण नहीं कि हम किसी अहसासे-कमतरी से सिकुड़े-से या बढ़कर होने के किसी गरबीले गुमान से अकड़े-से रहें। इन दोनों तरह की अतियों ने, इनकी आपसी तनातनी ने इतिहास, परम्परा और आधुनिकता पर हमारी बातचीत को बहुतेरे अवांछित आयामों की तरफ बहुधा और बहुविध भटकाया है। इस भटकाव में इन तीनों की, इन तीनों की अन्विति की अपनी और आपसी समझ हमने लगभग खो दी है। हमारे समय और शक्ति का एक बड़ा हिस्सा या तो इनकी बाहरी अवधारणाओं को अपने लायक या अपने को उन अवधारणाओं के लायक साबित करने में या उन्हें सिरे से खारिज करने में खर्च होता रहता है। इसके सबसे गम्भीर परिणामों में से एक यह है कि इस दिशा में या तो हमने सोचना ही छोड़ दिया है या फिर फार्मूला-प्रकार के सरलीकृत नुस्खों जैसी कुछ मान्यताओं से काम चलाने लगे हैं। यह वैश्विक कहे जाने वाले इस दौर में 'एकरूपता' को सांस्कृतिक वैविध्य की जगह ले लेने में सहूलियत दिलाने वाली बात है, इसलिए, जितनी लगती है उससे कहीं ज्यादा भयावह है। इस क्रम में हमने सामाजिक-आर्थिक विषमता के प्रतिकार की अपनी शक्ति खोयी है, सांस्कृतिक बहुलता के प्रति हमारे समादर और आकर्षण में कमी आयी है, बाहर से आयी प्रवृत्तियों के प्रति विवेकशील ग्रहणशीलता की जगह या तो याचकता ने ले ली है या विमूढ़ विरोध ने। कुल मिलाकर जो खोया है हमने वह है हमारा 'अपनापन',

हमारा स्वास्थ्य, स्व में स्थित होने का भाव, और जो पाया है वह है अपने इस खो देने का विस्मरण।

राहत यही है कि अपने इतिहास, अपनी परम्परा और आधुनिकता को लेकर द्वन्द्व-दुविधा के शिकार खासतौर पर अभिजन ही हैं, आम भारतीय आमतौर पर नहीं हैं, अपनी तमाम और लगातार उपेक्षाओं के बावजूद। इसी आम भारतीय, उसकी सूझ-समझ, सुख-दुख को बाँटने-ठाटने की उसकी उदारता और उसके पराक्रम के बल-बूते पण्डित विद्यानिवास मिश्र इतिहास, परम्परा और आधुनिकता के भारतीय बोध को और विश्व-परिप्रेक्ष्य में उसकी प्रासंगिकता को अपने रचना-कर्म में निरन्तर चर्चा में लाते रहे हैं। उनकी वैचारिकी के इस आयाम से प्रेरणा पाकर विश्वविद्यालय अनुदान आयोग के सहयोग से हिन्दी विभाग, श्री बलदेव पीजी कॉलेज, बड़ागाँव, वाराणसी और विद्याश्री न्यास ने संयुक्त रूप से 'इतिहास, परम्परा और आधुनिकता' पर केन्द्रित तीन दिवसीय (14-16 जनवरी, 2012) राष्ट्रीय संगोष्ठी और भारतीय लेखक-शिविर का आयोजन किया, जिसकी एक सारस्वत परिणति के रूप में यह पुस्तक है।

इस पुस्तक में भरसक, संगोष्ठी के अकादमिक सत्रों— इतिहास, परम्परा और आधुनिकता : अन्त:सम्बन्ध; इतिहास-बोध : भारतीय अवधारण; आधुनिकता और उसके विकल्प : वर्तमान सन्दर्भ और इतिहास, परम्परा और आधुनिकता की अन्विति—के क्रम से आलेखों को समायोजित किया गया है। संगोष्ठी के प्रत्येक अकादमिक सत्र में, विमर्श के लिए प्रस्तावित विषय के प्रस्थान-बिन्दु के रूप में पण्डित जी के रचना-लोक से चयनित जिन तीन आलेखों को (भारतीय इतिहास–बोध और भारत का प्रबुद्ध मानस, परम्परा : आधुनिक भारतीय सन्दर्भ, आधुनिकता : मेरी नजर में) प्रस्तुत किया गया था उन्हें एवं संगोष्ठी के केन्द्रीय विषय से सम्बद्ध उनकी कुछ दूसरी महत्त्वपूर्ण रचनाओं को भी इस पुस्तक में यथास्थान शामिल किया गया है। संकलित लेखों में श्री ओमप्रकाश, श्री अमरनाथ 'अमर', श्री माधवेन्द्र पाण्डेय, श्री अच्युतानन्द मिश्र, श्री चितरंजन मिश्र, श्री राजेन्द्र प्रसाद पाण्डेय, श्रीमती भारती गोरे तथा श्री अवधेश प्रधान के आलेख उनके व्याख्यान के टेप के आधार पर लिपिबद्ध किये गये हैं। श्री रामाश्रय राय तथा श्री रमेश चन्द्र शाह के आलेख विशेष रूप से आमंत्रित कर सम्मिलित किये गये हैं।

इतिहास, परम्परा और आधुनिकता पर केन्द्रित इस राष्ट्रीय संगोष्ठी और भारतीय लेखक-शिविर के आयोजन तथा इस पुस्तक की प्रस्तुति के सभी सहयोगियों के प्रति हम हृदय से आभारी हैं। व्याख्यानों को ध्वन्यंकित और उन्हें लिपिबद्ध करने में

अरविन्द चौधरी, धीरज सिंह, अनुराग शुक्ल तथा विमल मिश्र ने महत्त्वपूर्ण भूमिका निभाई है–इन्हें स्नेह और आशीर्वाद। यह पुस्तक इसमें सम्मिलित लेखकों की तो है ही, संगोष्ठी में शामिल सभी वक्ताओं-श्रोताओं की भी अपनी है, और उन्हीं को समर्पित है।

इस पुस्तक के प्रकाशन का ही नहीं, 'विद्यानिवास मिश्र स्मृति ग्रन्थमाला' की परिकल्पना का श्रेय भी श्री अरुण माहेश्वरी को है। 'भाषा, संस्कृति और लोक' के बाद यह पुस्तक 'इतिहास, परम्परा और आधुनिकता' इसी स्मृति ग्रन्थमाला की दूसरी कड़ी है। इसके लिए वाणी प्रकाशन एवं इसके अधिष्ठाता श्री अरुण माहेश्वरी के प्रति विद्याश्री न्यास कृतज्ञ है।

दयानिधि मिश्र
सचिव, विद्याश्री न्यास

वाराणसी
गंगा दशहरा,
वि.सं. 2071

अनुक्रम

भारतीय इतिहास-बोध और भारत का प्रबुद्ध मानस

विद्यानिवास मिश्र

इतिहास के सम्बन्ध में आधुनिक भारतीय मानस में एक संकोच का भाव आ गया है कि प्राचीन भारतीय चिन्तन अनैतिहासिक चिन्तन होने के कारण शायद कुछ अप्रामाणिक या कुछ कम प्रामाणिक न ठहरा दिया जाये। इसलिए इतिहास की दृष्टि प्रत्यारोपित करने के लिए अनेक प्रकार के प्रयत्न किये गये हैं। परन्तु इतिहास-सृष्टि या इतिहास-बोध किसी भी जातीय बोध के समग्र रूप का एक पहलू या खण्ड-मात्र होता है और जब तक उस समग्र बोध के सामंजस्य में उसे रखकर न देखा जाये, तब तक इतिहास-सृष्टि या इतिहास-बोध को सार्थक नहीं माना जा सकता। यह भी सम्भावना है कि उसे अलग से देखकर उसके आधार पर जातीय चेतना का मूल्यांकन किया जाए तो वह मूल्यांकन बड़ा ही विरूप और असमंजस हो सकता है।

हर संस्कृति का इतिहास-बोध उसके काल-बोध से जुड़ा हुआ है। भारतीय जीवन-पद्धति में काल की वास्तविकता दो रूपों में सार्थक है : एक तो प्रतिक्षण आवर्तमान काल जो कभी चुकता नहीं, जो निरन्तर पूरा होता रहता है, इसलिए अब्द, ऋतु जैसे शब्द इसके प्रवाहात्मक अर्थ को ही विशेष रूप से व्यंजित करते हैं। ऋतु का व्युत्पत्तिपरक अर्थ होता है 'गतिशील', और अब्द का 'कभी न गिरने वाला'। ऋतु-चक्र या वर्ष-चक्र का वैदिक अनुष्ठान में बहुत महत्त्वपूर्ण स्थान था। वर्ष का दूसरा नाम संवत्सर है। इसे अग्नि, यज्ञवेदी, यज्ञ, यजमान और प्रजापति इन सबके साथ एकात्म बतलाया गया है। ब्राह्मणों में इस वर्ष-चक्र की यज्ञ-प्रक्रिया के सन्दर्भ में स्थान-स्थान पर व्याख्या प्रस्तुत की गयी है। यज्ञ का उद्देश्य एक ओर यदि प्रजापति (स्रष्टा) का पुनर्जीवन है, तो दूसरी ओर खण्डित वर्ष का पुनः आकलन भी है; दूसरे शब्दों में, इसे सावधि काल को निरवधि काल में रूपान्तरित करने की प्रक्रिया भी कह सकते हैं। मिर्चे: इलियाद ने अपने ग्रन्थ 'कास्मास एण्ड हिस्टरी' में

इसकी ठीक ही व्याख्या की है कि भारतीय भावना में सृष्टि के आरम्भ के साथ जुड़ने की और उससे एकान्वित होने की बात इतनी सबल है कि प्रत्येक अनुष्ठान में मुख्य उद्देश्य जिस रूप में सृष्टि दिख रही है उसके प्रादुर्भाव के सकल क्षण का प्रादुर्भाव होता है। सर्वमेध या पुरुष-मेध का अर्थ खींचकर जो नर-बलि की ओर ले जाना चाहते हैं, वे यह भूल जाते हैं कि पूरा-का-पूरा चिन्तन परोक्ष चिन्तन है, जिसमें प्रतीक से अधिक प्रतीकार्थ पर बल है, इसलिए पुरुष-सूक्त जैसे सूक्तों में पुरुष को हविष बनाने की बात किसी मानवीय देह से उद्भूत न होकर पूरी प्रपंचात्मक सृष्टि के विश्लेषण से उद्भूत है, जिनके अन्तर्गत न केवल ऋतु-चक्र आता है, न केवल समस्त प्राणिजगत आता है, बल्कि पूरी सामाजिक व्यवस्था और मनुष्य की सांस्कृतिक चेतना भी आ जाती है। इस यज्ञ के द्वारा देवताओं ने यज्ञ की ही उपासना की है; दूसरे शब्दों में, खण्ड को अखण्ड बनाने की प्रक्रिया को ही परम उपास्य के रूप में प्रस्थापित किया है। इस प्रकार खण्ड-रूप में भी काल-बोध भारतीय चिन्तन में अखण्ड-बोध का साधन है, स्वयं में साध्य नहीं।

अधिकांश भारतीय दर्शनों में स्वयं सृष्टि काल के भीतर न होकर कालातीत होती है और काल सृष्टि का अंगीभूत होकर सृष्टि-प्रक्रिया के प्रतिभास के रूप में उद्भासित होता है। इसलिए काल का सावधि रूप उतना महत्त्व न रखकर निरवधि रूप ही महत्त्व रखता है, चाहे दैनिक अनुष्ठान हो, चाहे कथा-साहित्य हो, चाहे काव्य-योजना हो, चाहे पुराण-रचना हो, चाहे शिल्प हो चाहे नाट्य-कला हो, सर्वत्र इसी निरवधि काल के व्यंजक के रूप में सावधि काल की ऊर्मियाँ नर्तनशील दिखाई गयी हैं।

यह आकस्मिक संयोग-मात्र नहीं है कि भारतीय ज्योतिष गणना निरयन गणना है, जिसमें सृष्टि के आरम्भ के क्षण की स्थिति आज की दृश्य स्थिति से अधिक महत्त्व रखती है, क्योंकि जीवन का सृष्टि के प्रथम क्षण के साथ अनिवार्य सम्बन्ध है, उसका केवल अभिव्यंजन एक सावधि क्षण के माध्यम से आज हो रहा है। यह भी केवल आकस्मिक नहीं है कि महाकाव्यों में षड्-ऋतु-वर्णन की परम्परा रूढ़ हुई या कथा-साहित्य में जन्म-जन्मान्तर-व्यापी प्रेम का कथानक इतना लोकप्रिय हुआ, या आनुष्ठानिक कल्पना में एक में गुँथे हुए लता और पक्षियुग्म-अभिप्रायों को इतना महत्त्वपूर्ण स्थान मिला। इन सबके पीछे प्रवहमान अनन्तकाल की शृंखला का अनुबोधन खण्ड-काल के माध्यम से करना ही अभिप्रेत रहा है।

कुछ आधुनिक विचारकों ने ऐतिहासिक सापेक्षता की बात उठाते हुए यह स्थापना की है कि जिस प्रकार भौतिक विज्ञान में प्रत्येक गति का आकलन प्रेक्षक की स्थिति पर आधारित है, उसी प्रकार इतिहास में भी प्रत्येक मानदण्ड का अपरिहार्य

रूप से निर्धारण उस बिन्दु से होता है, जहाँ पर कोई ग्रहीता स्थित है और जिससे वह उद्भूत है (एर्न्स्ट ट्रेल्स)। स्पेंग्लर ने ऐतिहासिक सीमा की ओर संकेत करते हुए यह कहा कि हम पूरी इतिहास-व्याख्या के सहज केन्द्र के रूप में किसी विशेष भू-भाग को चुन लेते हैं, उसी को हम केन्द्रवर्ती सूर्य मान बैठते हैं, इसी से इतिहास की समस्त घटनाएँ वास्तविक प्रकाश पाती हैं। स्पेंग्लर के आलोचकों ने भी इतना तो स्वीकार ही किया है कि ऐतिहासिकता की सीमा है, वह सीमा है यह केन्द्रभूत धारणा कि मानस मानव के लिए पवित्र है। स्पेंग्लर की दूसरी बात यह भी अब मानी जाने लगी है कि विश्व-इतिहास यूरोप-केन्द्रित ही नहीं है; पर इसके बावजूद पश्चिम का विचारक अब भी मूल्य-बोध को या सत्य की प्रमाणभूत कसौटी को सामाजिक-सांस्कृतिक परिवर्त्य (वेरिएबल्) का ही व्यापार मानता है। वह इसीलिए इतिहास के निरपेक्ष मूल्य को स्वीकार न करते हुए भी उसके बन्धन से अपने को मुक्त नहीं कर पाता है, क्योंकि वह यह मानकर चलता है कि कोई भी व्यक्ति अपने काल का अतिक्रमण नहीं कर सकता है और प्रत्येक विचारक अपने युग की सन्तान होता है। दूसरे शब्दों में, ऐतिहासिक कार्य-कारण-परम्परा से अलग जाकर किसी घटना को समझने की कोशिश पश्चिमी चिन्तन में उपहासास्पद समझी जाती है। अधिक-से-अधिक यही सम्भव प्रतीत होता है कि कार्य-कारण-परम्परा को एक अपरिहार्य विसंगति के रूप में देखकर मनुष्य की नियति पर आक्रोश व्यक्त किया जाये। इतिहास में बँधे प्राणी की छटपटाहट की मुक्ति का यही चरम स्वरूप पश्चिमी विचारक की दृष्टि में सम्भव है।

प्राचीन भारतीय दृष्टि इसी माने में 'अनैतिहासिक' है कि वह इतिहास के प्रामाण्य को न तो स्वीकार करती है और न अस्वीकार ही; वह इसका अतिक्रमण करके एक नैरन्तर्य-बोध के द्वारा इतिहास को भी प्रमाणित करती रहती है। इतिहास शब्द का मूल अर्थ है 'इति ह आस' (ऐसा ही होता आया है) अर्थात् क्रिया यहाँ भूतकालिक नहीं है, यह पूर्ण वर्तमानकाल की द्योतक है। दूसरे शब्दों में भारतीय कल्पना के अनुसार इतिहास के द्वारा जो विवरण प्रस्तुत किया जा रहा है, वह विवरण अतीत की घटना का वर्तमान की सापेक्षता में प्रस्तुत विवरण नहीं है, वह विवरण वर्तमानता या शाश्वत प्रवहमानता में ही प्रमाणित विवरण है। इसलिए चार युगों, इकहत्तर चतुर्युगों, चौदह मन्वन्तरों, सत्ताईस कल्पों और वत्सरों, संवत्सरों और परिवत्सरों की बात आवर्तमान काल के ऊपर बल देने के लिए की गयी है। ऊपर से देखने पर यह काल-गणना बड़ी अवास्तविक और बड़ी बेकार लगती है, पर गहराई में जाने पर इसमें एक भीतरी प्रयोजनवत्ता दीखती है, वह यह कि काल के एक बड़े खण्ड के अवयव के रूप में छोटे खण्ड को और भी बड़े अवयव के रूप में देखना अधिक

वास्तविक काल-बोध है। जिस रामायण और महाभारत को इतिहास संज्ञा दी गयी है, वह आज के अर्थ में इतिहास नहीं है, क्योंकि एक क्रमिक वंश के विस्तार की बात करते हुए किसी-न-किसी रूप में सृष्टि के आवर्तन-क्रम का बार-बार विवरण सन्निविष्ट करके मानवीय इतिहास को उसकी सीमा से निरन्तर ऊपर उठाने की कोशिश की गयी है। मनुष्य केवल मनुष्य के लिए ही पवित्र नहीं है, बल्कि समस्त सृष्टि में मूल्य-बोध के प्रतिष्ठापक के रूप में, समस्त सृष्टि में सामंजस्य के स्थापक के रूप में और समस्त आध्यात्मिक सत्ता को प्रमाणित करने वाले चेतन जीव के रूप में वह श्रेष्ठ है, परतर है (उसके लिए कोई पर नहीं है)–न मानुषात्परतरं किंचिदस्ति–मनुष्य से श्रेष्ठ और कुछ नहीं है, क्योंकि श्रेष्ठता का निर्धारक यदि कुछ है तो मनुष्य की अपरता या आत्मीयता ही है, जिसके कारण उसकी जीवन-यात्रा पूर्ण चैतन्य की अद्वितीय और एकमात्र अभिव्यंजक होती है। इससे यह बिल्कुल स्पष्ट है कि भारतीय इतिहास-बोध मानव को उसकी नियति से पृथक् न देखकर उसको केवल नियन्ता या नियत नहीं मानता, मनुष्य इस दृष्टि से अनैतिहासिक चिन्तन में–नियन्ता, नियति और नियत–तीनों है।

किन्तु इससे यह समझना कि भारतीय इतिहास-बोध केवल काल-चक्र के आवर्तन के बोध तक सीमित है और उसमें प्रगति की कोई सम्भावना नहीं है, बहुत बड़ी भूल होगी; क्योंकि चक्र-परिवर्तन की बात आदिम मानवीय प्रकृति-सम्पृक्त चिन्तन से संभूत होते हुए भी भारतीय चिन्तन की विकसित अवस्था में एक केन्द्रित चक्र से ऊपर उठकर एक-बहु-केन्द्रिक आरोही शंखवलयों के रूप में परिणत हो जाती है, ये शंख-वलय अन्त में एक अनन्त शिखरबिन्दु में विलीन हो जाते हैं। वस्तुतः काल-बोध एक प्रतिभासिक प्रतीति-मात्र है, यहाँ तक कि वर्तमान भी वास्तविक रूप में सत् नहीं है; वस्तुतः खण्ड-काल की प्रतीति एक ओर सूक्ष्मतर खण्ड में जाकर सत्-रूप में होती है, दूसरी ओर अखण्ड या अनन्त में जाकर–इस प्रकार वह शून्योन्मुख और अनन्तोन्मुख के रूप में ही सत् है। अभिनवगुप्तपाद ने अपनी ईश्वर-प्रत्यभिज्ञा-विमर्शिनी में इसे और अधिक स्पष्ट करते हुए कहा है कि सत् न तो केवल कोई काल-निरपेक्ष प्रतीति है, न दिक्काल से नियन्त्रित प्रतीति है, बल्कि यह दिक्काल से अलग रह सकने की अपनी क्षमता की प्रतीति है, पर इसके साथ ही ऐसी क्षमता की प्रतीति भी, जो दिक्काल में संसक्त हो सकती है। यह प्रतीति उस आदिम धारणा से अलग है जो सृष्टि प्रक्रिया के बीच-बीच में प्रलय की अपरिहार्यता को स्वीकार करती हुई पुनः सृष्टि के आरम्भ के कालातीत क्षण में प्रतिनिवर्तन कराती रहती है क्योंकि यह सृष्टि-चक्र के पुनरावर्तन में नयी सम्भावनाओं की उद्‌भावना करती है। यह उद्‌भावना अवतार और उसकी लीला के द्वारा एक ओर, और जीवन-

मुक्त होने के बाद भी लोक के दुःख के लिए जन्म और मृत्यु के बन्धन को वरण करने वाले बोधिसत्त्व या अर्हत् या परमहंस भक्त के चरम मानवीय आदर्श द्वारा दूसरी ओर कराई जाती है, जिससे एक ओर एक अन्तिम और अपरिवर्तनीय मानवीय नियति की धारणा का खण्डन सम्भव होता है, तो दूसरी ओर आध्यात्मिक सत्ता की तटस्थ और असम्पृक्त प्रकृष्टता का भी प्रत्याख्यान सम्भव होता है। इसका सहज परिणाम यह होता है कि भारतीय प्रतिभा इतिहास को स्वीकार करती हुई भी इतिहास के आतंक को जरूर नकार देती है, क्योंकि इतिहास तभी आतंकित कर सकता है जब वह कार्य-कारण परम्परा को जन्म दे; जब इतिहास स्वयं किसी महत्तर उद्देश्य की अभिव्यक्ति का माध्यम मात्र हो, तो वह आतंक नहीं उत्पन्न कर सकता।

पश्चिमी चिन्तन में इतिहास के प्रति आबद्ध भाव ने ही एक निश्चित और ध्रुव-मानक जीवन-मूल्य की अवधारणा पर विशेष बल दिया है। ग्रीक चिन्तन में डाइकी (न्याय-व्यवस्था) का महत्त्व सर्वोपरि था। इसके विपरीत समानान्तर वैदिक चिन्तन में समचित्तता पर या समतालता पर विशेष बल दिया गया है। और समतालता मन, वचन और कर्म तीनों में अपेक्षित है, केवल मनुष्य और मनुष्य के बीच ही नहीं, बल्कि मनुष्य और विश्व के बीच भी। इसी समतालता को सौमनस्य कहा गया है। यह उल्लेखनीय है कि व्यवस्था या ऋत किसी एक निरपेक्ष सत्य सद्भूत न होकर ऋत और सत्य दोनों, तपस्, आदि चैतन्य शक्ति के उत्ताप से उद्भूत माने गये हैं। ग्रीक सामाजिक व्यवस्था की कल्पना व्यक्तियों की विविधता से नगर-समुदाय की एकता में सतही परिणति के रूप में व्याख्यायित थी। पर तपस् से ऋत और सत्य की उत्पत्ति की बात एक साथ दो दिशाओं में गतिशीलता का संकेत करती है, एक ओर यह सघन केन्द्र के असंख्य वृत्तों में अपरिमित आकारों में अप्रमेय रूपान्तर की प्रक्रिया है; दूसरी ओर यह इस विस्तार के द्वारा अस्तित्व के भीतरी अभिप्राय के साथ ताद्रूप्य की अन्तर्मुखी प्रक्रिया भी है। जहाँ पश्चिमी चिन्तन में, ग्रीक चिन्तन की परम्परा में एक विश्व की अद्वितीयता और निरपेक्षता पर बल है, वहाँ भारतोय चिन्तन में अनेक विश्वों की सहवर्तिता और उसकी सापेक्ष मूल्यवत्ता पर ही विशेष बल दिया गया है। इसीलिए यहाँ मनुष्य और विश्व के बीच, मनुष्य और मानव-समाज के बीच, पूर्ववर्ती और परवर्ती मानव-समाज के बीच कार्य-कारण-सम्बन्ध की बात बेमानी हो जाती है; परस्पर अन्तरवलम्बिता की बात ही ज्यादा अर्थ रखती है।

इस प्रकार भारतीय चिन्तन में इतिहास-बोध एक सीमित मानवीय सन्दर्भ से मुक्त होकर अधिक व्यापक चेतन सन्दर्भ से जुड़कर पुराण-बोध (पुराने के नये रूप में नवजायमान होने के बोध) में परिणत हो जाता है। यह पुराण-बोध खण्ड-काल का तो अतिक्रमण करता ही है, खण्ड-देश का भी अतिक्रमण करता है। इसीलिए

भारतीय चिन्तन के सन्दर्भ में किसी जाति-विशेष या भौगोलिक खण्ड-विशेष की चेतना की बात अप्रासंगिक हो जाती है। इतिहास न तो मानवीय सोद्देश्यता की परिपूर्ति है, न आगे की मानवीय यात्रा को प्रवर्तित कराने वाला ध्रुवतारा ही है। वह केवल मानवीय आकांक्षाओं की परिपूर्ति की लम्बी प्रक्रिया की बीच-बीच में टूटी हुई कड़ी-मात्र है। इसीलिए जिस प्रकार की वीर-पूजा पश्चिम में है, वह कम-से-कम भारत (भारत का अर्थ भारत देश नहीं, बल्कि भारत भाव) में नहीं है। जिस प्रकार इतिहास-पुरुष के रूप में मूसा, ईसामसीह और मुहम्मद साहब की प्रतिष्ठा है उस रूप में राम, कृष्ण और बुद्ध की प्रतिष्ठा नहीं है। मूसा, ईसा मसीह और मुहम्मद साहब जातीय ऐतिहासिक उद्देश्यों की परिपूर्ति के प्रतिमान हैं। वे एक ईश्वरीय अभिप्राय के उत्कृष्टतम संकेत हैं। उनके साथ ही इतिहास की सोद्देश्यता समाप्त हो जाती है और उनका अनुवर्तन ही मानव-इतिहास का चरम उद्देश्य बचा रहता है। ठीक इसके विपरीत राम, कृष्ण या बुद्ध ईश्वरीय प्रतिभू या प्रतिनिधि या विराट् मानवीय सम्भावना के सिद्ध उत्कर्ष बिन्दु नहीं हैं। वे समष्टि-चैतन्य के व्यष्टि-चैतन्य के रूप में ऐसे रूपान्तर हैं, जो व्यष्टि और समष्टि दोनों को एक साथ अपनी लीला से सार्थकता प्रदान करते हैं। साथ ही उनकी लीला एक दिक्काल-विशेष में घटित न होकर नित्य अभिव्यक्त और शाश्वत है, उसकी सम्भावना कभी चुकती नहीं। एक तरह से मनुष्य की अछोर आकांक्षा की तरह उनकी लीला भी अछोर है। इन लीला-पुरुषों की उपासना इतिहास-पुरुष के रूप में न होकर अपने बीच उपस्थित अपनी ईश्वरीयता के प्रमाण के रूप में या विराट् सृष्टि में स्पन्दित मानवीयता की नित्य अभिव्यंजना के प्रमाण के रूप में एक जीवन्त उपस्थिति के तौर पर की जाती है। जिस प्रकार की वीर-मूर्ति पूजा का भाव स्वाधीनोत्तर भारत में पश्चिम के प्रभाव से जगा है, वह भारतीय इतिहास-बोध का विपर्यास है। इसे मूर्ति-पूजा कहना भी उचित नहीं है, यह वस्तुतः मूर्ति-मोह है। इसलिए कभी शिवाजी की प्रतिमा तोड़ी जाती है तो कभी गाँधी की, कभी राम के चित्र पर जूते बरसाये जाते हैं, सीता को पात्र बनाकर विरूप कहानियाँ गढ़ी जाती हैं। मूर्ति का मोह होगा तो उस मोह का भंग भी होगा–और यदि मूर्ति अपने में वास्तविक न होकर भावना से वास्तविकता प्राप्त करेगी तो उस भावना के रहते मूर्ति भग्न भी हो जाये, तो उपासना की कोई क्षति नहीं होती, क्योंकि वह नयी मूर्ति तुरन्त गढ़ लेगी। मूर्ति निरपेक्ष रूप से पवित्र नहीं होती, निरपेक्ष रूप से देवता भी नहीं होती, इसलिए टूटा हुआ मन्दिर या भग्न मूर्ति उपास्य नहीं रह पाते हैं। जिस मूर्ति की उपासना अविच्छिन्न रूप से होती रहती है, वह चाहे मनुष्यरचित आकार वाली हो या स्वयंभू हो, इससे कुछ खास बनता-बिगड़ता नहीं, क्योंकि उपासना सिद्ध वस्तु की नहीं होती, उपासना तो एक साधना है, जिसमें उपास्य

निरन्तर साध्य रहता है। सिद्ध इतिहास-पुरुष की कल्पना एक खण्ड-सृष्टि में बँधनेवाली उपासना है।

आज का भारतीय प्रबुद्ध वर्ग खण्ड-बोध का शिकार है इसलिए उसने अपने सांस्कृतिक दाय को भी ठीक-ठीक नहीं पहचाना है। वह सांस्कृतिक दाय को मूलवत्ता प्रदान करने के लिए खण्ड इतिहास-बोध का सहारा लेकर एक गौरवशाली इतिहास की रचना करने लगा है (बिना इस कल्पना के भी इतिहास कुछ कन गौरवशाली न था; हाँ यह जरूर था कि हिन्दुस्तान नामक देश का कोरा इतिहास न था, तब वह विशेष प्रकार की मानवीय साझेदारी का इतिहास था और उसके साझीदार तमाम दुनिया के वे सारे लोग थे, जो अपने को भारतीय या हिन्दू न कहते हुए भी एक विशेष प्रकार का विश्व-नागरिक मानते थे) और इस रचना के जाल में वह ऐसा फँस गया है कि कल्पित इतिहास के बचाव में वह पश्चिम के आदमी से भी अधिक संकीर्ण, रूढ़िवादी, राष्ट्रीयतावादी और भारतीयतावादी बनकर सही नाने में भारत की अस्मिता से एकदम बिछुड़ गया है। इस बिछुड़न ने ही प्रबुद्ध मानव में एक विचित्र प्रकार की जड़ आक्रामकता उत्पन्न की है। यह आक्रामकता है अपने विरुद्ध, अपनी अस्मिता के विरुद्ध–इसीलिए इस बौद्धिक वर्ग की गति अवरुद्ध है और यह आक्रामकता एकदम विफल है।

यदि एक प्रबुद्ध वर्ग इतिहास के निर्माण और उस निर्माण की प्रतिरक्षा के बचकाने प्रयत्न से हटकर भारतीय इतिहास-बोध को ठीक तरह से ग्रहण करके विश्व-इतिहास को समझने की नयी दृष्टि दे सके, तो उसकी भारतीयता सही माने में प्रमाणित होगी ही, वह अतीत से वर्तमान को प्रमाणित करने को निरर्थकता का खण्डन करके समस्त मानव जाति के लिए अतीत के प्रमाण के रूप में वर्तमान की सार्थकता का सन्देश भी दे सकेगा।

'परम्परा बन्धन नहीं', 1976 से साभार

इतिहास-बोध : भारतीय अवधारणा

रामाश्रय राय

आधुनिक मानव के सम्बन्ध में नीत्शे का कथन बहुत ही सार्थक और गम्भीर है, नीत्शे का कहना है कि ऐतिहासिक कल्पना की उड़ान कभी इतना ऊँचा नहीं गयी थी। मनुष्य का इतिहास, जानवरों और वनस्पतियों से अविच्छिन्नता का ही द्योतक है। मनुष्य की दृष्टि आज सर्वगामी हो गयी है। वह विश्व-प्रक्रिया के शिखर पर गर्वपूर्वक खड़ा है; अब वह ज्ञान-निर्मिति की अट्टालिका में अन्तिम ईंट लगाने को तत्पर है, तो वह प्रकृति के सामने उद्घोष कर रहा है : हम सर्वोपरि हैं, हम प्रकृति की पूर्णता के द्योतक हैं।

मनुष्य का यह उद्घोष उसके अहंकार का द्योतक है ही, इसके साथ ही यह उसके पराभव का भी संकेतक है। तो आधुनिक मानव आज जिस विडम्बना की स्थिति में पड़ा है, वह उसकी पूर्णता की दावेदारी से उत्पन्न प्रभुता की कामना और उसकी सिद्धि के प्रयास के कारण ही बनी है। और इसी बिडम्बना की पृष्ठभूमि में इतिहास का भारतीय बोध बोधगम्य हो सकता है। कहने की आवश्यकता नहीं कि नीत्शे जिस ऐतिहासिक कल्पना की बात करता है, वह अर्वाचीन है, पुरातन नहीं, प्राचीन नहीं। यह कल्पना तो आधुनिक है, मात्र तीन सौ साल पुरानी।

तीन-चार सौ साल पहले यूरोप में धार्मिक सुधार की जो लहर चली थी, उसमें न सिर्फ ईसाई धर्म की संस्थानिक व्यवस्था को क्षत-विक्षत कर दिया, और धार्मिक सम्प्रदायों की बाढ़ से यूरोपीय समाज को आप्लावित कर दिया, इसने आध्यात्मिक सामञ्जस्य को भी समाप्त कर दिया। मत-विभिन्नता के फलस्वरूप आध्यात्मिक दृष्टि का इतना क्षरण हुआ कि ईश्वर का अस्तित्व ही संदिग्ध हो गया और वह जन-जीवन से प्राय: विलुप्त ही हो गया।

इसी पृष्ठभूमि में हम फ्वायर बाख के इस वक्तव्य का महत्त्व आँक सकते हैं कि ईश्वर की कल्पना तो मनोवैज्ञानिक प्रक्षेपण मात्र है। फ्वायर बाख ने ईश्वर को कम-से-कम मनोवैज्ञानिक प्रक्षेपण तो माना, परन्तु मार्क्स ने ईश्वर की कल्पना को मनुष्य

में ही अरोपित कर दिया। तो आश्चर्य नहीं कि आधुनिक काल में मनुष्य ईश्वरत्व का दावा करता है। और इसी दावे को नीत्शे ने उपरोक्त कथन में अभिव्यक्त किया है। इस दावे का एक परिणाम तो यह हुआ कि इतिहास का बोध जो पहले आध्यात्मिकता से आप्लावित, उत्प्रेरित हुआ करता था, वह एक लौकिक दृष्टि या परिप्रेक्ष्य का प्रक्षेपण मात्र बन कर रह गया।

इतिहास के आध्यात्मिक बोध के लौकिक बोध में परिवर्तित होने का सबसे अच्छा उदाहरण है वाल्टेयर बोसुए (Bossuet) के इतिहास-लेखन की आलोचना। बोसुए ने अपनी पुस्तक "विश्व इतिहास वार्ता (Discours sur li histour, 1681) में विश्व इतिहास का ईसाई धर्म के परिप्रेक्ष्य से विवरण दिया है। इस सम्बन्ध में वाल्टेयर का यह तर्क था कि ईसाई धर्म के परिप्रेक्ष्य से लिखा गया कोई भी इतिहास अधूरा है, क्योंकि ईसाई धर्म का प्रसार सारी दुनिया में नहीं। संसार का बहुत बड़ा भाग ईसाई धर्म से अछूता है। इसलिए संसार का बहुत बड़ा भाग ईसाई धर्म से न तो प्रभावित है और न ही इसके प्रति समर्पित। और वाल्टेयर का यह तर्क भी था जब सभी धर्म सारे संसार में फैलकर विश्वव्यापी नहीं हो जाते, धार्मिक दृष्टि से लिखा गया इतिहास मात्र एक अधूरी कहानी है। और इसलिए ऐसा कोई भी इतिहास अर्थहीन ही नहीं, अपितु भ्रामक भी है। अत: इतिहास-लेखन का प्रेरणा-स्रोत धर्म नहीं हो सकता। इस दृष्टि से यह आवश्यक हो जाता है कि हम धर्म के अतिरिक्त किसी ऐसे परिप्रेक्ष्य को ढूँढ़ें अंगीकृत करें, जिसके आधार पर विश्व का वास्तविक चित्र खींचा जा सके। वाल्टेयर की दृष्टि में ऐसा परिप्रेक्ष्य, ऐसा केन्द्रविन्दु मनुष्य की मनीषा (human spirit) के अतिरिक्त और कुछ नहीं हो सकता। वाल्टेयर की दृष्टि में कालपथ पर मनुष्य की मनीषा के सतत अग्रसर होते रहने का लेखा-जोखा ही इतिहास-लेखन का मूल अभिप्राय होना चाहिए।

इस बात को ध्यान में रखते हुए वाल्टेयर ने इतिहास-लेखन की एक शर्त तो यह रखी कि इसका लक्ष्य पूर्णता होना चाहिए। इस शर्त का यह आग्रह है कि ऐसे सभी तथ्यों का संकलन आवश्यक है जो इतिहास की कथावस्तु की सविस्तार चर्चा के लिए आवश्यक है। परन्तु यह शर्त ऐसी है जिसका अनुपालन कर पाना असम्भव है। किसी भी इतिहास-लेखक के लिए यह शर्त निभा पाना मुश्किल है। अत: आवश्यक यह है कि तथ्यों के संकलन की कोई कसौटी हो, कोई ऐसा मापदण्ड हो जिसके सहारे आवश्यक और उपयुक्त परन्तु सहज प्राप्य जो तथ्य हैं उन्हें संकलित किया जा सके। वाल्टेयर की दृष्टि में ऐसा परिप्रेक्ष्य, ऐसा केन्द्रविन्दु सिर्फ एक है : मानव मनीषा (spirit) की बर्बर स्थिति से गुजरते हुए सभ्यता की सामन्तवादी अवस्था को पार कर आज की उन्नत सभ्यता में प्रविष्टि की कहानी। यही कहानी कहना

इतिहास-लेखन का लक्ष्य होना चाहिए, ऐसा वाल्टेयर ने माना।

यहाँ वाल्टेयर की दृष्टि के तीन दोषों की ओर ध्यान आकर्षित करना आवश्यक है। प्रथम दोष तो यह है कि सारे तथ्यों को जुटा पाना वांछनीय तो हो सकता है, परन्तु सम्भव नहीं। इसका कारण स्पष्ट है। काल-प्रवाह में नये-नये तथ्य उभरते तो रहते ही हैं, उनमें से कुछ तथ्य ऐसे भी होते हैं जो किसी-न-किसी कारण से नष्ट हो जाते हैं। इसके परिणामस्वरूप इतिहास-लेखन के केन्द्रविन्दु भी बदलते रहते हैं। अत: किसी सुनिश्चित केन्द्रविन्दु की कल्पना ही भ्रामक है।

दूसरे, अगर पूर्णता के लक्ष्य की सिद्धि सम्भव भी हो, तो इतिहास को अर्थवान बनाने के लिए किसी केन्द्रविन्दु के चयन के फलस्वरूप इतिहास व्यापक तो हो सकता है,परन्तु इसमें दो दोष दृष्टिगत होते हैं, एक तो तथ्यों की समष्टि पर किसी खास केन्द्रबिन्दु को प्रक्षेपित करने का निहितार्थ एक ऐसी चयन-प्रक्रिया है जिसके कारण कुछ तथ्यों का चयन होता है, तो कुछ दूसरे तथ्य छोड़ दिये जाते हैं। यह ठीक है कि स्वीकृत केन्द्रविन्दु के आधार पर तथ्यों का चयन होता है और फिर इन तथ्यों के आधार पर इतिहास का लिखना सम्भव हो पाता है। परन्तु यह कभी स्पष्ट नहीं किया जाता कि किसी खास केन्द्रविन्दु का चयन क्यों किया गया या अगर कारण बताए भी जाते हैं, तो इनका कोई सुविचारित सैद्धान्तिक या बुद्धिवादी आधार नहीं होता। ऐसे केन्द्रविन्दुओं को सार्थकता प्रदान करती है प्रारम्भिक परिभाषा मात्र। परन्तु यह कभी भी स्पष्ट नहीं किया जाता कि किसी खास प्रारम्भिक अवधारणा को ही क्यों चुना गया।

और अन्त में, वाल्टेयर इतिहास-लेखन के लिए जिस उपयोगी केन्द्रबिन्दु की चर्चा करता है वह है मानव मनीषा के काल पथ पर बढ़ते कदम, अर्थात् सभ्यता की प्रगति की कहानी। यह तो मानना पड़ेगा कि सभ्यता की प्रगति के क्रम में इतिहास की मूलधाराओं में क्रान्तिकारी परिवर्तन हुए हैं और इसके फलस्वरूप मनुष्य की जीवन-शैली में दूरगामी परिवर्तन हुए हैं। इस परिवर्तन के मूल में जीवन-दर्शन में आधारभूत संशोधन हैं। इन परिवर्तनों के फलस्वरूप इतिहास का काल-विभाजन हुआ और प्रत्येक काल के मूल में अलग-अलग प्रेरक शक्तियाँ–वैचारिक, व्यावहारिक आदि काम कर रही थीं। वाल्टेयर इस काल-विभाजन के पीछे प्रगति की झाँकी देखता है और इस प्रगति के क्रम में मनुष्य की अस्तित्वात्मक अवस्था में निरन्तर उत्कर्ष की कल्पना ही वाल्टेयर को दृष्टिगत होती है। परन्तु मुश्किल तो यह है कि ऐसे केन्द्रबिन्दुओं के चयन का आधार या तो कोई विशिष्ट जीवन-दर्शन होता है, या वैचारिक आग्रह, या फिर वैयक्तिक पसन्द-नापसन्द।

वाल्टेयर इतिहास-लेखन के लिए जिस उपयुक्त केन्द्रविन्दु की चर्चा करता है,

उसके मूल में इतिहास की अर्थवादी व्याख्या ही अभिव्यक्त होती है। इतिहास के बढ़ते कदम के पीछे जो प्रेरक शक्ति कार्यरत है, उसके दो रूप देखे जा सकते हैं। वाल्टेयर जिस मानव सभ्यता के उत्कर्ष, उसकी समृद्धि की ओर संकेत करता है, वह समृद्धि मूल रूप से आर्थिक या यों कहें, भौतिक है। आदिकाल की सरल, निश्छल जीवनशैली की प्रारम्भिक अवस्था से सभ्यता के विकास का पथ संश्लिष्ट, औद्योगिक रूप से समृद्धि और सरलता और निश्छलता से दूर होता हुआ भोगवादी जीवनशैली की ओर कुछ सौ साल पहले ही मुड़ गया था। इसी तरफ वाल्टेयर का इशारा है और उसका इतिहास से भी इसी यात्रा के विवरण का आशय स्पष्ट होता है। परन्तु इसका दूसरा रूप भी है, यह रूप है पावन की कल्पना का परित्याग। यूरोप में धार्मिक सुधार का जो आन्दोलन चला था, उससे ईसाई धर्म का विभाजन तो हुआ ही, इसके साथ ही धर्मतन्त्र इतनी बुरी तरह से विभाजित हो गया कि ईश्वर के प्रति विश्वास विज्ञान की बौद्धिकता की तरंगों में हिलकोरे खाते-खाते वितल में ही चला गया। और फिर अर्थतन्त्र का बोल-बाला हो गया।

इसका एक विषम परिणाम तो यह हुआ कि पावन (Sacred) इतिहास की कल्पना भी पावन के अवसान के बाद काल-कवलित हो गयी। पावन इतिहास-लेखन की प्रथा बहुत ही प्राचीन है और इसकी मुख्य प्रविधि प्रतीकात्मक चिन्तन या अनुमान के द्वारा विश्वनिर्माण की एक सम्भाव्य कहानी या वेद के अनुसार भाववृत्त का विवरण प्रस्तुत करना है। और फिर इस विश्व में मनुष्य का क्या स्थान है, उसकी क्या अवस्थिति है, यह लेखा-जोखा भी पावन इतिहास की परिधि में आता है। पावन इतिहास की आधार-भूमि वह अदृश्य परम सत्ता है जिसके प्रसरण (procession) के फलस्वरूप इस विश्व का निर्माण सम्भव हो पाता है। चूँकि सृष्टि-निर्माण की प्रक्रिया अगोचर है, मानव दृष्टि से ओझल है, इसका विवरण मनुष्य अपनी कल्पना के द्वारा ही किसी सम्भाव्य कहानी या भाववृत्त के माध्यम से ही पा सकता है, इसी तथ्य को दृष्टिगत रखते हुए विश्व-निर्माण की प्रक्रिया को हम किसी सम्भाव्य कहानी के द्वारा अभिव्यक्त कर सकते हैं। इसलिए वैदिक परिप्रेक्ष्य में इसे भाववृत्त कह कर जाना गया है और भाववृत्त की अभिव्यक्ति का मुख्य साधन प्रतीक और मिथक ही रहे हैं। इसी अर्थ में वेद ने अपनी भाषा को परोक्ष भाषा की संज्ञा दी है, और परोक्ष भाषा का प्रयोग मात्र वेद में ही हुआ हो, ऐसी बात भी नहीं है; पुराणों में भी इसका प्रयोग हुआ है। आप कोई भी पुराण ले लें, उसका प्रारम्भ किसी-न-किसी रूप से सृष्टि विद्या से ही होता है; किसी-न-किसी रूप में विश्व-निर्माण की क्या प्रक्रिया थी, इसका वर्णन मिलता ही है।

ऐसा नहीं कि लौकिक (secular) इतिहास में प्रतीकों का प्रयोग बन्द है। फिर

भी यह तो मानना ही पड़ेगा कि लौकिक और पावन इतिहास में एक मौलिक भेद है। लौकिक इतिहास में प्रयुक्त प्रतीक सांसारिक वस्तुओं, वस्तुजगत की ओर इंगित करते हैं। इसके विपरीत पावन इतिहास में बुद्धिगम्य आध्यात्मिकता से गर्भित प्रतीकों द्वारा ही सृष्टि निर्माण की प्रक्रिया और इस सृष्टि में मनुष्य के यथोचित स्थान और भूमिका की अभिव्यञ्जना होती है। पावन इतिहास-लेखन की विधा, इसका उद्देश्य और इसकी भाषा लौकिक इतिहास से बिलकुल ही भिन्न है। पावन इतिहास-लेखन में मिथकों और प्रतीकों के द्वारा विश्व का चित्र आँका जाता है। परन्तु यह चित्र विश्व की वैज्ञानिक, बुद्धिवादी व्याख्या प्रस्तुत नहीं करता। पावन इतिहास, तो प्रतीकों का, मिथकों का प्रयोग करता है और प्रतीकों की, मिथकों की अभिव्यक्ति का उद्‌गम भावात्मक होता है।

लौकिक इतिहास और पावन इतिहास में एक दूसरा मौलिक भेद भी है। लौकिक इतिहास के किसी भी लेखक को एक जटिल प्रश्न का सामना करना पड़ता है। वह प्रश्न है इसका नायक कौन है? लौकिक इतिहास इस प्रश्न का बड़ा ही सीधा-सादा उत्तर देता है, जो विश्वसनीय नहीं है। लौकिक इतिहास की दृष्टि से सृष्टि-कर्त्ता, परम पावन सत्ता की अस्वीकृति के बाद यह संसार ईशावस्यम् इदम् सर्वम नहीं रह जाता; इसका अपुनीतीकरण (dedivinization) हो जाता है। विश्व के अपुनीतीकरण के फलस्वरूप मानवीय अवगम में एक क्रान्तिकारी परिवर्तन हो जाता है। इतिहास का अर्थ पावन से परिभाषित होने के बदले सांसारिक तत्त्वों से परिभाषित होने लगता है। एक ऐसी दृष्टि बनती है जिसके अनुसार इतिहास मात्र सांसारिक पदार्थों से सम्बद्ध होकर, मानवीय घटनाओं के क्रमिक आविर्भाव, विकास, अधोगति और अवसान का ब्योरा मात्र बन कर रह जाता है। विश्वेतर शक्तियाँ और आध्यात्मिकता, दोनों ही इस दृष्टि में सांसारिक घटनाक्रम से कुछ और अधिक नहीं माने जाते।

और जब यह प्रश्न उठता है कि इतिहास का नायक कौन है, इसको गतिशील बनाने वाली और इसे गतिशील बनाकर रखनेवाली शक्ति क्या है, तो लौकिक इतिहास के लिए इस प्रश्न का उत्तर देना आसान तो है, परन्तु विवाद और शंका से अछूता नहीं। पावन इतिहास का आरम्भ ही इस वाक्यांश "प्रारम्भ में..." से बहुधा होता है। इस वाक्यांश का निहितार्थ तो यह है कि यह विश्व कार्य और कारण-पद्धति से शासित आकस्मिक तत्त्वों का जमावड़ा नहीं, संघटन नहीं है। इसके पीछे एक ऐसी शक्ति उपस्थित है जो इसे जन्म देती है और फिर इसके विकास, अधोगति, अवसान के नियम निश्चित कर इसको व्यवस्थित करती है। इस दृष्टि से विश्व में जो भी व्यवस्था है, वह उस परम शक्ति की उपस्थिति का तो संकेतक है ही, इसके अतिरिक्त यह इसका भी संकेत करती है कि विश्व की सृष्टि करने के पश्चात् वह शक्ति विश्व से अलग

नहीं हो गयी। वह शक्ति विश्व के प्रारम्भ की अवस्था को पारकर आगे बढ़ते रहने की ओर की बात की भी पुष्टि करती है।

लौकिक इतिहास इस दृष्टि से, इस आध्यात्मिक परिप्रेक्ष्य से विमुख होकर इस प्रतीति पर निर्मित है कि ऐसी कोई विश्वेतर सत्ता नहीं जिसने इस विश्व का निर्माण किया और इसे संरक्षित रखा और इसलिए वह इतिहास को गतिशील बनाये रखने में सक्षम है। यह बात लौकिक इतिहास को कतई स्वीकार्य नहीं। परन्तु इतिहास का क्रम तो आगे बढ़ता ही रहता है; इस क्रम में उद्भव, विकास, ग्लानि और अवसान की प्रक्रिया भी चलती रहती है। इस सम्बन्ध में जो महत्त्वपूर्ण प्रश्न उठता है वह यह है : इतिहास में ऐसा कौन-सा तत्त्व है जिसका जन्म, विकास, ग्लानि और अवसान होता है?

स्पष्ट है कि ऐसी कोई भी चीज जो स्वयं परिवर्तनशील है, नश्वर है, वह इतिहास की गति का प्रेरक नहीं बन सकती। परन्तु लौकिक इतिहास इस प्रश्न का समुचित उत्तर देने में सर्वथा अक्षम है, और इस कारण एक विडम्बना खड़ी हो जाती है। बहुधा ही यह देखा जाता है इतिहास-लेखन के मूल में एक अपरिभाषित, प्रच्छन्न मान्यता होती है : इतिहास का नायक कोई सत्ता–साम्राज्य, राष्ट्र, सभ्यता या फिर मानव जाति–अवश्य है। लेकिन क्या इसमें से कोई भी इतिहास को गतिशील रखने वाली सत्ता बन सकती है, यह विचार मन को कुरेदने लगता है। क्या इनमें से किसी को इतिहास का नायक होने की बात को मान्यता देना तर्कपूर्ण है, इसमें कोई औचित्य है? इन सभी तत्वों में कोई ऐसा नहीं जो शाश्वत हो, परिवर्तन की सीमा को पार कर अपरिवर्तनीय हो गया है। और दिलचस्प बात तो यह है इतिहास के बढ़ते कदमों की छाया में इन तत्त्वों का आविर्भाव होता है और वे पुनः विकास की प्रक्रिया से गुजरते हुए तिरोहित हो जाते हैं। इसी अर्थ में इनमें से किसी को भी इतिहास का नायक मान लेने पर विडम्बना खड़ी होती है और इतिहास-लेखन का कार्य जब तक लौकिक से बँधा रहेगा, उससे अनुशासित होता रहेगा, इस विडम्बना का कोई समाधान सम्भव नहीं।

कहने की जरूरत नहीं कि मानव जाति एक सम्पूर्ण अविभाजित इकाई नहीं हैं; यह तो विभिन्न समाजों, राष्ट्रों और सभ्यताओं में बैठी है। इस विभाजन के कारण इतिहास की दो कोटियों की कल्पना की जा सकती है। एक इतिहास तो वह होगा जो किसी समाज या सभ्यता के आन्तरिक मामलों का लेखा-जोखा लेगा, तो दूसरी कोटि का इतिहास अन्तःसमाज या अन्तरराष्ट्रीय या फिर अन्तःसभ्यता के सम्बन्धों पर रोशनी डालेगा। इन दो कोटियों के इतिहास की वास्तविकता से यह स्पष्ट हो जाता है कि लौकिक इतिहास-लेखन के लिए कोई ऐसा सर्वसामान्य तत्त्व नहीं है जो इन

दोनों स्थितियों में एक समाज में उपयोगी हो। स्पष्ट है कि जो तत्त्व समाज के या किसी सभ्यता की आन्तरिक अन्त:क्रियाओं को प्रभावित-नियमित करता है, वह अन्त:समाज अथवा अन्त:सभ्यता से जुड़े हुए मामलों के लिए उपयुक्त सिद्ध नहीं होगा। इसके अतिरिक्त यह स्पष्ट करना भी आवश्यक है कि हम चाहे जिस दृष्टि से देखें, इतिहास की विषयवस्तु विभिन्न समाजों, सभ्यताओं में विभाजित मनुष्य के कर्तृत्व के अतिरिक्त और कुछ नहीं है। मनुष्य की वास्तविकता को सिर्फ उसके लौकिक या व्यावहारिक जीवन तक सीमित करने से उसका तात्त्विक अर्थ बहुत ही सीमित, संकुचित हो जाता है। इसके अतिरिक्त यह कहना भी आवश्यक है कि मानव-जीवन के आध्यात्मिक पक्ष की उपेक्षा, अवहेलना करने के फलस्वरूप आज सारे संसार में एक विषम अवस्था पैदा हो गयी है।

मनुष्य के अस्तित्व का आध्यात्मिक पक्ष, चाहे जितना भी उपेक्षित हो, कभी मिटता नहीं; उपयुक्त समय आने पर वह फिर जागृत होकर सक्रिय हो जाता है। अत: इस दृष्टि से मनुष्य दो विश्वों का निवासी है : एक विश्व तो उसके लौकिक व्यावहारिक जीवन का क्षेत्र है; यह क्षेत्र अत्यन्त ही परिवर्तनशील है। इस कारण यह नश्वर भी है। दूसरा विश्व इस नश्वर, व्यावहारिक संसार से अलग है, इतर है, और उसके ऊपर होने की कल्पना की जाती है। मनुष्य का जीवन इन्हीं दो ध्रुवों व्यावहारिक संसार और पावन, आध्यात्मिक विश्व के बीच अधिष्ठित है। इनमें अगर एक ध्रुव कालातीत है तो दूसरा ध्रुव कालबद्ध है। इन्हीं दोनों ध्रुवों के बीच मनुष्य की जीवनधारा बहती रहती है। अत: मानवीय क्रिया-कलापों का लेखा-जोखा, उनका वृत्तान्त, सिर्फ एक ध्रुव, लौकिक इतिहास के परिप्रेक्ष्य से अधूरा होगा और इसलिए भ्रामक भी। यह इसलिए क्योंकि मानव अस्तित्व का चक्र दो भाँतियों के अनुभवों–कालातीत और कालाधीन से चालित होता रहता है। चूँकि विश्व और विश्व के सारे पदार्थ कालातीत से गर्भित हैं, ये दो तरह के अनुभव, और इनकी विद्याएँ, मानव चेतना के दो आवश्यक पक्ष हैं। और इस दृष्टि से इतिहास एक ऐसा वृत्तान्त है जिसमें काल पटल पर मनुष्य के क्रिया-कलापों से उभरे चित्रों के अतिरिक्त कुछ और की चर्चा नहीं होती और इन क्रिया-कलापों में पावन के उत्-चढ़ाव में मनुष्य की सहभागिता का वृत्तान्त ही इतिहास है। इस दृष्टि से इतिहास का एक प्रारम्भ बिन्दु है। यह प्रारम्भ बिन्दु मानवेतर है; और यह मानवेतर प्रारम्भ बिन्दु निरपेक्ष पावन सत्ता है जो कालातीत होते हुए भी काल की धारा में प्रविष्ट होकर प्रवाहित होती रहती है और इसी कारण ऐतिहासिक मनुष्य को यह अनुभूति भी होती है कि वह मर्त्य होते हुए भी अमर्त्य से जुड़ा हुआ है। इतना ही नहीं, उसे यह भी अनुभूति होती है कि वह पावन का आवास भी है। इसलिए उसे ईश के आवास को पावन बनाये रखना चाहिए। इस दृष्टि से हम यह

भी कह सकते हैं कि मानव के कालातीत से जुड़े होने के कारण उसे अपने जीवन काल में जो भी अणु भाव होते हैं, वह जो कुछ भी करता-धरता है, उन सभी के समुच्चय को ही इतिहास कहा जा सकता है।

इस दृष्टि से, मनुष्य के क्रिया-कलापों से इतिहास का जो रूप बनता है, उसके तीन आयाम हैं; पुरुष, पुराण और इतिहास। पुरुष तो प्रारम्भन का प्रतीक है, पुराण उसकी स्मृति का और इतिहास पावन-गर्भित मनुष्य के क्रिया-कलापों के समुच्चय का समसामयिक वृत्तान्त है। अत: कालातीत पुरुष की काल की धारा में प्रविष्टि के फलस्वरूप मानव समाज का काल-पटल पर जो भी रूप अंकित होता है, उसका विवरण ही इतिहास है। मर्त्य मानव अमर्त्य परम पावन सत्ता से संपृक्त है, इसकी स्मृति ही भारतीय दृष्टि में इतिहास की विषय-वस्तु है। और इसलिए इतिहास की व्याख्या, उसकी परिभाषा इ + ति + हास के रूप में होती है और जो कुछ पुराण काल में हुआ था, वह तो कालातीत के काल-प्रवाह में प्रवेश करने से ही घटित हुआ था। वेदों और पुराणों में इसी कालजयी घटना की स्मृति जगाने और जगाकर रखने की चेष्टा की गयी है। चाहे जो भी पुराण हो, उसका प्रारम्भ सृष्टि विद्या से ही होता है। और सृष्टि विद्या को ही पौराणिक इतिहास में क्यों प्राथमिकता दी जाती है, इसका एक विशेष कारण है। सृष्टिविद्या का महत्त्व हम तीन तरह से आँक सकते हैं। प्रथम, इसके द्वारा हमें अदृश्य जगत की क्या संरचना है, उसकी जानकारी मिलती है। इसके द्वारा हमें यह बोध होता है कि परम पावन सत्ता ने क्यों और किस तरह विश्व की रचना की। दूसरे, सृष्टि-विद्या से हमें यह भी इंगित होता है कि ईश्वर-रचित इस विश्व में मनुष्य का क्या स्थान है और उसका परमपावन सत्ता से क्या सम्बन्ध है और अन्त में यह विश्व व्यवस्थित तो है ही, यह व्यवस्था के नियामक सिद्धान्तों का समाहार भी है। तो हमें इस विश्व के निवासी होने के कारण, यह भी अवगम होता है कि हमें अपने अन्तर्जगत को व्यवस्थित करना है, नियमित शान्ति करना है।

भारतीय दृष्टि में इतिहास का जो भी पारम्परिक बोध रहा है, आज वह आधुनिक काल में बिलकुल ही अमान्य है, अस्वीकार्य है। लेकिन इस अस्वीकृति के परिणामस्वरूप इतिहास-लेखन की जो भी विधा अपनाई जाती है, उनसे उनमें अन्तर्निहित त्रुटियों का परिमार्जन नहीं होता, और न हो सकता है। इसलिए लौकिक इतिहास-लेखन का कार्य विभिन्न असंगत पथों में बँटकर बराबर ही सत्य का उपहास करना रहता है। अत: आवश्यक यह है कि प्राचीन इतिहास-लेखन की पद्धति को पुनरुज्जीवित किया जाय।

इतिहास-बोध और भारतीय लोक-दृष्टि

श्याम सुन्दर दुबे

मैं यहाँ भारतीय लोक-दृष्टि पर कुछ बातें करूँगा, क्योंकि भारतीयता की बात करना है तो उसकी लोक-चेतना को हम नहीं भुला सकते। भारतीय लोक-चेतना के पास क्या यह विवेक था कि वह इतिहास जैसी संरचना के लिए अपने को सक्षम माने? क्या उसको समय-बोध था, क्या उसके पास स्थानीय बोध था? क्या उसके पास घटना को समझकर अपनी स्मृति में रखने का बोध था? क्या उसको संग्रह करने का बोध था? सचमुच लोक ने अपने ढंग से अपने इतिहास को सुरक्षित रखने का प्रयास अनेक स्तरों पर किया था। उसने जातीय स्मृतियों के माध्यम से अपने इतिहास को बहुत शक्ति के साथ सँजोये रखने का प्रयास बहुत विवेक के साथ किया था। लोक की चेतना, कल्पना और यथार्थ के साथ चलने वाली कल्पना भी लोक के पास थी और उसका यथार्थ भी लोक के पास था। इन दोनों को साथ मिलाकर लोक ने अपने इतिहास की संरक्षा का उपक्रम किया था। पं. विद्यानिवास मिश्र जी ने एक जगह लिखा है कि उस विराट पुरुष के दो नेत्र हैं, एक दायाँ नेत्र है जो विवेक, विज्ञान और संचेतना का है, जिसे हम 'शास्त्र' कहते हैं। बायाँ नेत्र संवेदना और भावनाओं का है, जिसे हम 'लोक' कहते हैं। जिसे इतिहास कहते हैं वह क्या संवेदना और भावनाओं से युक्त नहीं होता? मूल केन्द्रीय चेतना के रूप में अगर संवेदना और भावना को नहीं रखा जायेगा तो इतिहास घटना विवरण के रूप में इतिवृत्तात्मकता का निर्वाह मात्र करेगा।

लोक का इतिहास भाव और संवेदना के साथ उसके प्रज्ञान का भी इतिहास है। लोक के पास ऐसा नहीं था कि उसका प्रज्ञान न हो, एक तरह से चित्तवृत्तियों का समाहार लोक के इतिहास में सम्भव हुआ था। डॉ. हजारी प्रसाद द्विवेदी के मत में इतिहास के अँधेरे को लेकर चलने की आवश्यकता नहीं है, हम अपने भीतर के चेतनात्मक प्रकाश को प्रज्ज्वलित करने के लिए इतिहास का उपयोग करते हैं। क्या

लोक ने इस तरह से कोई उपक्रम किया कि वह निरन्तर एक प्रकाश अपने समाज को देता रहा हो, गतिशील बनाये रखा हो। मैं समय की बात करना चाहूँगा। भोपाल के भारत भवन में मैं था, वहाँ मण्डला से आया एक लोक-चित्रकार चित्र बना रहा था, उसका नाम था फेमा फेत्या। फेमा फेत्या ने जब चित्र बनाया तो उसमें कोई सीमा बन्धन नहीं था, उस चित्र में उसने चाँद बनाया, सूरज बनाया, चूल्हे पर रोटी सेंकती एक महिला बनाई, बाँग देता एक मुर्गा बनाया, कुछ बकरियाँ एक तरफ चल रही थीं, एक पेड़ बनाया। मैंने कौतूहलवश उससे पूछा कि फेत्या जी आपने ये चित्र कैसा बनाया, यहाँ चन्दा और सूरज एक साथ हैं, यहाँ रोटी बनाती हुई महिला है, चूल्हा जल रहा है और मुर्गा बाँग दे रहा है, इसमें कोई सीमा बन्धन भी नहीं है। फेत्या बोले "सब एक साथ हो रहा है, यहाँ कोई विभेद नहीं है। यहाँ सूरज भी है, चाँद भी है। इसीलिए मैंने सीमा बन्धन नहीं बनाया। ये सारी क्रियाएँ चल रही हैं, एक साथ चल रही हैं।" यह लोक का समय-बोध था, जिसमें सब एक होता है। लोक के पास एक दृष्टि थी, वह भेद नहीं रखता था। यहाँ तक कि बकरे में, मुर्गे में, पेड़ में, स्त्री में,चन्दा में और सूरज में भेद की उसके पास कोई दृष्टि नहीं थी। समय को प्राप्त करने की यह अभेद दृष्टि थी क्योंकि समय को हम लोगों ने वृत्तात्मक माना था। ऐसा नहीं कि वह सीधा चला जा रहा है, लेकिन आप कोई भी दृष्टि उठा लीजिए, चाहे रस-दृष्टि हो, महाकाव्यात्मक दृष्टि हो, चाहे संसार को समझने के लिए दर्शनपरक दृष्टि हो, सब में एक तरह से वृत्तात्मकता है। हमारा समय गत्यात्मक है। यह समय आदिम लोगों के पास था। इसे आप उनकी कल्पनाशीलता कह सकते हैं, लेकिन कल्पनाशीलता के साथ-साथ उसके पास वृत्ताकार समय को सोचने की क्षमता भी थी। इसलिए सीमा बन्धन के विषय में उसने कहा कोई सीमा नहीं है, कोई विभाजन नहीं, कोई बँटवारा नहीं, जैसा मुर्गा वैसा कुत्ता, जैसा चूल्हा वैसा पेड़। यह एकात्म भाव, जो सर्वसमावेशी भाव था वह समय के साथ स्थानीयता के वैभिन्य को लेकर चलने वाला था।

उपर्युक्त लोक-दृष्टि ने सभी को (चर और अचर दोनों को) अपने भीतर समाविष्ट कर लिया था। क्या इतिहास केवल मनुष्य का होगा! इतिहास में सम्पूर्णता के लिए जरूरी है कि हम उस प्रकृति, उस परिवेश के समस्त स्पन्दनों को भी शामिल करें। खण्ड-खण्ड इतिहास की और मनुष्य एवं मनुष्य के मृत इतिहास की दृष्टि बाधित दृष्टि है; भारतीयता इस दृष्टि में विश्वास नहीं करती थी। इसलिए पौराणिक कथाओं के माध्यम से जो बात कही जा रही थी उसमें सम्पूर्ण सृष्टि के साथ चलने का संकेत था। यह समावेशी दृष्टि थी। लोक इसकी प्रतिष्ठा भी करता है। जहाँ वह दृष्टि नहीं मिलती, उसको वह नकारात्मक भी बना देता है, जैसे लोक में इतिहास की एक

छोटी-सी धारा चली कि किसी व्यक्ति के चरित्र को जीवित रखना है तो उसे कविता में पिरोकर प्रस्तुत किया जाय। लेकिन जब इस तरह की बात आयी तो लोगों ने उसको स्वीकार किया। लोक ने कहा ये चारण हैं, जो राजाओं के इतिवृत्त को काव्य के माध्यम से प्रस्तुत करते थे। उनका नाम 'चारण' दिया गया था, लेकिन लोक ने चारण को खास महत्त्व नहीं दिया। इसका अर्थ है कि व्यक्तिकेन्द्रित इतिहास की परिघटना को लोक महत्त्व नहीं दे रहा था। उसने उसको अस्वीकार किया, बीजक भी वहाँ लिखे जाते थे, अगर कोई चीज स्थापित होती थी तो उसका बीजक बनता था, लेकिन बीजक के लिए भी लोक-मानस ने स्थान नहीं दिया, क्योंकि यह लिखित परम्परा थी। लिखित परम्परा में स्थिति यह हो गयी कि जहाँ लोक भाषा में बीजक लिखना चाहिए वहाँ संस्कृत के श्लोक में बीजक मिलने लगा, अर्थात पढ़ा-लिखा आदमी वहाँ आकर इतिहास के इस प्रखण्ड को जीवित करने का प्रयास करने लगा, लेकिन लोक ने इसे भी स्वीकार नहीं किया। लोक ने पावड़े गाये (मालवा में पावड़े गाये जाते हैं)। जिस व्यक्ति के पावड़े गाये जाते हैं उस व्यक्ति के पूरे क्रिया-कलापों, पूरी घटनाओं, पूरे जीवन चरित्र को एक बहुत लम्बे कपड़े के ऊपर चित्रित किया जाता है, उसको प्रदर्शित करते हुए एक गायक होता है, जिसे 'भोपा' कहा जाता है, वह भोपा उस चित्र को दिखाते-दिखाते उस राजा का या उस व्यक्ति का चरित्र बोलता रहता है, उसके क्रिया-कलाप बोलता रहता है। लेकिन इसे भी लोक ने एक तरह से देवपूजा के रूप में स्वीकार कर लिया।

धर्म को केन्द्र मानकर जो इतिहास चल रहा था, उसको लोक ने भी स्वीकार किया और लोक ने अपने धर्म को, मानवीय क्षेत्र को, दैवी चरित्र तक सम्प्रेषित करने का जो लक्ष्य बनाया था, यह लोक दृष्टि का उदार चरित्र था, क्योंकि वह जानता था कि मनुष्य में कमजोरियाँ रहती हैं, कमजोरियों के माध्यम से इतिहास खण्डित हो सकता है। इसलिए उसने निरन्तर आदमी के चरित्र को उठाने के लिए इन पावड़ों की रचना करते हुए पूजा-पद्धति के रूप में उसे विकसित किया। जब पावड़ा गाया जाता है तो वहाँ वह देवता के रूप में प्रतिष्ठित होता है, उसकी पूजा होती है। जनसमूह इकट्ठा होता है। गाँव का जो लोहार है उसका गुरु आता है वंशावली लेकर। लोहार की सम्पूर्ण वंशावली बनी है। एक रात में उसे सुनाता है, ऐसे हर जाति की वंशावली का वर्णन करने लोग आते हैं, लेकिन लोक ने इस पद्धति को भी स्वीकार नहीं किया। गुरु-पद्धति जो वंशावली के रूप में थी, उसे स्वीकार कर लिया। लोक के भीतर जो कथाएँ थीं, जो पौराणिक कथाओं के समानान्तर चल रही थीं, उसमें उन्होंने राजा-रानियों का तो उल्लेख किया उनके आचरण को मानवीय आचरण पर उतार कर, अपने अनुसार बना कर प्रस्तुत किया। लोक के पास जो दृष्टि थी उसको

उसने मानवीय चरित्र के साथ उदार चेतना के प्रसार के लिए उस इतिहास की दृष्टि को दिया। इतिहास को उसने इतना समृद्ध किया कि एक छोटी-सी कथा या एक छोटी-सी घटना को एक 'मिथ' बना दिया। उसके पास यही तो तरकीब थी और क्या करता वह? उनके पास कोई लिखना-पढ़ना तो था नहीं।

मैं बस्तर के एक आदिवासी क्षेत्र की एक छोटी-सी लोककथा को पढ़ रहा था, पृथ्वी का जन्म कैसे हुआ। उसमें कहा गया कि समुद्र में से थोड़ी-सी मिट्टी निकाली और उस मिट्टी को केकड़े के रूप में लेकर चला, इतने में वहाँ एक सुरमा राक्षस आता है, वह उस मिट्टी के गोले को लेकर पृथ्वी के भीतर धँस जाता है। फिर एक कौवा आता है और विश्ना से कहता है कि सुरमा राक्षस तुम्हारे उस मिट्टी के गोले को समुद्र के भीतर ले गया है। कौवा फिर पुकारता है और विश्ना समुद्र की ओर जाकर मिट्टी का गोला लाते हैं। वहाँ एक सर्प पैदा होता है, वह सर्प अपने फन के ऊपर उस गोले को रखता है। मुझे बहुत कुछ ऐसा लगा, जो हिरण्याक्ष की कथा है, क्या उसके मूल में लोक मिथ है? बस्तर का आदिवासी, जो नंगा रहता है, उस आदिवासी ने हिरण्याक्ष की कथा तो सुनी नहीं थी, लेकिन उसके पास अपनी कथा में पृथ्वी का इतिहास इस तरह से, इस मिथ के साथ संरक्षित और सुरक्षित था। बहुत सम्भव है कि पुराणकाल में इस कथा को सुनकर अपनी कथा की संरचना की गयी हो। यह लोक की अपनी चेतना थी कि वह कैसे अपने इतिहास को सुरक्षित रखे।

स्वतन्त्रता के बाद सबसे बड़ा घातक प्रयास किया गया कि भारतीय परम्परा को नष्ट करो क्योंकि हमें आधुनिकता चाहिए। प्रो. श्यामाचरण दुबे ने एक जगह लिखा है कि जब इस देश के विकास के लिए स्वतन्त्रता के बाद मॉडल बनाने की योजना बनाई गयी तब जो विदेशी विशेषज्ञ आये उन्होंने कहा अगर आपको आधुनिक बनना है तो आप पहले अपनी परम्परा को समाप्त कीजिए, क्योंकि यह मॉडल इसके साथ फिट नहीं हो पायेगा, जो मॉडल हम दे रहे हैं वह आपकी परम्पराओं में नहीं आ पायेगा, अर्थात् आप गाँधी जी को अपने यहाँ से समाप्त करो, इसके बाद आप हमारे आधुनिक स्वरूप को लेना, हमारे आधुनिक मॉडल को लेना। हुआ भी यही। हम सब इसके शिकार हैं, देख रहे हैं, और अनुभव कर रहे हैं। इतने आक्रमण होने के बाद हमारी भारतीयता क्यों खत्म नहीं हुई? इसलिए कि वह लोक के पास सुरक्षित थी, उपचारों में सुरक्षित थी, त्योहारों में सुरक्षित थी, बानी-बोली में सुरक्षित थी, गायन में सुरक्षित थी। किसी संस्कृति ने लोक के ऊपर आघात इसलिए नहीं किया कि लोक इतना सघन था, उसकी बुनावट सघन थी। उसके ऊपर आक्रमण किया ही नहीं जा सकता था। इसको अंग्रेजों ने अच्छी तरह से समझ लिया था। हम भी अब अपने साथ अपघात कर रहे हैं, उस लोक से निरन्तर विलग होते जा रहे हैं, माताओं के पास

कहीं कोई लोककथा नहीं बची, कहीं कोई लोकगीत नहीं बचा, और न हम प्रयास कर रहे हैं कि अपने बच्चों को कुछ लोककथाएँ, कुछ लोकगीत, कुछ लोकधुनें, कुछ लोक परम्परा सिखाएँ, ताकि परम्पराओं के साथ जो हमारा इतिहास विकसित हो रहा था वह आगे बढ़े। लोक-दृष्टि ने जिस इतिहास, जिस परम्परा को सौंपा था वह कैसे और बढ़ेगी, और आगे आयेगी, इस पर विचार होना चाहिए।

इतिहास-बोध

ओम प्रकाश

'इतिहास' शब्द की बड़ी फजीहत है। एक तरफ ग्लोबलाइजेशन के दौर में सोवियत यूनियन के पतन के बाद एक किताब फुकोयामा ने लिखी "द इन्ड ऑफ हिस्ट्री इन द लास्ट मैन", उस किताब का निहितार्थ था कि अब ग्लोबलाइजेशन के युग में विश्व एकध्रुवीय हो गया है, और जो एकध्रुवीय विश्व है वह लोकतांत्रिक है। यह विश्व आर्थिक और भौतिक विकास में प्राणपण से लगा हुआ है। इसलिए अब इतिहास में घात-प्रतिघात के लिए अवसर नहीं रह गया है, इसलिए इतिहास 'वर्चुवली' समाप्त हो गया है। जहाँ तक अन्तिम आदमी की बात है, जैसे-जैसे कल्याणकारी राज्य और लोकतन्त्र अपने को प्रकट करेगा इस एकध्रुवीय विश्व-व्यवस्था में दुनिया एक 'ग्लोबल विलेज' बन कर रह जायेगी। पूँजी और लेबर के विश्वजनीन माइग्रेशन होंगे, जहाँ जरूरत होगी वहाँ वह जायेंगे और हर जगह एम्प्लायमेंट खुल जायेगा, हर जगह पूँजी के लिए व्यवस्था खुल जायेगी। इसलिए लास्ट मैन भी राज्य सरकारों की वेलफेयर योजनाओं के माध्यम से किसान रह जायेगा। इसके बाद एक किताब 'कैमरॉस' की और आयी 'द इन्ड ऑफ हिस्ट्री अगेन', यह किताब अफ्रीका के सन्दर्भ में है।

अफ्रीका के बारे में मैं दो महत्त्वपूर्ण उल्लेख करना चाहूँगा। बेन्जामिन ने वहाँ पर 'शेक एण्ड शीनर्स' के नाम से एक टीवी सीरियल चलाया, उसमें यह दिखाया गया था कि अफ्रीका में एक व्यवस्था-परिवर्तन हुआ, गोरों का शासन हटा, कालों का शासन आया, और कालों का शासन आने के बाद वहाँ पर काले नेता के आदेश पर गोरों के नेता की हत्या कर दी गयी, उसे प्राण-दण्ड दे दिया गया। लेकिन कुछ दिन बाद यह दक्षिण अफ्रीका के अत्यन्त सुन्दर बीच पर कालों का नेता टहलने गया था, वहाँ उसको गोरों का नेता जिसे उसने फाँसी दिलवाई थी, वह पुनर्जन्म में फिर मिल गया, दोनों अपनी-अपनी कुल्हाड़ियाँ लिये टहल रहे थे, और उसके बाद उनमें

आपस में वार्ता शुरू हुई तो उन्होंने कहा क्या जरूरत है हम लोगों को एक दूसरे के गले पर सवार होने की, और इतना सुन्दर वातावरण है, इतना बढ़िया बीच है, चलिए दोनों मिल करके एक रिजार्ड खोलें, यहाँ पर तरह-तरह के हिप-डांस और म्यूजिक के प्रयोग करें, और दुनिया के लोग यहाँ आकर के ठहरेंगे, डेवलपमेंट होगा, स्काई स्क्रैपर्स बनेंगे। दोनों ने अपनी-अपनी कुल्हाड़ियाँ दफन कर लीं और इस कार्यक्रम में लग गये। सन्देश यह था कि जैसे-जैसे डेवलपमेंट होगा वैसे-वैसे प्रजातीय विभेद दूर होंगे, गोरे-काले के भेद दूर होंगे, वैसे-वैसे राष्ट्रीय लड़ाइयाँ खत्म हो जायेंगी, आर्थिक विषमताएँ खत्म हो जायेंगी और हम एक नयी दुनिया में प्रवेश करेंगे। इस तरह से विकास सारे अन्तर्विरोधों की कुंजी है, सारे अन्तर्विरोधों को दुनिया से अगर समाप्त करना है तो हमें विकास करना चाहिए, भौतिक विकास करना चाहिए, आर्थिक विकास करना चाहिए, और साथ में हमें ऐसी जीवन-पद्धति अपनानी चाहिए जिसमें निगेटिव चीजों के लिए कम स्थान हो और पॉजिटिव चीजों के लिए ज्यादा। संस्कृतियों के लिए लड़ने भिड़ने से कुछ नहीं होता, संस्कृतियाँ मात्र एक नया स्वाद देती हैं, नया सन्देश देती हैं, तो इस तरह का एक सन्देश बेन्जामिन ने इस टीवी सीरियल के माध्यम से दिया। दूसरा एक और तथ्य एक कार्टून के माध्यम से उद्घाटित हुआ। एक सोमालियन की तस्वीर थी, सोमालियन बहुत दरिद्र और भूखे रहते हैं और वहाँ झगड़े होते रहते हैं, तो एक गधे की तस्वीर है, उसके सामने सैनिक अपनी रायफल को चारों ओर घुमा रहा है और नीचे कार्टून में लिखा है, उसकी तरफ से यानी सैनिक की तरफ से, "ऐ मेरे गधे धैर्य धारण करो, धैर्य रखो"। ये जो सन्देश कार्टून के माध्यम से भेजा गया, वह यह था कि पहले तो हम वर्ण-व्यवस्था और जाति-व्यवस्था वाले भारत की बड़ी खिल्ली उड़ाया करते थे, इससे बहुत ज्यादा भेदभाव हो रहा है। आदमी कीड़े-मकोड़े की जिन्दगी जीने के लिए बाध्य कर दिया गया है, इसकी शिकायत थी; लेकिन यह कार्टून इस बात की शिकायत कर रहा है कि आज की व्यवस्था जो डेवलपमेंट की दुहाई देती है, वह सोमालियन जैसे गरीब आदमी को कभी सुधार नहीं पायेगी, उसको केवल धैर्य धारण कराती रहेगी और यह नया भेद स्तरीकरण से कम नहीं बल्कि कहीं ज्यादा कठोर है।

इस तरह से 'इण्ड ऑफ हिस्ट्री अगेन' में कैमरास ने, यह मन्तव्य प्रस्तुत किया था कि अफ्रीका के सन्दर्भ में जो इतिहास है वह अँगूठा दिखा रहा है डेवलपमेंट पैराडाइज को, और कह रहा है कि डेवलपमेंट से जितना अधिक मार्जीनलाइजेशन हो रहा है, उतना शायद प्राचीन भारत में कभी नहीं हुआ, प्राचीन भारत की हजारों-हजार साल की संस्कृति में। धनी आदमी अमेरिका में एक प्रतिशत बचा है, नाइन्टीनाइन परसेंट आदमी गरीब हो गया है और पॉल क्रुग मैन जो अर्थशास्त्र में

नोबल पुरस्कार पा चुके हैं, उनका कहना है कि वह संख्या अब एक नहीं है प्वाइंट फाइव हो गयी है। जितना जो धनी है वह उतना ही टैक्स-मुक्त है। यह मिथ फैलाया गया है कि 'दे आर द क्रियेटर ऑफ जॉब, दे शुड रिमेन टैक्स फ्री', लेकिन आज हालत यह है कि अमेरिका का सारा मैन्युफैक्चर अमेरिका से हट गया है, अमेरिका के पास केवल आर्म इंडस्ट्री शेष बची है।

इण्डिया में जो डेवलपमेंट पैराडाइम है वह रूस के पतन के बाद आया। जब चन्द्रशेखर के प्रधामंत्रित्व काल में सोना इंग्लैण्ड में ले जाकर गिरवीं रखा गया था, तो उस समय एक बहुत बड़ा पॉलिसी-चेन्ज हुआ, नरसिम्हा राव जी के प्रधानमंत्रित्व काल और हमारी इकोनामी लिबरल इकोनामी हो गयी, मार्केट इकोनामी हो गयी। हम ग्लोबलाइजेशन से कदमताल मिला कर चल रहे हैं और डिसइनवेस्टमेंट कर रहे हैं। पब्लिक सेक्टर के बड़े-बड़े असेट कौड़ियों के भाव बेच दिये गये। यह जो परिवर्तन हुआ यह एक ऐसा परिवर्तन था जिसको हमने पॉलिसी-चेन्ज कहा, लेकिन इस परिवर्तन ने भारतीय संविधान की मूल प्रतिज्ञा को ही बदल दिया, उस पॉलिसी-चेन्ज के बाद 'इण्डिया इज नो लांगर ए सोशलिस्ट डेमोक्रेटिक रिपब्लिक इट इज नाऊ ए कैपिटल लिबरल कारपोरेट ओरियन्टेड'। आज हिन्दुस्तान में मार्जीनलाइजेशन की हालत यह है कि मुश्किल से, 10% लोग एक तरफ और 90% लोग एक तरफ। मिडिल क्लास की समृद्धि को आप अगर भारत की समृद्धि कहते हैं तो यह एक मुगालता है।

परम्परा एक तरफ इतिहास की खबर लेती रही और दूसरी तरफ आधुनिकता खबर लेती रही, चाहे आधुनिकता इतिहास की जितनी दुहाई दे लेकिन केवल उन्नीसवीं सदी इतिहास की सेंचुरी कही जाती है। परम्परा, इतिहास, आधुनिकता पोस्ट-मॉडर्निज्म है, ग्लोबलाइजेशन है। यह सब एन्टी हिस्टारिकल है क्योंकि जो इतिहास की अवधारणा है उन्नीसवीं सदी के बाद उसे कभी तवज्जो नहीं दिया गया। अपनी सारी प्लानिंग दुनिया के सारे राज्य अब सोशल साइंस के आधार पर करते हैं, डेटा के आधार पर करते हैं, इतिहास कहीं बीच में नहीं आता, वह मार्जिनलाइज्ड हो चुका है, इस समय इतिहास का जो बृहत्तर परिप्रेक्ष्य है उसमें अब धारणा बदलती जा रही है। आधुनिकता के बाद उत्तर-आधुनिकता आयी। आधुनिकता का जो प्रत्यय है वह 'वेस्ट' में भी विवाद का विषय है और भारत में भी। 'वेस्ट' में जब परम्परा और आधुनिकता की बात होती है तब यह कहा जाता है कि इतिहास से आधुनिकता का जो जुड़ाव है वह म्युटेशनल है, दाखिल-खारिज वाला है, परम्परा की यह विरासत अब आधुनिकता के नाम कर दी गयी है।

प्राचीन इतिहास की विरासत रोमन और क्लासिकल हिस्ट्री की विरासत

मध्यकालीन यूरोप को मिल गयी है। मध्यकालीन यूरोप की विरासत आधुनिक यूरोप को मिल गयी है, और आधुनिकता की विरासत पोस्ट-मॉडर्निटी को मिल गयी है, पोस्ट माडर्निटी की विरासत ग्लोबलाइजेशन हो गयी है, यानी एक युग समाप्त हुआ दूसरे युग की शुरुआत हो गई। जहाँ तक पोस्ट-मॉडर्निज्म का सवाल है, इसे मैं एक एपिस्टेमोलॉजिकल रिवॉल्यूशन के रूप में देखता हूँ। ऐसी ही एक रिवॉल्यूशन शंकराचार्य ने किया था, जिसने सारी भारतीय इपिस्टीम को खारिज तो नहीं किया, लेकिन उनकी प्रधानता को नष्ट कर दिया। पोस्ट-मॉडर्न युग के जो चिन्तक जैसे डेरिडा हैं, फूको हैं, इन लोगों ने स्थापित विधाओं को निरस्त कर दिया और निरस्त करके, उन्होंने कोई विधा अपने आप स्थापित नहीं की, लेकिन खण्डन सबका कर दिया।

आधुनिकता के बाद, आधुनिकता का निरस्तीकरण भी पोस्ट-मॉडर्नाइजेशन ने कर दिया। आधुनिकता की विरासत को पोस्ट-मॉडर्निज्म लेकर आगे चल रहा है, उसी तरह से पोस्ट-मॉडर्निज्म की विरासत को ग्लोबलाइजेशन लेकर आगे चल रहा है। अब जितनी पूर्ववर्ती अवधारणाएँ थीं वे सब खण्डित नजर आ रही हैं। लेकिन खण्डन करने वाला आज स्वयं खण्डित होता नजर आ रहा है, क्योंकि डेवलपमेंट पैराडाईम का जितना बड़ा विमर्श आज दिखाई दे रहा है न केवल भारत के अन्दर, बल्कि दुनिया भर के अन्दर, उसकी गाथा पढ़नी हो तो फ्राइडमैन को पढ़िए। फ्राइडमैन ने एक किताब लिखी है 'हाट, फ्लैट एण्ड क्राउडेड'। उस किताब में उसने कहा है कि 'बेस्टफुल अमेरिकन अर्बनाइजेशन इज नाट पॉसिबल आन इण्डिया इन चाइना स्केल', अगर होगा तो पूरी दुनिया में न लोहा होगा, न सीमेंट बचेगा, न तेल बचेगा, इसलिए अब आप देख रहे हैं कि 'बूम इज गोईंग टु स्ट्राइक बिल्डिंग इन इण्डस्ट्री नाट ओनली इन इण्डिया बट आलसो इन चाइना'। अमेरिका में भी अब बैकफुट पर है बिल्डिंग इण्डस्ट्री और ये हेरिटेसन का शिकार बताया जा रहा है, लेकिन मामला शायद कुछ और है। आधुनिकता और उत्तर-आधुनिकता से इतिहास लगभग खारिज हो चुका है, परम्परा भी खारिज हो चुकी है, क्योंकि परम्परा को उन्होंने पहले ही आधुनिकता में शामिल कर लिया है। अब यूरोप के दृष्टिकोण में पुराना जमाना हो गया। कुछ लोग ऐसे हैं जैसे हैबरमास, जो अल्टरनेटिव मॉडर्निटी की बात करते हैं।

वैकल्पिक आधुनिकता की कई तरह की आधुनिकताएँ हो सकती हैं। इसी तरह से आधुनिकता की और अनफुलफिल्ड मॉडर्निटी की बात की जाती है, मॉडर्निटी की तकाजा का जो मिशन है वह अभी पूरा नहीं हुआ है। पोस्ट-मॉडर्निज्म ने पहले ही धर दबाया है। तो इस तरह की धारणाएँ आधुनिकता को लेकर थीं, लेकिन अब इसमें

इतिहास की क्या दशा है? आपको मालूम होगा कि नेलसन मण्डेला ने एक कमीशन बैठाया था टी.आर.सी. (टुथ रिकन्सीलियेशन कमीशन) के नाम से, और उसके बाद वह कमीशन दुनिया के कई देशों ने बैठाया, उसमें कई तरह के सत्य निरूपित हुए, एक सत्य रिवील्ड सत्य है, एक सत्य है जो फोरेंसिक सत्य है, इन्वेस्टीगेशन के बाद जो मेथोडालॉजी लगायी जाती है, वह मेथाडालॉजी इतिहास की मेथाडालॉजी है, लेकिन पुलिस जिन घटनाओं का इन्वेस्टीगेशन करती है। सी.आर.पी.सी. में लिखा है कि 'एवरी पुलिस इनवेस्टीगेशन मस्ट हैव द व्यू प्वाइंट', और उस व्यू प्वाइंट को लेकर न्यायालय उस पर विचार करता है, उस फोरेसिंक टुथ की संरचना पर लोगों को प्राणदण्ड, कारावास और जुर्माने, तरह-तरह के दण्ड दिये जाते हैं। लेकिन जब इतिहासकार उसी मेथड से फोरेंसिक टुथ को स्थापित करता है तो कहा जाता है "इट इज डाउटफुल, इट इज ओनली इमेज ऑफ दी टुथ, इट इज नॉट रियल टुथ"। तो जिन्दगी में जो चीज घटती है, जिस पर पुलिस इंसपेक्टर रिपोर्ट लगा रहा है, उसमें वो व्यू प्वाइंट भी दे रहा है, लेकिन आज इतिहासकार की रचना पर प्रश्नचिह्न लगाया जा रहा है। दूसरा है मेमोरी थ्योरी ऑफ हिस्ट्री, जितना आपके मेमोरी में बचता है वही हिस्ट्री है, लेकिन जो फाइनल कथन था उस कमीशन का, वह यह था कि गोरे-काले की जो परम्परागत दुश्मनियाँ चल रही हैं अफ्रीका में, और जो प्रजातीय विभेद हैं सारी संरचनाओं के, सारे स्ट्रक्चर के, उस स्थिति में ऐसा टुथ खोज कर लाना चाहिए, जिसमें लोगों के बीच की आपस की दुश्मनियाँ खत्म हो जायें, सामंजस्य स्थापित हो, स्टेट स्ट्रक्चर का निर्माण हो सके; तो टी.आर.सी. में इस तरह की अवधारणा सामने आयी।

भारत में जब अंग्रेज आये तो उन्होंने सबसे पहले कहा कि भारतीयों को इतिहास-बोध नहीं था, क्योंकि वे इतिहास की रचना 'रिटेन डाक्युमेंट' के आधार पर करना चाहते थे। ऐसा रिटेन डाक्युमेंट हिन्दुस्तान में नहीं था जिसको 'क्रानिकल' का स्तर भी दिया जा सके। 'राजतरंगिणी' एकमात्र अपवाद थी, राजतरंगिणी पर उनकी नजर उस समय तक नहीं पड़ी थी। जब कोई लिखित-तथ्य है ही नहीं तो आप भारत को इतिहास कैसे प्रदान करेंगे? तो सबसे पहले इतिहास की खोज भारत में मोनुमेंटस को अण्डरस्टैण्ड करने की दिशा में शुरू हुई, और उसमें यहाँ पर यह काम अंग्रेज इतिहासकार ने शुरू किया, वह इतिहासकार नहीं था, वह तो नील की कोठी का मालिक था। उसने यह काम शुरू किया और राजेन्द्र लाल मित्रा उसके सहयोगी थे। बाद में उसने कहा कि जो उड़ीसा के मन्दिर हैं, फारगुशन का ये कहना था, भारतीय कला के इतिहास के सूचक हैं, राजेन्द्र लाल मित्रा ने कहा, नहीं ये उत्थान के सूचक हैं, इसी को लेकर दोनों में खूब विवाद हुआ।

आगे चलकर लार्ड कर्जन ने 'आर्क्यालाजिकल सर्वे ऑफ इण्डिया' की नींव रखी, खुदाई करवायी गयी, और इस तरह से ऐसा स्रोत पैदा किया गया जिसके आधार पर भारतीय इतिहास की सही संरचना हो सके, लेकिन पुरातत्व, जो इमारतें और भग्नावशेष हमारे सामने लाते हैं, या जो लिटरेचर हमको अतीत देता है, उसमें से हम इतिहास नहीं निकालते, क्योंकि जिसको हम आज के अर्थों में इतिहास समझते हैं वह वस्तुतः इतिहासवाद से ग्रस्त है। कैसे? खुदाई में सिन्धु घाटी सभ्यता मिली, वह नगरीय सभ्यता थी, लिटरेचर में ऋग्वेद मिला, उससे नगरीय सभ्यता का मेल नहीं था, ऋग्वेद में ग्रामीण परिवेश था जिसमें चरवाही होती थी, लेकिन हड़प्पा सभ्यता में बड़े-बड़े नगरों के अवशेष मिले, अब यहाँ पर तथ्य से निकलने वाला कोई सिद्धान्त नहीं आया। यहाँ पर सिद्धान्त आया भाषा विज्ञान से निकलकर, वह भी कम्परेटिव भाषा विज्ञान से निकलकर, आर्यन भाषा विज्ञान के आधार पर 'आर्यन हाइपोथिसिस' को विलियम जोन्स ने प्रतिपादित किया। भाषा-परिवारों के आधार पर दक्षिण भारतीय भाषाओं को द्रवीडियन परिवार की भाषा कहा गया, आज ये द्रवीडियन डिवाइड पैदा की गयी और कहा गया कि हड़प्पा सभ्यता द्रविड़ थी, और भारतीय सभ्यता जो ऋग्वेद की संस्कृति थी, आर्य संस्कृति थी। आर्य जब आये तो उन्होंने इन नगरों का अन्त किया। इसने पुरातत्व के सिद्धान्त को नष्ट कर दिया।

अब सवाल है कि हड़प्पन सभ्यता के नीचे हमें ग्रामीण बस्तियाँ मिलती हैं, उनसे नगर बने, लेकिन जब हड़प्पन सभ्यता का अन्त होता है तो शर्मा ने यह सिद्ध करने की कोशिश की कि भारतीय नगरीकरण जो दूसरी बार हुआ, हड़प्पा नगरीकरण के बाद, उस नगरीकरण का अन्त सामन्तवाद के उदय के कारण हुआ, लेकिन हड़प्पन सभ्यता के पतन में किसी सामन्तवाद की आवश्यकता नहीं समझी गयी, और कहा गया कि पर्यावरणीय परिवर्तन से इसका अन्त हुआ। लेकिन पर्यावरणीय परिवर्तन ने पहले अन्न उत्पादन के केन्द्र जो गाँव थे उनका अन्त किया पानी के अभाव में, समतल जमीन के अभाव में, सरस्वती का मार्ग बदल जाने के कारण गाँव उजड़ गये। यूरोप में रोमन साम्राज्य के पतन में भी बराबर आक्रमण के कारण गाँव पहले भी उजड़े हैं। गाँवों के उजड़ने के कारण नगर उजड़े, लेकिन हमको समझाया जाता है कि गाँव और नगर एक दूसरे के विरोधी हैं, और नगर उजड़ेंगे तो गाँव बसेंगे। हम आज क्या कर रहे हैं हिन्दुस्तान में? किसानों की जमीनें अधिग्रहीत करके मल्टीस्टोरीज आवास बनाने के लिए दी जा रही है, किसान आत्महत्या कर रहा है। वहीं महाराष्ट्र में कुछ मर्सिडिज वेन्ज कार जो 65 लाख रुपये की एक कार है, वह कुछ किसानों ने खरीदी तो मीडिया ने कहा कि इण्डिया में ग्रामीण भारत जाग रहा है, वहीं बगल में ढाई लाख किसान आत्महत्या कर रहे हैं।

स्टेट बैंक ने मर्सिडिज बेन्ज कार खरीदने के लिए लोन 7% पर दिया, और टैक्टर खरीदने पर लोन 12% पर दिया, और जो ग्रामीण बचत थी, उस बचत का 42% बाम्बे के सेठों को 7% पर दिया। उसको ग्रामीणों के लिए उपयोग में नहीं लाया गया। इस तरह के विषमता भरे जो सरकारी फैसले हैं उसका नतीजा यह हुआ कि विषमता बढ़ती गयी, मॉडर्नाइजेशन बढ़ता गया, बेरोजगारी बढ़ती गयी, लाखों में जॉब है, करोड़ों में विद्यार्थी हैं, युवा वर्ग के लोग हैं। इतने इम्तहान कर दिये गये हैं, सेमेस्टर कर दिये गये हैं, एक इम्तिहान का तीन इम्तिहान कर दिया गया, पहले प्री दो, फिर मेन्स और फिर इण्टरव्यू दो। बिल्कुल जुआड़ी बनो उस विषय के। पासा फेंको, हो सकता है कि अगली बार लक तुम्हारा खुल जाये। इस जुआड़ी मनोवृत्ति को हमने युवाओं के ऊपर लाद दिया है और यह कहा है कि तुम दौड़ते रहो जिन्दगी में, दस साल दौड़ो, बीस साल तक दौड़ो, निराश हो जाओ, कमर टूट जाये, बैठ जाओ।

यह सब वह देश कर रहा है जिसकी सबसे बड़ी सम्पत्ति दुनिया का सबसे बड़ा युवा वर्ग है, जो केवल हिन्दुस्तान में है इस समय। डेवलपमेंट, जिसे हम विकास कह रहे हैं, वह वस्तुतः भारत के लिए विनाश है और पूरी दुनिया के लिए विनाश है। तो फिर रास्ता क्या है? रास्ता यह है, जिसके उत्थान से गरीब और अमीर दोनों को फायदा हो और समान भाव से हो, एक कोई ऐसी चीज सामने आनी चाहिए और वह चीज है आदमी का चरित्र। अगर गरीब चरित्रवान होगा और अमीर चरित्रवान होगा, इसके विकसित होने से किसी का नुकसान नहीं होगा। अभी शहर बढ़ता है तो गाँव टूट जाता है, गाँव बढ़ता है तो शहर वाले सोचते हैं कि हम टूट जायेंगे, लेकिन अगर चरित्र बढ़ता है तो दान दिया जाता है। काशी से अधिक इसका महत्त्व कौन समझायेगा, इतना बड़ा विश्वविद्यालय दान की उपज है। उपनिषदों में कहा गया है कि प्रजापति ने दा-दा तीन बार कहा उसका मतलब है दान। अमीर जितना कंजूस हो जायेगा और उसके मन में पैसे के लिए हवस पैदा हो जायेगी, दुनिया का सारा सोना, सारा चाँदी, सारा पैसा उसकी भूख को नहीं मिटा सकता। आज भूखा वह है जिसके पास खाना नहीं है, तो इस हवस को, मनोवृत्ति और लाचार को जुआड़ी की मनोवृत्ति में डाल देना कहाँ का न्याय है? क्या इस न्याय का समर्थन परम्परा करेगी या इतिहास करेगा? दोनों में से कोई नहीं कर सकता इसका समर्थन। लेकिन यह तथ्य कौन उजागर करेगा? यह सोशल साइन्स नहीं उजागर करेगा। आज कहिए तो कहेंगे 60% तो है। कहाँ 90% इण्डियन मॉडर्नाइज्ड है। इतिहास को पीछे ढकेल देने का यह नतीजा है। इसलिए इतिहास की भूमिका आज भी है, लेकिन इतिहास के साथ एक और दुर्गति है।

प्राचीन भारत में इतिहास-लेखन के जो स्रोत थे पुरावृत्त थे और कल्पज्योतिष

था। उपाख्यान, गाथा के माध्यम से जो पुराण लिखे गये वे उनकी स्रोत-सामग्री हैं। जातक कथाओं में भी हर कहानी के पीछे एक गाथा है, जो बुद्ध बोलते है। पचतन्त्र में हर कहानी के पीछे एक श्लोक है जो गाथा समान है। लोक और शास्त्र के विभेद को हमारी परम्परा ने उभारा है। कौटिल्य भी कहते हैं अगर धर्मशास्त्र और न्याय के बीच में अन्तर्विरोध हो जाये तो यह मान लिया जायेगा वहाँ पर न्याय "प्रिवेल" करेगा। तो प्राचीन भारतीयों का कोई मुकाबला नहीं था, उन्होंने जो इतिहास-लेखन किया है वह कागज पर नहीं किया है, उन्होंने लोगों के चरित्र में, लोगों के मन में इतिहास की इबारत लिखी है। क्या वजह है कि जिन क्षेत्रों में कोई संस्कृत नहीं जानता वह भी भारतीय संस्कृति और भारतीय अतीत के महामूल्यों से सुपरिचित हैं, चाहे वह थाईलैण्ड में रहता हो, चाहे वह मध्य एशिया में रहता हो, चाहे बौद्ध हो, चाहे जैन हो, जितने महामूल्य हैं, उसको कण्ठस्थ हैं। उसके चरित्र में अंकित हैं। इस चरित्रांकन ने न तो भाषा की बाधा महसूस की, न प्रजातीय बाधा महसूस की और न भौगोलिक बाधा महसूस की। कश्मीर से कन्याकुमारी तक और अरब सागर से लेकर चीन सागर तक, पूरे इण्डियन ओशन में चरित्रांकन की ये इबारत आज भी लिखी हुई है। आज हम जो इतिहास लिखते हैं उसको कोई पढ़ता नहीं है। हमारे प्राचीन भारत में धर्म की जो परिभाषा दी गयी है उसमें अभ्युदय और निःश्रेयस को अलग नहीं किया जा सकता। जिस सूत्र से अभ्युदय होता है उसी से निःश्रेयस लाभ भी होता है। समृद्धि आती है तो दान की भावना भी जगती है और दुनिया के लिए करुणा भी जगती है। आज हमने उसे दो भागों में बाँट दिया है : अभ्युदय एक चीज है और करुणा साधु संन्यासियों की बात है। नेता अभ्युदय के लिए पदयात्रा करता है और संन्यासी करुणा बाँटने के लिए। इसलिए धर्म का यह विश्लेषण है, नितान्त भ्रामक विश्लेषण है, जो आज प्रचलित है, जिसको लेकर लड़ाइयाँ होती हैं, बड़े-बड़े कान्फरेन्स में, चाहे देश में हो रहे हैं या विदेश में, लात-जूते चलते हैं।

धर्म का मतलब है "चरित्र, साधारण धर्म, सत्य बोलो," चरित्र का उन्नयन करो। बुद्ध से किसी ने पूछा, तुम्हारी जाति क्या है; बुद्ध ने कहा जाति ना पूछ, चरण पूछ, चरण जो है वह आचरण का प्रतीक है। किसी का चरण छूते हैं तो उसके आचरण को श्रद्धा-सुमन समर्पित करते हैं। वैदिक काल में पाठशालाओं का नाम चरण होता था, क्योंकि वे आचरण बनाती थीं। आज स्नातकों में आचरण का अभाव है जो मॉडर्नाइज्ड है, युवाओं में जिसके ऊपर शिक्षा का छींटा पड़ा नहीं, कि उसका चरित्र सबसे पहले गायब। अतः इतिहास को इस ढंग से लिखा जाना चाहिए जो कम्यूनिकेबुल हो, ऐसा न हो कि कोई न पढ़े, बड़े-बड़े ग्रन्थों का सृजन हुआ, कौन पढ़ेगा उसको, यह स्थिति इतिहास-लेखन की है। बन्द पोथी अगर आप लिखना

चाहते हैं तो शौक से लिखिए, इतिहास जिस दिन पन्नों में बन्द हो जायेगा उस दिन इतिहास नहीं रहेगा। इतिहास वह है जो लोगों के जनमानस में अंकित हो, चरित्र में अंकित हो और ऐसा इतिहास हम नहीं लिख रहे, ऐसा धर्म भी हम नहीं लिख रहे। धर्म में भी बहुत सारे वेस्टेड इन्ट्रेस्ट घुस गये हैं जैसे डेवलपमेंट में वेस्टेड इन्ट्रेस्ट घुस रहे हैं, वह लाभ की कद्र करते हैं चीजों की कद्र नहीं करते। विचार है कि भारतीय परम्परा में भी काफी चीजें हैं–जैसे साहित्यकार अपना पात्र, अपना देशकाल स्वयं सृजित करता है और पात्रों के माध्यम से स्वयं बोलता है। परम्परा को दोषी हमने बनाया है, वह परम्परा का दोष नहीं है।

भारतीय परम्परा की महानता है कि वह इतिहास का दावा नहीं करती कि पेटेन्ट कराओ, अपने नाम से लिखा लो जिससे कोई चोरी न कर सके। इस तरह से परम्परा के लिए भी अवकाश है, परम्परा का अर्थ ज्ञान के क्षेत्र में ज्ञान-सन्तान से होता है। जैसे मनुष्य में बायोलोजिकल होता है, उसी तरह से ज्ञान-वृद्धि भी ज्ञान-सन्तानों के माध्यम से होती है। लेकिन आज हमारे ज्ञान और विद्या का कान्सेप्ट है 'नालेज इज पावर', इसका अर्थ हुआ कि 'दैट नालेज विच कैन नाट लीड टू पावर इज नो नालेज', इसीलिए आर्ट सबजेक्ट है, हिस्ट्री सबजेक्ट है, परम्परा सबजेक्ट है, सब आज गर्दिश में हैं। लेकिन अपने यहाँ विद्या का क्या विचार था? 'विद्या वह है, ज्ञान वह है जिसका स्पर्श पाते ही आपका दूसरा जन्म हो जाता है। एक जन्म माँ के गर्भ से होता है जिसमें सारी कमजोरियाँ, सारी भावुकता, सारा राग-द्वेष, सारा झगड़ा-झंझट, सारा वायलेंस आपके व्यक्तित्व का सहज अंग होता है। लेकिन दूसरा जन्म ज्ञान के गर्भ से होता है।

जन्म होने के बाद आप संकीर्णताओं से मुक्त हो जाते हैं। प्रकृति के आगे संस्कृति के जगत में प्रवेश करते हैं। वह मुक्ति, आत्मा-परमात्मा के मिलन वाली मुक्ति नहीं बल्कि अपनी निजी कमजोरियों से ऊपर उठने वाली मुक्ति है। आज तो कमजोरियाँ आपके उपर हावी हो रही हैं, वे आपको कन्ज्युमरिज्म के चटखारे दिलाती हैं, एक-एक टी.वी. सीरियल आपको अश्लीलता का उपदेश देता है, और आज का इतिहास-लेखन फैशन टेक्नोलॉजी जैसा हो गया है, कभी कुछ खोल के दिखा दिया कभी कुछ ढक के दिखा दिया। ऐसे इतिहास-लेखन से काम नहीं चलेगा, अश्लीलता का डोज मिल रहा है आपको, कन्ज्युमरिज्म का डोज मिल रहा है, वायलेंस का डोज मिल रहा है, और प्रतिदिन मिल रहा है, आपको जुआड़ी मनोवृत्ति का डोज मिल रहा है, आपके ड्राइंग रूम में मिल रहा है, आपके बेडरूम में मिल रहा है। यह सब इसलिए हो रहा है कि इससे लाभ कमाना है। किनको कमाना है? कारपोरेट को कमाना है। आज सरकारें भी कारपोरेट के नीचे आ गयी हैं। इन सबका

तोड़ मेरी समझ में केवल धर्म है। जो चरित्र को परिष्कृत करके आपको प्राकृतिक कमजोरियों से ऊपर उठाता है। आप मनुष्य बनते हैं, हैवान नहीं बनते हैं। अब तो माँ-बाप भी नहीं कहते कि बेटा सदाचार पर चलो। वे भी कहते हैं बेटा वहीं नौकरी करना जिसमें ऊपर की आमदनी हो। अधिकारी, अधिकारी बनते ही भ्रष्ट हो जाता है। थोड़े से अधिकारी हैं जो अन्त तक ईमानदार बने रहते हैं। आज नौकरी मिलने के पहले ही लोग भ्रष्टाचार के सपने देखने लगते हैं। जब चरित्र इस तरह से भारत जैसे देश में चौराहे पर नीलाम होगा, तो भ्रष्टाचार नहीं बढ़ेगा? मॉडर्नाइजेशन नहीं बढ़ेगा? लोगों की दुश्वारियाँ नहीं बढ़ेंगी? इन सब का बोध अगर करना है तो इतिहास को दूसरी परिभाषा देनी पड़ेगी। वह परिभाषा कम्युनिकेबलिटी की परिभाषा होगी, आज कम्युनिकेशन में क्रान्ति हो गयी है, लेकिन इतिहासकारों के यहाँ कम्युनिकेशन में आग लग गयी है, बामीयान की मूर्ति की तरह इतिहास-मूर्ति टूट गयी है, बुद्ध टूट गये हैं। चरित्र के सारे मानक टूट गये हैं। दो साल, तीन साल का बच्चा हुआ नर्सरी में ढकेल दिया गया। पैरेंटिंग नहीं हो रही है, 'टुडे इण्डियन मैन आर दी इललिट्रेट, इलपैरेन्टेड, इलऐजुकेटेड'। इसलिए कि जन्म से पहले बच्चे का लिंग पता होना चाहिए, अगर लड़की हुई तो गर्भपात करा देना चाहिए, तो जन्म के पहले अगर यह धारणा है तो कहाँ से कल्याण होगा? पैरेंटिंग के लिए हम उनको नर्सरी भेज देते हैं, जिससे माँ-बाप दोनों नौकरी कर सकें। स्कूल बिजनेस कर रहा है, उसको क्या जरूरत है आपके लड़के की पैरेन्टिंग करने की? मिड डे मील दे कर लड़कों को बहलाया जा रहा है। ये स्थितियाँ बड़ी भयावह हैं, और इनकी तरफ आँख खोल कर देखने की जरूरत है। इतिहास कागज के पन्नों में नहीं रचा जाता है, इतिहास कागज के पन्नों में बाद में जाता है, पहले तो जमीन पर रचा जाता है। जमीन पर इतिहास रचकर तो देखिए, तब इतिहास लिखा जायेगा। इतिहास को गाली देने से, इतिहास को मरहूम कर देने से काम नहीं चलेगा

भारतीय संस्कृति, इतिहास और भविष्य

रमेश चन्द्र शाह

संस्कृति के सन्दर्भ में इतिहास और इतिहास सृष्टि का जिक्र छिड़ते ही मुझे स्व. पं. विद्यानिवास मिश्र की एक बात याद आ रही है। जहाँ एक ओर वे इस वस्तुस्थिति को यथातथ्य हासिल करते हैं कि "कुछ शताब्दियों से इतिहास और इतिहास-सृष्टि विश्व-चिन्तन पर छाये रहे हैं और भारत भी इस चपेट में आ गया है..", वहीं वे इस दृष्टि को अपर्याप्त, और अनिष्टकर मानते हुए अपने ढंग से प्रत्याख्यान भी करते हैं; यह प्रश्न उठाते हुए, कि "सब कुछ क्या इतिहास के तर्क से ही घटता है? क्या मनुष्य में कुछ भी अप्रत्याशित घटाने की शक्ति नहीं है? क्या इतिहास की तरह सीधी रेखा में कोई भी सर्जनात्मक व्यापार घटित नहीं होता है?"

निश्चय ही नहीं, सर्जनात्मक व्यापार की तो पहचान ही उसकी अपूर्वानुमेयता है। किन्तु यहाँ हमारा सामना दो बेढब सवालों से होता है। एक तो यह, कि मनुष्य का सारा व्यापार 'सर्जनात्मक' ही हो, यह तो आवश्यक तथा सामान्य भी नहीं : कई सारे व्यापार उसके सृजन से निरपेक्ष, सृजनद्रोही तक हो सकते हैं, हुए भी हैं। और दूसरे, स्वयं जिसे 'सृजनात्मक व्यापार' हम कह रहे हैं, उसकी परिधि में क्या ऐसे व्यापार, ऐसी गतिविधियाँ भी नहीं आ जातीं, जो स्वयं सृजनात्मक के आड़े आ जाएँ, स्वयं मनुष्य और उसके द्वारा निर्मित संस्कृति को, प्रकृति और संस्कृति के संतुलन को ही संकट में डाल दे? विज्ञान को, उससे निष्पन्न टेक्नोलॉजी को गैर-सृजनात्मक कौन कहेगा? फिर भी वह जिस मूल्य-निरपेक्ष दृष्टि को लेकर चलने को बाध्य है– समूची प्रकृति और समूचे ब्रह्माण्ड को ही मूल्य-निरपेक्ष मानते हुए- जिस तरह उसने प्रकृति का अवधारणात्मक वशीकरण किया है, उसकी वर्तमान परिणति क्या है? मनुष्य आज एक ऐसे विश्व में मूल्यों की खोज कर रहा है, जिस विश्व में उसने स्वयं अपनी ही तर्क-बुद्धि के पराक्रम से–अर्थात् उस अवधारणात्मक वशीकरण की प्रतिज्ञा को निभाते हुए सर्वथा मूल्य-रिक्त और मूल्यहीन बन जाता है। कैसी भी संस्कृति के

द्वारा इस मूल्य-मूढ़ता या मूल्यान्धता का कैसा उपचार है? जबकि संस्कृति स्वयं मनुष्य के मूल्य की ही कृति या चेष्टा की ही उपज मानी गयी है।

भारत के सामाजिक इतिहास की लय और गति पश्चिम के इतिहास से काफी अलग रही है। कोई भी देख सकता है कि पश्चिम के सामाजिक परिवर्तनों की रफ्तार अपेक्षाकृत अधिक रही है और तथाकथित क्रान्तियाँ भी वहाँ खूब हुई हैं। कारण, सामाजिक जीवन के विकास में वहाँ राज्य की–'स्टेट' की–भूमिका बहुत शक्तिशाली रही है और सत्ता-संघर्ष भी भारत की तुलना में बहुत विस्तृत-व्यापक और उग्र रहा है। अपनी विचारधारा की उग्र प्रतिबद्धता के साथ भिन्न या विरोधी विचार के प्रति घोर असहिष्णुता पश्चिमी इतिहास में सर्वत्र परिलक्षित होती है। तर्क-बुद्धि को वहाँ आरम्भ से ही निर्णायक और सर्वातिक्रामी महत्त्व मिला है मगर साथ ही इसके विपरीत छोर पर धर्मविश्वास के स्तर पर मतवाद या 'ड्रामा' (जिसके लिए धर्मबीज शब्द का इस्तेमाल किया है हमारे अज्ञेय जी ने) को हर तर्क से परे, प्रज्ञातीत मानकर चलने का आग्रह भी वहाँ उतना ही चरम है।

इसके विपरीत, हमारा भारतीय अन्त:करण सामाजिक सम्बन्धों को अमूर्त तर्क प्रक्रिया से निर्देशित अनुशासित करने की बजाय सहज अन्तर्ज्ञान और सामंजस्य-यथासम्भव विद्वानों के भी सामंजस्य–पर बल देता रहा है। नयी चुनौतियों का सामना भी पुराने समाधानों का सर्वथा परित्याग करके नहीं, बल्कि उन्हें संशोधित और समायोजित करके ही करने की प्रवृत्ति रही है। मनुष्य-भाव का निर्वाह भी 'जियो और जीने दो' की सहनशील समझदारी और एक बुनियादी साझेदारी के बूते ही चलता रहा है : हालाँकि उसके पीछे दृष्टि मानव-केन्द्रित या 'मानव-वादी' नहीं, चराचरनिष्ठ-चराचरवादी रही है। प्रकृति को भी वह जितना अपने बाहर की सत्ता के रूप में प्रत्यक्ष करती है, उतना ही अपने भीतर भी। और संस्कृति की मूल प्रतिज्ञा भी 'सर्वभूतहिते रत:' के भीतर से ही आत्म-साक्षात्कार करने की है : प्रकृति से रण ठानने की नहीं। एक ओर जहाँ वह प्रकृति के राग में ढलती, उसके साथ साहचर्य स्थापित करती है, वहीं दूसरी ओर उसके बन्धनों से मुक्ति की समीक्षा से भी प्रेरित होती है। किन्तु यह अभीप्सा उसे प्रकृति विजय का सत्तालिप्सु अभियान छेड़ने की ओर नहीं ले जाती।

यही कारण है कि धर्म (= संस्कृति) की अवधारणा और अभ्यास भी दोनों जगह बहुत अलग ढंग से चलता है : जहाँ पश्चिम में धर्म का मतलब मुख्यत: संगठित और संस्थाबद्ध 'मतवाद' तथा उसके अनुकूल सामूहिक प्रतिबद्धता पर आश्रित रहा है, वहीं भारत में जोर व्यक्ति के अपने पुरुषार्थ पर, सामाजिक और वैश्विक ऋणशोध की प्रक्रिया को निभाते हुए अमृत : इस समाज नाम की और प्रभृति नाम की सत्ता के भी अतिक्रमण पर रहा है। पाश्चात्य समाज की परम्परा शुरू से ही नागरिक जीवन

के नियमन और विकास पर निर्भर रही है, जबकि भारतीय संस्कृति नागर सभ्यता तक कभी सीमित नहीं रही, वह किसान-संस्कृति और लोक-संस्कृति भी रही आयी। अरण्य के आदिम राग को उसने कभी नहीं भुलाया : उल्टे, वह तो इसी आनुभूतिक विश्वास से प्रेरित रही कि अन्ततः सभी को अपनी सामाजिक-आर्थिक गतिविधियों से उपरत होकर आरण्यक एकान्त में जीवन के उस 'रहस्य' की खोज में लगना ही चाहिए जो मनुष्य के तमाम कर्तव्य-भावनाओं से परे उसके इस संसार में प्रगट होने का अर्थ 'परम अर्थ' है।

मनुष्य की समाज-रचना, समाज-संगठन इस पर निर्भर करता है कि कुल मिलाकर जीवन-भर की उसकी समझ क्या है? जैसी समझ होगी, उसी के अनुसार समाज-संरचना भी ढलेगी। प्रवृत्ति और निवृत्ति तो मनुष्य-मात्र, जीव-मात्र के अस्तित्व में गुँथे हुए हैं : जीवन की लयात्मक संरचना ही है प्रवृत्ति-निवृत्ति। 'श्रम विश्राम, क्षितिज-वेला से/जहाँ सृजन करते मेला से'...। श्रम और विश्राम की, जागरण और सुषुप्ति की, प्रवृत्ति और निवृत्ति की परस्पर संवादिता ही जीवन की लय है : बिना नींद के जागरण नहीं, बिना निवृत्ति के प्रवृत्ति सम्भव नहीं। किन्तु यह तो मनुष्य को प्रकृति की ओर से मिला हुआ प्राकृतिक जीवन हुआ : और मनुष्य योनि में आने का अनिवार्य परिणाम है : कि मनुष्य प्राकृतिक जीवन जीकर ही सन्तुष्ट नहीं हो सकता। इसीलिए वह अन्तर्निवेश है प्रकृति के समानान्तर और तिर्यक् भी जाते हुए 'संस्कृति' का आविष्कार या सृजन करने को। तो सवाल है–अब इस सांस्कृतिक जीवन में प्रकृति और संस्कृति का सामंजस्य कैसे साधा जाये? संस्कृति प्रकृति का अंग नहीं है : वह तो प्रकृति को किसी सीमा तक लाँघकर, आत्मोन्मुख निवृत्ति के निवर्तन की प्रक्रिया द्वारा ही सम्भव होगी। इसीलिए संस्कृति वैयक्तिक अर्जन या उपलब्धि भी है और व्यक्तिगत आत्म-केन्द्रों के गुणनफल स्वरूप सामाजिक परम्परा भी है। एक ऐसी सत्ता या विभूति, जो एक ओर तो मानव-व्यक्ति को व्यक्ति के रूप में अर्थ देती और परिष्कृत करती है और दूसरी ओर, मनुष्य के सामाजिक अनुभवों का आभ्यन्तर अर्थ गढ़ती है। तभी तो अपनी एक अत्यन्त महत्त्वपूर्ण पुस्तक 'द मीनिंग ऐंड प्रोसेस ऑव कल्चर' में पंडित विद्यानिवास मिश्र के अग्रज सहपाठी गोविन्दचन्द्र पाण्डे जी ने 'संस्कृति' को परिभाषित करते हुए उसे मूल्यानुसन्धान की, आत्म-साक्षात्कार और आत्म-चरितार्थन की परम्परा कहा है।

अब, प्रत्यासन्न परिस्थिति यह है कि आधुनिक विश्व में मनुष्य स्वयं को एक अभूतपूर्व संकट से चतुर्दिक् घिरा हुआ पा रहा है। प्रकृति के अवधारणात्मक और यांत्रिक वशीकरण का वह पश्चिम-प्रेरित अभियान अब अपनी तार्किक परिणति पर पहुँच चुका है। पीछे लौटना उस तरह सम्भव नहीं : 'प्रत्यावर्तन के पथ में/पदचिह्न

न शेष बचा है।' याद कीजिए : श्री अरविन्द ने अपने 'फाउंडेशन्स ऑव इंडियन कल्चर' में क्या कहा था। यही न कि ''आधुनिक जगत् पर यूरोपीय मनोवृत्ति का कब्जा है। हम इस अनुचित प्राधान्य का प्रतिकार करते हुए भारतीय मनोवृत्ति और मूल्य-दृष्टि का महत्त्व फिर से स्थापित करना चाहते हैं। आप देखिए, कि किस तरह एक दूसरे स्तर पर महात्मा गाँधी ने भी लगभग ऐसा ही अनुभव करते हुए पाश्चात्य आधुनिकता का कठोर प्रत्याख्यान करते हुए 'हिन्द-स्वराज' की अपनी अमूलचूल भिन्न अवधारणा प्रस्तुत की थी। किन्तु आज के भारतीय जीवन और सोच-विचार-व्यवहार में इन दोनों ही विचारधाराओं के लिए कोई गुंजाइश आपको दीखती है? उसके ठीक उलट, क्या यूरोप की भोगवादी ऐंद्रिक सुखवादी दृष्टि का–जिन्हें उन्हीं का समाजशास्त्री पी. सोरोकिन 'सेंसेट कल्चर' निरूपित करता है–उसी का तांडव हमारे यहाँ भी हावी होता नहीं दिखाई देता? सवाल उठता है कि इस दारुण परिस्थिति के सामने हम क्या करें? 'विकार: परमार्थतोऽज्ञात्वाऽनांरभ: प्रतीकारस्य'–कालिद.स की उक्ति है। आखिर हमारे राष्ट्रकवि की 'भारत-भारती' में भी कुछ ऐसी ही चिन्ता प्रकट नहीं हुई थी ('हम कौन हैं, क्या हो गये हैं और क्या होंगे अभी?') आज यह प्रश्न उठ रहा है कि भारतीय संस्कृति का इतिहास क्या रहा है?... और अब उसका वर्तमान और भविष्य कैसा क्या है? कोई भविष्य है भी कि नहीं? क्या अब पश्चिमी विश्वदृष्टि के प्रगति-रथ में जुतकर ही उसे अपने को कृतकार्य समझ लेना होगा? यानी अब भी उसकी कोई प्रतियोगिता शेष है? इस सर्वग्रासी वात्याचक्र में अब हमारी भूमिका क्या एक निरीह-भोक्ता-दर्शक के आत्महीन नकलची की ही हो सकती है? यानी इस मूल्यमूढ़ता एवं मूल्य-विपर्यय को मूल्यों के पुनर्वास की ओर मोड़ने की?

यहाँ पर हम सभी के लिए यह याद कर लेना भी जरूरी है कि जिस श्री अरविन्द ने यह कहा था कि 'आधुनिक विश्व पर पाश्चात्य मनोवृत्ति का प्रभुत्व है और हम इस प्रभुत्व का प्रतिकार करते हुए स्वस्थतर भारतीय दृष्टि को पुन: स्थापित करना चाहते हैं, उन्हीं ने हमारी सभ्यता की एवं अपनी ऐतिहासिक दुर्बलता या कमी को यथार्थत: देखने और समझाने की कोशिश भी साथ ही की थी। वह कोशिश–गाँधी की कोशिश की तरह ही- इसलिए मूल्यवान् है कि वह समूचे विश्व की ओर से सोचती है, समूचे विश्व की हितचिन्ता से परिचालित है। अन्तत: सारी समस्याओं की उपलब्धियाँ मानव-मात्र की उपलब्धियों हैं और पश्चिमी दृष्टि की आलोचना का अर्थ पश्चिम की उपलब्धियाँ को नकारना कदापि नहीं है। न अरविन्द ऐसा सोचते हैं, न महात्मा गाँधी। बात यह है कि तर्क बुद्धि निश्चय ही मनुष्य की भूल चुकी शक्ति है और उसी के प्रयोग से मनुष्य ने ऐसी अद्भुत साम्प्रतिक उपलब्धियाँ की हैं। किन्तु वही अगर सब कुछ

होती, तो फिर समस्या ही क्या थी। हकीकत जो आँख सामने दिखाई दे रही है वह क्या है? यही न, कि 'न हि वित्तेन: तर्पणीय: मनुष्य:'। प्रकृति में नियंत्रित करने में सौगुनी क्षमता के बावजूद मनुष्य अपने सामाजिक-सांस्कृतिक पर्यावरण पर नियंत्रण स्थापित करने में सर्वथा निरुपाय ही न साबित हुआ है? बल्कि प्राकृतिक पर्यावरण को भी उसने क्षतविक्षत ही कर डाला है। कोपेनहेगेन की बैठकें क्या जतला रही हैं?

तो, प्रकृति को सर्वथा मूल्य-निरपेक्ष मानने और बना लेने के फलस्वरूप ही तो साइंस और टेक्नोलॉजी ने मनुष्य को इस अन्धी गली में ले जाकर पटक दिया है, जहाँ अब वह एक ऐसे ब्रह्माण्ड में मूल्यों की हारी होड़ में लगा है जिसका मूल्यखोजी मानव-चेतना से कोई सम्बन्ध ही तर्कबुद्धि के अनुसार नहीं बनता। यकीनन, मानव-जीव को भौतिक सुरक्षा, सुख-सुविधा और इत्मीनान-फुरसत की जरूरत हमेशा, हर युग में रही है और प्रत्येक मानव सभ्यता और संस्कृति को उन बुनियादी जरूरतों की पूर्ति के लिए कुछ न कुछ विज्ञान और प्रोद्यौगिकी विकसित करनो ही पड़ी है। किन्तु यह भी तो साफ दिखाई देता है कि सबने हर जरूरत की पूर्ति करने का एक सरीखा ढंग नहीं उपजाया। विभिन्न संस्कृतियों ने इन जरूरतों को एक सरीखा मूल्य या अर्थ का महत्त्व नहीं दिया है और इसीलिए इसी कारण उनमें साइंस और तकनीकी विकसित करने के लिए एक सरीखा उत्साह नहीं दिखलाई देता, न एक सरीखी एकाग्र ऊर्जा का विनिवेश दिखाई पड़ता है। क्यों? मूल्य-बोध की भिन्नता के चलते ही न? आज अब साइंस और टेक्नोलॉजी मानवीय पुरुषार्थों पर हावी होती दिखती है, तो उसके पीछे आधुनिक पाश्चात्य सभ्यता का इन्द्रियभोग-सीमित, सेंसेट चरित्र का आग्रह ही न हो, जिस पर गाँधी ने कठोर प्रहार किया था? जाहिर है कि इस हकीकत का यह अर्थ कदापि नहीं हो सकता, कि समसामयिक पश्चिम प्रभावित संसार का यह इतिहास-चक्र मानवीय संस्कृति मात्र के सार्वभौम और आदर्श प्रक्रिया का प्रतिनिधित्व करता है।

यहीं पर आलोचक के साथ ही आत्मालोचन की भी अनिवार्यता हमारे सिर पर चढ़कर बोलने लगती है। भारतीय संस्कृति, जैसाकि पं. विद्यानिवास मिश्र सरीखे विचारक पूरे 'कन्विक्शन' और विस्तार के साथ कहते रहे हैं, जीवन की समग्रता पर आग्रह करती आयी है, एकांगिता को नकारते हुए। प्रश्न यह है कि क्या ऐसी संस्कृति भी कालगति के प्रभाव से और अपनी ही दुर्बलता के फलस्वरूप एक अलग किस्म की एकांगिता से ग्रस्त नहीं हुई? श्री अरविन्द ने अपने महाग्रंथ 'द लाइफ डिवाइन' में जहाँ एक ओर पश्चिमी सभ्यता के भौतिक नकारवाद को रेखांकित किया है, वहीं क्या उन्होंने उसी के प्रतिपक्ष में भारतीय सभ्यता की अधोगति को भी परिभाषित नहीं किया है? कहीं पर जीवन के उसी सुदीर्घ तिरस्कार का फल भी तो नहीं है जो हमें

भुगतना पड़ा? आखिर हमारे एक दूसरे मनीषी गोविन्दचन्द्र पाण्डे ने भी तो 'भारतीय परम्परा के मूल स्वर' में साफ-साफ इस हकीकत पर उँगली रक्खी ही है–यह कहते हुए कि ''मध्ययुग में भारत वैदिक सम्पूर्णता के आदर्श से स्खलित होकर विश्व-मिथ्यात्व की दलदल में जा धँसा।'' यदि ऐसा है–जो कि है ही, तो हमारी दुरवस्था क्या उसी असफलता के विरुद्ध–यानी जीवन के तिरस्कार के विरुद्ध–एक दूसरी अति से जा निपटने का–यानी जीवन के तिरस्कार के विरुद्ध जीवन की अंधी अनुरक्ति-आसक्ति में जा फँसने का परिणाम नहीं है? प्रतिक्रिया हमेशा अतिवादी ही हुआ करती है। तो क्या हम तभी चलेंगे जब पैंडुलम दूसरे छोर पर पहुँच जायेगा?

इसमें कोई सन्देह नहीं कि भारतीय संस्कृति और सामाजिक-परम्परा का सर्वाधिक दृढ़ और अक्षय नाभिकेन्द्र धर्म ही है। यह विश्वास, कि 'धर्मो रक्षति रक्षितः'। यदि ऐसी संस्कृति के साथ कोई विफलता जुड़ती है तो कहीं उसका कारण यह विश्वास ही तो नहीं है कि जीवन के गहन आध्यात्मिक मूलाधार का अनुभव-संज्ञान और साक्षात्कार ही जीवन–यानी भौतिक-प्राणिक जीवन की भी समस्त समस्याओं का हल अपने आप कर देगा। आज यहाँ कठिनाई यह है कि भौतिक जगत् पर नियंत्रण और उसका दोहन तो मनुष्य अपनी तर्कशक्ति यानी 'रीजन' के बूते ही हासिल कर सकता है, न कि उस तर्कशील अनुभव-सामर्थ्य और अन्तर्दृष्टि के बूते–जो अपनी चरमावस्था में इस भौतिक जगत् के स्वार्थ को, बल्कि उसके अस्तित्व तक को नकार देती प्रतीत होती है। आध्यात्मिक अनुभव के दौरान यह ऐतिहासिक- तर्ककारण सम्बन्ध वाला संसार सचमुच ही बिला जाता है। (और, यह भी ध्यातव्य है कि चमत्कारिक सिद्धियाँ जो होती हैं–उन्हें सर्वथा त्याज्य ही माना गया है।)

अब, सवाल यह उठता है कि जैसे हम परमार्थ कहते हैं, ब्रह्म कहते हैं, उसका परात्पर के साथ-साथ एक चराचरव्यापी, घर-घर वाले अन्तर्यामी वाला पक्ष भी तो है। परात्पर के पक्ष में इस आध्यात्मिक यथार्थ की उपेक्षा कैसे की जा सकती है। तभी न जयशंकर प्रसाद की कविता कहती है–''ऐसो ब्रह्म लेइ का करिहैं, जो जन-चीर न हरिहैं'' समूचा आधुनिक भारतीय साहित्य इस प्रवृत्तिमूलक संस्कृति का समर्थन करता है। यहाँ तक कि योगमार्ग में भी अरविन्द का जीवन कार्य क्या हमारी आध्यात्मिक परम्परा में एक महत्त्वपूर्ण विचलन का उदाहरण प्रस्तुत नहीं करता? जहाँ सांख्यदर्शन के मुताबिक 'यह दुनिया कभी बदलने वाली नहीं है, हमेशा ऐसे ही रहने वाली है' ('न हि कदांचिदनीदृशं जगत्') वहाँ इसके भी उलट हमारी यह आधुनिक दृष्टि आध्यात्मिक साधना को जीवन के सम्पूर्ण तादात्म्य या रूपान्तरण के साधन के रूप में प्रयोग करने की अनिवार्यता को रेखांकित करती है। क्यों?

निश्चय ही, वह जो दूसरा अतिवाद है–वह हमारी सभ्यता की दुर्बलता की

तुलना में–हमारी मूल की तुलना में कई गुना अधिक उपयोगी साबित हुआ है। भारत की विफलता तो केवल उसकी खुद की दुर्गति का कारण बनी। किन्तु पश्चिम की एकांगिता तो अक्षरश: विश्व-परितापी, विध्वंसक साबित हुई। पर इसमें हमारी विफलता क्षम्य नहीं हो जाती।

तो, यही वह पीढ़ी का है इतिहासलभ्य–जिस पर हमें अपने वर्तमान और भविष्य के विचार और कर्म को प्रतिष्ठित करके अपनी आगे की राह निकालनी है। इस उद्यम में जिन मनीषियों का सर्वाधिक योगदान है, उन्हें स्मरण करना, उनके किये धरे को सचमुच स्वायत्त करना हमारे लिए आज की इस घड़ी में निर्णायक महत्त्व रखता है। पंडितजी ही, मसलन, ऐसे ही एकार्थदर्शी और आदर्श-प्रिय मनीषियों में हैं। उनकी एक बात मुझे यहाँ खासतौर पर याद आ रही है तो अकारण नहीं याद आ रही है। उन्होंने एक जगह कहा है कि पश्चिम का सबसे ज्यादा आन्तरिक प्रतिरोध भारत ने ही किया; किन्तु सर्वाधिक सहानुभूतिपूर्वक पश्चिम को समझने वाले भी भारतीय ही हैं। इस कथन पर आप गौर करें–इसके फलितार्थों पर भी। यह भी आप देखिए कि भारत में अपना समाजशास्त्र रचने की अनिर्वायता पर और किसने इतना बल दिया है और क्यों दिया है? उनके कथनानुसार, ''पश्चिम का समाजशास्त्र मानव-केन्द्रित सामाजिकता और उनकी आधारभूत क्षमता की बात करता है, वह अपर्याप्त है। मनुस्मृतियाँ ही जीवन की सीमा क्यों?'' वे यह भी कहते हैं कि ''समता एकत्व है, एकत्वबुद्धि है, बराबरी नहीं। क्योंकि पृथकत्व के बिना बराबरी की बात सोची नहीं जा सकती।'' जार्ज अरवेल के व्यंग्य को बड़ा सटीक याद करते हुए वे जताते हैं कि किस तरह बराबर, उन्नति देने की प्रतिज्ञाएँ करके अपने लिए ज्यादा बराबरी हासिल कर लेते हैं। यह भी गौरतलब है कि पंडित जी सिर्फ पश्चिमी विचार की विसंगति उघाड़ के ही नहीं रह पाते। वे इस तथ्य को स्वीकारते हुए कि ''दायित्व से कतराने का काम सुखिया समुदाय ने कर्मवाद की ओट में ही किया है।'' वे यह भी साफ कहते और चेताते हैं कि ''न तो पश्चिम के ऊपर रौब झाड़ने से काम चलने वाला है, न अपनी परम्परा को कोसने से।''

अपनी परम्परा को कोसना एक बात है और उसकी ऐतिहासिक गति-विधि का स्वतन्त्र आकलन करते हुए उसके भविष्य की चिन्ता करना बिल्कुल दूसरी बात है। हमारे सर्वाधिक प्रमुख और जगत्गति-विज्ञ मनीषियों ने भारतीय संस्कृति के इतिहास की पश्चिमकृत व्यवस्थाओं का जैसा प्रत्याख्यान किया है उसे हमें फिर से देखना होगा और ठेठ आज की परिस्थिति में अपने कार्य का स्वरूप निर्धारित करना होगा। इस समेकित पुरुषार्थ से विरहित गर्जन तर्जन व्यर्थ है। विद्यानिवास जी ने उधार ली गयी विचारधाराओं को नकारा है, उसी तरह तथाकथित समन्वय के उथले उपक्रमों को

भी। ध्यातव्य है कि उन्होंने उन्नीसवीं सदी के पुनर्जागरण को 'अधूरा पुनर्जागरण' निरूपित किया है और पूरा-समूचा जागरण, जिसे वे 'भीतर का जागरण' कहते हैं, वह कैसे हो–इसका भी कुछ संकेत उभारने का उद्यम किया है। जातियों का, संस्कृतियों का, या परम्पराओं का संघर्ष विद्यार्थियों की दृष्टि में, भारत के सन्दर्भ में आरोपित है, द्वैत को संघर्ष मानना भ्रान्ति है। सटीक दृष्टान्तों के जरिये वे दर्शाते हैं कि कैसे इस परम्परा में सर्वस्वीकृति का वातावरण बनाने का प्रयत्न रहा है और इसीलिए विचारों का खुला टकराव तथा आदान-प्रदान भी सम्भव हुआ है। साथ ही पंडितजी इस खुलेपन की विडम्बना को भी पहचानते हैं और कहते हैं कि "सर्वस्वीकृति का मतलब जड़ता नहीं है।" स्वातंत्र्यो भारत-दुर्दशा को भी उन्होंने यथातथ्य रेखांकित किया है–यह कहते हुए कि "हम अनेक में एक की बात करते हुए वास्तव में अनेकवादी हो गये हैं, खंडित होकर परस्पर आक्रामक हो गये हैं, परस्पर संशयग्रस्त भी।" यह भी, कि "हमारे देशवासी छोटे-छोटे सुरक्षा के घरौंदे बनाकर उनमें मारे डर के छिपने के आदी हो गये हैं।" जिस पर ऊपर से एक और विडम्बना हम पर आ रही है, और वह यह कि "संविधान और उसके अनुसार बनने वाली शासन व्यवस्था–किसी ने भी इन घरौंदों के अलावा कोई सुरक्षा का अवसर पैदा नहीं किया, उल्टे, घरौंदे के बल पर ही शक्ति-सन्तुलन स्थापित हो सकता है और राजनीतिक स्थिरता बनी रह सकती है, यह स्थिति हमने स्वीकार कर ली है। घरौंदों के बाहर खुलेपन में एक अभय की स्थिति है, यह बात हमारी चेतना का अंग नहीं रह गयी है।"

उपर्युक्त टिप्पणी कितनी सच्ची और मारक है, कहने की जरूरत नहीं, कर्मज्ञ की टिप्पणी। स्वयं हासिल और इतिहास-दृष्टि पर उनकी टिप्पणी क्या है, यह हम आरम्भ में ही उद्धृत कर चुके हैं। पंडित जी इतिहास का तिरस्कार नहीं करते। वे निश्चय ही इतिहास को नियामक नहीं मानते, पर उपेक्षणीय भी नहीं मानते। वे साफ कहते हैं कि परम्परा भी अपनी वर्तमानता से ही प्रमाणित होती है। कहना न होगा कि हमें ऐसे ही मनीषियों के चिन्तन से लाभ उठाते हुए अपने लिए कर्त्तव्य-बोध की दिशा खोजनी है। तभी हमारी विचार-शक्ति और कर्म-चेष्टाओं पर छाया हुआ यह अटल-सा प्रतीत होनेवाला कोहरा भी छँटेगा। मनमानी कल्पनाओं द्वारा नहीं।

हमारी परम्परा और हम

विद्यानिवास मिश्र

हमारे बहुत सारे शब्द अंग्रेजी प्रतिशब्दों के दबाव में अपनी अर्थवत्ता खोते जा रहे हैं। उनमें दो शब्द महत्त्वपूर्ण हैं–एक 'परम्परा' और दूसरा 'धर्म'। जिस प्रकार धर्म 'रिलीजन' से अधिक व्यापक अर्थ रखता है, परन्तु उसका पर्याय बनकर संकुचित हो गया है, वह विश्वास-समूह का एक लेबल लगा बन्द पैकेट बनता जा रहा है, उसी प्रकार परम्परा भी 'ट्रेडीशन' अर्थात् ज्यों-का-त्यों सौंपने का पर्याय बनकर एक विचित्र जड़वादी धारणा से जुड़ती जा रही है। धर्म का अर्थ है जो धारण करता हो, जो समस्त व्यापार का सामंजस्य अथवा समंजन हो। इसीलिए धर्म व्यक्ति, समाज, प्रकृति सबको अपने भीतर समाविष्ट करता है। उसी प्रकार परम्परा का अर्थ है 'पर' अर्थात् श्रेष्ठ या उत्तरवर्ती, उसका अतिक्रमण करने वाली श्रेष्ठतर उत्तरवर्ती 'परा' धारा। परम्परा में इस प्रकार परिवर्तन की प्रक्रिया की न केवल सम्भावना है, बल्कि वह निरन्तर परिवर्तन की प्रक्रिया भी है। इतना ही है कि वह विच्छेद नहीं करती है, वह पूर्ववर्ती अच्छे गुणों का निषेध नहीं करती, उन गुणों से भी उत्तम गुणों का अनुसन्धान करती है और पूर्वलभ्य गुणों को नये पैमानों से जाँचने का काम करती है। नाप-नाप कर अपनाने का काम करती है।

आज प्राय: परम्परा के इस अर्थ को समझने में भूल होती है। उसका एक कारण परिवर्तन का अतिरिक्त उत्साह हो सकता है, पर दूसरा और मुख्य कारण परम्परा की पहचान की कमी है। हमारी परम्परा हमारे ऊपर नहीं है, हमारे भीतर है, यह बहुत कम लोग पहचानते हैं। साथ ही परम्परा और रूढ़ि को प्राय: लोग एक मान लेते हैं। रूढ़ि का अर्थ है ऐसी परिणति, जहाँ आगे परिवर्तन की सम्भावनाएँ खत्म हो जायें या कम हो जायें। 'पंकज' धीरे-धीरे पंक से उत्पन्न होने वाली अनेक वस्तुओं में से केवल एक अर्थात् 'कमल' हो सकता है, तो 'पंकज' में पंक से उत्पन्न होने के मूल अर्थ का ही उन्मूलन हो जाता है और पंकज को समता के आधार पर घोंघा

या सेंवार समझने की सम्भावना भी समाप्त हो जाती है। समाज की व्यवस्था में अनिवार्य रूप से कुछ रूढ़ियाँ होती हैं, उसी प्रकार जिस प्रकार भाषा के व्यवहार में रूढ़ि अनिवार्य होती है। रूढ़ियाँ समाज को एकजुट रखने में सहायक भी होती हैं, पर केवल रूढ़ियाँ रूढ़ियाँ ही रह जायें, तो समाज की गति अवरुद्ध हो जाती है। समाज को गतिशील बनाने के लिए जिस संकल्प और जिस प्रेरणा की आवश्यकता पड़ती है, उसी का नाम है, परम्परा। परम्परा और रूढ़ि में केवल एक ही समानता का बिन्दु है–दोनों को समाज मान्यता देता है, दोनों समाज की व्यवस्था के लिए हैं, पर दोनों के स्वभाव एकदम भिन्न होते हैं। परम्परा की दृष्टि हमेशा भविष्यत् की ओर है, वह भविष्यत् की दृष्टि से अतीत का पुनर्दोहन करती है और वर्तमान को अर्थ की तलाश के लिए बेचैन करती है, जबकि रूढ़ि अतीत से एकदम विच्छिन्न होने को लाचार होकर भी अतीत बनी रहना चाहती है। रूढ़ि टूटती है तो चली जाती है, परम्परा टूटती है, तो बढ़ जाती है।

हमारा समाज परम्परा-प्रधान समाज रहा है–वह अतीत में बँधा हुआ समाज नहीं है। दूसरे शब्दों में वह इतिहास से भी बँधा नहीं रहा है। यह उसकी कमजोरी भी रही है, शक्ति भी रही है। पश्चिम के इतिहासबद्ध समाज के सम्पर्क में आने पर परम्परा को इतिहास से जोड़ने की कोशिश हमने डेढ़-दो सौ वर्षों से की, और हमने अपनी ऐतिहासिक परम्परा का एक आकार भी खड़ा किया। पर जो लोग उसी आकार के लिए भावातिरेक में बहे, वे परम्परा से बिछुड़ गये। जिन लोगों ने भारत के गौरवशाली इतिहास के और उसके नैतिक ह्रास के सीमान्त बनाये, वे गौरवशाली इतिहास के गुजरे हुए स्वप्नों के शिकार हो गये। उन्होंने उस अजस्र धारा को अनदेखा कर दिया, जो विजेताओं, निर्माताओं, सम्राटों और उसके प्रशंसकों को किनारे छोड़ती आयी, केवल एक भीतरी, प्रवाहमयता तथा प्रखरता पर उसका ध्यान रहा, उसने इस प्रखरता के द्वारा ही कहाँ-कहाँ का गँदलापन, ठहराव और अवरोध नहीं काटा और इस प्रखरता के कारण ही वह दूसरी अन्य धाराओं को अपने साथ लेने का निरन्तर प्रयत्न करती रही। इसे अनदेखा करने का परिणाम यह हुआ कि परम्परा से हमें खीझ होने लगी है। हम सोचने लगे हैं कि इस परम्परा के रहते हम प्रगति नहीं कर सकते, हम आज आधुनिकता की तेज दौड़ में पिछड़े रह जायेंगे। हम पारम्परिक मूल्यों की अवज्ञा करने लगे, हम नये इतिहास के निर्माता होने का हवाई खयाल पालने लगे।

आज हम आलोचनात्मक प्रत्यवलोकन करें तो पता चलेगा कि हमने परम्परा तो जरूर छोड़ी, पर हम नयी रूढ़ियों में बँधकर कहीं अधिक संकुचित हो गये, क्योंकि रूढ़ि अपनी होती है तो गति रुक जाती है किन्तु प्रगति नहीं होती; पर परायी रूढ़ि यदि प्रगति के रथ पर सवार हो जाती है तो अगति होती है। हमारे सामाजिक

सोच की प्रक्रिया में जाने कितनी नयी रूढ़ियाँ बन गयी हैं, एक रूढ़ि है कि हमारे इतिहास के चार काल हैं। मैं भी कहूँगा काल ही हैं--हिन्दू काल, मुस्लिम काल, अंग्रेजी काल और अब शब्द चल पड़ा है स्वातन्त्र्योत्तर काल। मानो स्वातंत्र्य एक विगत वस्तु है, उसकी निरन्तरता नहीं है, उसके बाद का समय स्वातंत्र्योत्तर समय है। और इस रूढ़ि में ग्रस्त होने के कारण हम ग़लत-ग़लत ऐतिहासिक अभिशापों के शिकार हो रहे हैं। हम किसी व्यक्ति या घटना को इतिहास का आधार-बिन्दु बना लेते हैं और उस इतिहास के बन्दी हो जाते हैं। यह भूल जाते हैं कि हम इससे परे भी कुछ हैं।

हमारा लोक-मानस इस प्रकार से इतिहासबोध के साथ कभी अपने साज नहीं मिला पाया। वह जिन्हें पूजता है, उन्हें इतिहास पुरुष के रूप में नहीं उद्धारकर्ता, वीर पुरुष या महात्मा के रूप में पूजता है। वह वस्तु को नहीं पूजता, वस्तु के भाव को पूजता है।

दूसरी नयी रूढ़ि जो हमारे भीतर घर करने लगी है, वह है विशुद्ध वस्तुवादी दृष्टि। वैज्ञानिकता के नकली दंभ ने (क्योंकि विशुद्ध वैज्ञानिकता की एकाग्र तल्लीनता तो है नहीं) हमको ऐसा निपट वस्तुवादी बना दिया है कि हम देश से, संस्कृति से, देश की बहुरंगी वसुधामयी प्रकृति को निरी पृथक वस्तु मानने लग गये हैं और हमारी सहज आत्मीयता उनके प्रति कम होने लगी है। इससे खतरा यह उपस्थित हो गया है कि हम इनमें से किसी का भी वस्तु के रूप में सौदा करने के लिए तैयार हो सकते हैं। आज से चालीस वर्ष पहले कोई व्यक्ति सोच नहीं सकता था कि देश इस तरह निरी वस्तु बन जायेगा, संस्कृति अपने से अलग कोई निर्यात का माल मानी जायेगी। आज विज्ञान के चिन्तन में भी हम इतने पिछड़े हुए हैं उसका भी वैज्ञानिक कारण यही है कि विज्ञान भी रूढ़ि के रूप में हमारे साक्षर-मानस में आसन जमा चुका है। वह प्रयोग परीक्षण में रह नहीं गया है। इस रूढ़िबद्ध तथाकथित वैज्ञानिकता ने हमको एक ओर अपने प्राकृतिक परिवेश के प्रति एकदम निर्मम और उदासीन बना दिया है, दूसरी ओर इसने भीतर के उस उदार आत्मीय भाव को क्षीण कर दिया है, जो हमें तमाम भेदों के बीच रहते हुए भी यह याद दिलाता रहता था कि हम जितने भीतर हैं, उससे अधिक बाहर हैं। बाहर सम्पन्नता है, हर्ष है, दुख है--वह हम हैं। हमारे उत्सव भीतर के भाव की ही छलकन हैं, तीर्थ हमारी ही आन्तरिक पवित्रता है, पेड़-पौधों में फल-फूल आते हैं, वह हमारा ही विकास है, हमारा ही फलन है। आज वह याद बिखर गयी है और हम निःस्व हो गये हैं। परम्परा के विस्मरण की इस तीव्रता की बात करते हुए परम्परा की कोई वकालत नहीं कर रहा हूँ, मैं केवल यह इंगित कर रहा हूँ कि परम्परा अपनी जमीन होती है, उसी जमीन से कटकर कोई विकास

अपना विकास नहीं होता। परम्परा जमीन के साथ-साथ जीवन की धारा भी होती है और उसका एक ही लक्ष्य होता है ऐसा पूर्णत्व जो कभी अपूर्ण न हो, ऐसा अव्यय भाव जो कभी चुके नहीं।

यह नहीं कि हमारी परम्परा के उज्ज्वल पक्ष ही हों, कोई दूसरा पक्ष न हो और हमें इसे जानना नहीं चाहिए। हमारी परम्परा का एक स्याह पहलू है ढोंग और लोक-लज्जा। यहाँ हम सचाई से अविभाज्य और एक मानने की बात करते हैं, दूसरे लोगों की सचाई को साधना से स्वीकार करते हैं, प्रत्येक विभूति में विश्वात्मा की ज्योति देखते हैं, सभी पीर-पैगम्बर, फकीर-महात्मा हमारे लिए उस ज्योति की झलक के रूप में दिखते हैं; वहीं हम यह भी ढोंग पालते हैं कि हम चाण्डाल में भी शिव का रूप देखते हैं, जबकि चाण्डाल हमारे लिए चाण्डाल ही बना रहता है। यह ढोंग हमें बराबर छोटा बनाता है और हमारे आदर्शों को खोखला करता चला जाता है। हमारी परम्परा का दूसरा शोचनीय पक्ष है लोक-लज्जा। हम अपने विवेक को प्रमाण नहीं मानते, लोक-लज्जा के भय से सत् और असत् का विवेक करने लगते हैं। और, इसका परिणाम यह होता है कि हमारा व्यक्तित्व खण्डित होता जाता है, लुंज-पुंज होता जाता है और लोक-लज्जा पिशाचिनी का रूप धारण करती चली जाती है। इसी के कारण हमारा समाज एक विडम्बना का शिकार होता रहा है, सामाजिक न्याय की हमारी अवधारणा कभी भी स्पष्ट नहीं हो पाती है। हमारे सामाजिक निर्णय कायरता से प्रेरित होते हैं। साहसपूर्ण निर्णय लेने वाले व्यक्ति के प्रति सराहना का भाव तो उठता है पर हम उस व्यक्ति को अपने समाज से अलग कर देते हैं।

इन दोनों पक्षों का अभिशप्त प्रभाव इसलिए भी अधिक तीव्र रूप से दिखाई देने लगा है कि हम अपनी परम्परा के गुणात्मक पक्ष को ठीक तरह से ग्रहण नहीं रख पा रहे हैं–विशेष रूप से हममें से शिक्षित कहे जाने वाले लोग। मैं गुणात्मक पक्ष के बारे में कुछ विस्तार से बात करना चाहूँगा। हमारी परम्परा की सबसे बड़ी क्षमता उसका स्वीकार-भाव है। स्वीकार-भाव इस अर्थ में नहीं (जैसा कि भयवश समझ लिया जाता है) कि हम अपने कार्य में दूसरी विचारधाराओं को खपा सकते हैं, दूसरी उपधाराओं को अपनी धारा में मिला सकते हैं, बल्कि इस अर्थ में कि इस परायेपन की बात ही नहीं सह पाते। हमें कोई पराया नहीं लगता, सब अपने लगते हैं। हम न रंगों पर जाते हैं, न पूर्वजों पर, न शक्लों पर, हम जाते हैं मनुष्य के भीतर की उस बेचैनी पर जो मनुष्य को न शरीर रहने देती है, न भाषा, उसे मन और भाव बना देती है। आज के विश्व में इस स्वीकार-भाव की जितनी माँग है, उतनी कभी रही नहीं होगी। जब आदमी स्वयं को बाहर देखता है और उससे जुड़ने के लिए बेचैन होता है तो वह न भोक्ता रहता है, न उद्धारकर्त्ता, न भोग्य, न आश्रित, न विसर्जित न

निर्वासित, न विकसित, न विकासशील।

इस स्वीकार-भाव की आज यदि नये सिरे से पहचान हो तो मनुष्य की आत्महन्ता भूख का इलाज हो, मनुष्य की भूख की शिकार बनी हुई प्रकृति का बचाव हो और बाहर की ऊर्जा की कमी की समस्या भी भीतरी ऊर्जा के समाकलन में हल होने लगे। हम यह पहचानने लगें कि कितना भी बुद्धिपूर्वक उपयोग हम प्राकृतिक संसाधनों का क्यों न करें, उपयोग का भाव ही असन्तुलन लाने के लिए और अन्त में विनाश उपस्थित करने के लिए काफी है। आदमी जब तक यह पहचानना शुरू करेगा कि हम प्रकृति का नहीं अपना दोहन कर रहे हैं, हम लकड़ी नहीं जला रहे हैं, अपनी हड्डी जला रहे हैं, हम अपने अस्तित्व की रक्षा कर ही नहीं सकते जब तक सम्पूर्ण अस्तित्व हम न हो जायें, तब तक कोई भी परिवेश विज्ञान और उसकी तरकीब कामयाब या कारगर नहीं होगी, तब तक आदमी आदमी नहीं रह सकेगा, वह केवल नम्बर एक हैसियत के देश का या नम्बर दो या तीन हैसियत के देश का कोई आकार या अंक मात्र बना रहेगा।

हमारी परम्परा का दूसरा गुण है इसकी बौद्धिक निर्भयता। आज बड़े-से-बड़ा परिवर्तन, सांस्कृतिक विवेचन निर्भय नहीं हो सकता। स्वामी करपात्री जी को लोग प्राय: कट्टर सन्त के रूप में ही जानते हैं। मैंने उनसे उनके निधन के कुछ ही दिन पूर्व पूछा था कि समाज बड़ी तेजी से बदल रहा है, मान्यताएँ बदल रही हैं, आप क्या समझते हैं कि जो आचार-पद्धति आठ-नौ सौ वर्षों से चली आ रही है, वह बची रहेगी। वह कुछ देर के लिए चुप हो गये। फिर बोले कि जो बची नहीं रहेगी, उसका न बचा रहना ही श्रेयस्कर होगा, पर पद्धति का रहना न रहना कुछ मूल्य नहीं रहता, भाव का बना रहना, बना रहना ही नहीं और बढ़ते रहना ही मूल्य रखता है। और, वह भाव सनातन है, नष्ट नहीं हो सकता। उस भाव के उल्लास के लिए कोई-न-कोई वट-बीज बना रहेगा, वह वट-वृक्ष के रूप में प्ररोहित होता रहेगा और उसके एक-एक पत्ते पर वह उल्लास खेलता रहेगा। बिलकुल इस प्रकार की भाषा में वह कुछ देर तक बोलते रहे और उनकी आँखें चमकती रहीं। उन्होंने कहा मन्दिर टूटे, मूर्तियाँ टूटीं पर क्या भाव कभी टूटा! हमारी परम्परा वानरी की तरह बच्चे को चिपकाकर अपना वात्सल्य नहीं दिखलाती, वह बाघिन की तरह अपने बच्चे को दाँतों में लेकर चलती है। यह परम्परा निर्भय न होती तो वेदों, पुराणों के बाद मानस नहीं रचा जाता, न कबीर पैदा होते, न रामकृष्ण परमहंस। परम्परा प्रत्येक उपलब्धि का विसर्जन करती चलती है, उपलब्धि की आसक्ति से बँधना नहीं चाहती। जो लोग भारत की उपलब्धियों का ढोल पीटते हैं, हमारे वेदों में विमान विद्या थी, हमने एलोरा और अजन्ता जैसी निर्मिति की, उन्हें गम्भीरतापूर्वक सोचना चाहिए कि अजन्ता और

एलोरा निर्माण मात्र नहीं हैं, वे निर्माण की परम्परा हैं, नव-निर्माण की चुनौती हैं, निरहंकार कलासृष्टि के आवाहन हैं।

परम्परा के इस अतीत की उपेक्षा करने वाले पक्ष से आज बहुत कम यह पहचाना जाता है, पर उसे पहचानना बहुत जरूरी हो गया है! हम पुनर्जागरण के स्वप्न में आविष्ट होकर अतीत के गौरव के मोह में फँस गये हैं। उससे हमारा उद्धार होना चाहिए। यह तभी होगा, जब हम तैयार होंगे कि महाभाव के लिए रूढ़िवादी स्थिर सामाजिक व्यवस्था घातक है, इसे बिलकुल तोड़ दो। हाँ, यह जरूर है कि किसी ऐसे उद्देश्य के लिए तोड़ना चाहिए, जिससे व्यापक लोक-हित की सिद्धि हो, तोड़ने के लिए तोड़ना तोड़ना नहीं है, वह तो केवल निहित स्वार्थों का जोड़ना है।

अब मैं आता हूँ अपनी परम्परा की सबसे बड़ी विरासत पर, वह विरासत है जीवन में रस की तलाश। जीवन में रस की तलाश ही अमरत्व है। जीवन में रस या आस्वाद का अर्थ यह नहीं है कि हम केवल चखते हैं। उसका अर्थ है कि जीवन आस्वाद बनता है, सुख का भी, दुख का भी–पर, न छोटे सुख का, न छोटे दुख का। हम जीवन का कोई भी अंश हेय नहीं मानते, हम उसे खंडों में नहीं बाँटते। पूरे जीवन को एक सम्पूर्ण आस्वाद के रूप में देखते हैं। वह आस्वाद न मीठा होता है, न कड़वा, वह कषाय होता है, आम्रमंजरी के आस्वाद की तरह, तांबूल के आस्वाद की तरह या पके आँवले के आस्वाद की तरह। इसलिए बुढ़ापा भी भयभीत नहीं करता, वह धीरज जगाता है। वह मृत्यु की आशंका से त्रस्त नहीं होता, उसकी प्रतीक्षा करता है। हमारी परम्परा में इसीलिए जन्मोत्सव होते हैं, पुण्यतिथि–पिता की छोड़ दें–किसी महापुरुष की न मनायी जाती है, न उसकी कोई स्मृति ही किसी को रहती है। क्योंकि मरना समाप्ति के रूप में होता ही नहीं, मरना पुनः प्रारम्भ होता है, जीवन के सीमान्त के रूप में मृत्यु की पहचान हमारे लिए बेगानी है। हमारी परम्परा की यही विशेषता हमारे लिए आज सबसे अधिक महत्त्व रखती है, जब सभ्यताएँ और संस्कृतियाँ, राक्षसी भाव जगा रही हों या भोग की उतावली में निगलने को आस्वाद बना रही हों या फिर जीवन की नीरसता और उसके उबाऊपन के दुःसह अभिशाप में ग्रस्त हो रही हों, तब जीवन के रस की बात बहुत महत्त्व रखती है।

क्या कारण है कि कैंसर से पीड़ित, एक सम्पन्न और प्रतिष्ठित यशस्वी कृतिकार आत्महत्या की बात सोचता है और बरसों तक कैंसर को झेलते हुए भी महामहोपाध्याय पण्डित गोपीनाथ कविराज जीवन को केवल अखण्ड साधना के रूप में जिये चले जाते हैं।

हम अपनी परम्परा को अपने से अविलग देखते तो इसका उत्तर पा जाते और यह भी पाते कि परम्परा हमीं से बनती है। हम उसे जितना अपनी पिछली असफलता-

सफलता से जोड़ते हैं, हम उसे जितना अपनी सम्भावना से जोड़ते हैं, उतनी ही वह हमारी परम्परा होती है। परम्परा बाहर के आदमी की पहचान कराने से या 'योगा' की वैज्ञानिक महत्ता प्रतिपादित करने से नहीं होती। परम्परा आकाशबौर नहीं है, वह रस लेती है–बाहर से, पर उसकी जड़ें होती हैं, उन जड़ों से भी रस लेती है, उन जड़ों से अपने प्राणों की खोज के द्वारा रस देती भी है। रस देते समय प्राणों का सन्धान आवश्यक है। हम अपनी परम्परा के प्राणों का सन्धान रस कुछ भूल से गये हैं। प्राणों का सन्धान वही कर सकता है, जो सर्वात्मा को, समष्टि को,अपने आपको समर्पित करता है और जीवन को प्रसाद के रूप में ग्रहण करता है। बिना सबका हुए जीवन प्रसाद नहीं बनता।

'अग्निरथ', 1985 से साभार

भारतीय परम्परा का देशकाल

विद्यानिवास मिश्र

भारतीय परम्परा देशकाल के अतिक्रमण और स्वयं अपने अतिक्रमण पर बल देती आयी है, पर देशकाल के प्रति उतनी ही निरन्तर सजग भी रही है, देशकाल की पहचान से ही परम्परा अपने को आगे बढ़ाती आयी है। हम जब भारतीय परम्परा कहते हैं तो भारतीय का क्या अर्थ होता है, यह बार-बार पहचानना अपरिहार्य शर्त रहती है परम्परा की पहचान की। क्या भारत में जन्म लेने वाला या भारत से प्रव्रजन करने वाला भारतीय है, या अपने को भारतीय मान लेने वाला (चाहे कहीं भी जन्मा हो) भारतीय हो जाता है, केवल कुछ विचारों की साझेदारी मात्र से कहीं का भी व्यक्ति भारतीय हो जाता है या भारत की राजनीतिक इकाई का घटक नागरिक हो जाने से, भारत की राष्ट्रीयता के प्रति प्रतिबद्ध हो जाने मात्र से कोई भारतीय हो जाता है। इन प्रश्नों का कोई दो टूक उत्तर नहीं हो सकता, क्योंकि अंशत: इन सभी कोटियों के लोग भारतीय हैं, पर अकेले किसी एक कोटि में भारतीयता नहीं सीमित की जा सकती, इसका यह अर्थ नहीं कि भारतीयता अस्पष्ट या अनाकार अवधारणा है। इसे यों समझें कि भारतीय परम्परा की यह विलक्षणता रही है कि वह भारत में ओतप्रोत होते हुए भी भारत तक सीमित नहीं रही है, वह किसी एक मजहब, ईश्वर की चुनी हुई किसी एक जाति, किसी एक तन्त्र (राजनीतिक या आर्थिक) से बँध कर नहीं रही है, उसमें अपने को भी अतिक्रमित करने की क्षमता रही है, जैसा मैं पहले कह चुका हूँ। उसका प्रचार यदि भारत के बाहर हुआ तो न राजनीतिक दबाव में हुआ, न आर्थिक कारणों से हुआ, न मजहबी जोश में हुआ, उसका प्रसार रोपे हुए धान के पौध की तरह हुआ, जिसने अलग-अलग मिट्टी की विशेषता से अलग-अलग गन्ध पायी। इसका एक सटीक उदाहरण है रामकथा का विस्तार। राम की कहानी हिन्देशिया, थाई देश, ब्रह्म देश, मलेशिया, लाओस, कम्पूचिया में जिन-जिन रूपों में विकसित हुई, वे सभी रूप उन-उन देशों की जातीय रसवत्ता के कारण विशिष्ट हुई, पर उन सबमें

सत्य के लिए वनवास लेने वाले राम एक ही तरह रमते रहे। रामकथा की तरह भारतीय परम्परा किसी इतिहास या भूगोल में आबद्ध नहीं है, पर एक व्यापक मानवीय साझेदारी है, बिना किसी को कहीं से बिछुड़ाये, बिना किसी को किसी प्रतिबद्धता से तोड़े एक विलक्षण प्रकार का जुड़ाव है। यहाँ मैं पुनः स्मरण दिलाना चाहता हूँ कि भारतीय परम्परा में स्वदेश के भूगोल और इतिहास का विस्मरण नहीं है, पर भूगोल इतिहास से ग्रस्तता अवश्य नहीं है।

इस भूमिका के बाद मैं अपनी परम्परा में देश-काल की पहचान कैसी है, इस पर कुछ विस्तार से बात करना चाहता हूँ।

हमारी वाचिक परम्परा (वैदिक या पौराणिक या लौकिक) जिस अर्थ में राष्ट्र, देश या माता की भूमिका का प्रयोग करती रही है, वह अर्थ आज के स्वीकृत अर्थों से कुछ अलग है, अलग इस माने में कि वह अधिक व्यापक है, वह अधिक अनैतिहासिक और अराजनीतिक है। इसलिए उस अर्थ के ऊपर संकुचित राष्ट्रीयता या राजनैतिक देशभक्ति आरोपित करना इस विशाल परम्परा के साथ अन्याय करना है। इसके पहले कि मैं इन अवधारणाओं को साहित्य के उदाहरणों से स्पष्ट करूँ, एक छोटी-सी घटना का वृत्तान्त सुनाना चाहता हूँ। यह वृत्तान्त स्व. बाबूजी अर्थात् श्रद्धेय सम्पूर्णानन्द जी से मैंने सुना था। मंगोलिया से एक प्रतिनिधिमण्डल उनके मुख्यमंत्रित्व में हरिद्वार आया। उसके एक सदस्य ने स्व. बाबूजी को अलग ले जाकर उनसे याचना की, क्या मेरे गंगा-स्नान की व्यवस्था हो सकेगी, बाबूजी ने कहा, क्यों नहीं। व्यवस्था हुई, स्नान करने के बाद उन्होंने बाबूजी के प्रति कृतज्ञता ज्ञापित की और गद्‌गद कण्ठ से कहा–मेरी पच्चीस पीढ़ियाँ आज तर गयीं, मेरी पच्चीस पीढ़ी के पूर्व के पूर्वज ने यह संकल्प लिया था कि मेरे वंश में कोई गंगा स्नान करे, आज वह संकल्प पूरा हुआ, आप से किन शब्दों में अपनी परितृप्ति का बखान करूँ। स्व. बाबूजी ने जब यह वृत्तान्त सुनाया था तो वे स्वयं भावविह्वल थे, बोले थे, गंगा में क्या बात है जो सात-सात शताब्दियों तक दूर देशान्तर के मनुष्य को भाव-सूत्र से जोड़े रहती है। भारत के प्रति, उसकी नदी के प्रति यह ममत्व किस प्रकार का है। मंगोलिया का व्यक्ति न यहाँ से गया, न उसके पूर्वज यहाँ से गये, केवल संस्कृत वाङ्मय गया और उस वाङ्मय की ऐसी गहरी छाप, शब्द की ऐसी गहरी छाप कि भारत की पुण्यसलिला के लिए ऐसी प्यास शताब्दियों तक बनी रह सकती है। मैं इस वृत्तान्त से गंगा-भक्ति नहीं पैदा करना चाहता हूँ, केवल यह दिखलाना चाहता हूँ कि भारत की साझेदारी राजनीतिक या मजहबी या आनुवंशिक-ऐतिहासिक आधार पर नहीं है, वह साझेदारी वैचारिक और भावनात्मक आधार पर है, इसलिए इतनी गहरी है, भारत एक देश होते हुए भी सबका है, सबकी ओर से सोच सकता है,

इसलिए। वह साझेदारी हृदयंगम की जाय तो एक व्यापक एकता का भाव अपने आप जगेगा, अपने सम्पूर्ण परिवेश के प्रति (जिसमें प्रकृति, मनुष्य और उसकी सांस्कृतिक परम्परा सब सम्मिलित है) गहरी ममता का भाव उमड़ेगा, जो आज कम उमड़ता है। उसे उमड़ाने के लिए एकता अखण्डता जैसे शब्द बार-बार मन्त्र की तरह उच्चरित होते हैं, मन में नहीं, बहुत वैखरी रूप में, उन मन्त्रों का प्रभाव नहीं पड़ता, क्योंकि भाव नहीं है।

तो पहले मैं राष्ट्र, देश और भूमि के अर्थों की बात करूँ। राष्ट्र 'राज्' धातु से व्युत्पन्न है। राज् का अर्थ शोभित होना है, शासन करना नहीं। राष्ट्र या राष्ट्री का अर्थ एक सुघटित संहत शोभन इकाई है जो सब मिलकर जँचे, वही राष्ट्र या राष्ट्री है। देश दिश् धातु से बनता है, इसका अर्थ है जो दिशा दे, जो पथ-निर्देश करे, जो इंगित करे, इधर जाओ, उधर जाओ, जो गति का लक्ष्य बतलाये। दिशा को इसीलिए विराट् पुरुष की बाँहें भी कहा गया है। शायद इसीलिए बाँह के अगले हिस्से को प्रदेश कहा जाता है, उसकी सक्रियता के द्वारा पूरी बाँह सक्रिय होती है, प्रदेश से भी अधिक कर्मशील होता है कर, जिसकी व्युत्पत्ति कृ धातु से है, कृ का अर्थ है करना। कर का भी सक्रियतर उपांग उँगली प्रादेशिनी कहलाती है, क्योंकि उँगलियों में ही दक्षता का निधान होता है। इस प्रकार दिक्-देश या उससे बने शब्द गतिशील कर्मशील भाव के द्योतक हैं। भू या भूमि शब्द भू धातु से निष्पन्न है, भू का अर्थ है होना, पृथिवी या पृथ्वी शब्द प्रथ् धातु से निष्पन्न है, उसका अर्थ है विस्तार करना, बढ़ाना, मही का अर्थ है आदर देने वाली और आदर पाने वाली। वसुधा का अर्थ है जीवन की आवश्यकता को धारण करने वाली, वसु का अर्थ है वह सम्पदा जिससे जीवन-निर्वाह हो, जिससे बसना सम्भव हो। हमारे सबसे प्राचीन वाङ्मय वेद में पृथिवी या भूमि या मही का उल्लेख बड़े स्नेह और आदर के साथ बार-बार किया गया है। उसके मातृत्व की धारणा भी की गयी है, पितृतत्व की नहीं, क्योंकि माता रचती है, धारण करती है, दोषी को क्षमा करती है, विश्वास देती है। वह सबकी माँ है, सभी मनुष्यों की माँ है, मनुष्यों की ही नहीं, वनस्पतियों, पशु-पक्षियों की भी माँ है, उसे सबका मोह-छोह है। वह पृथिवी एक ओर तो भावाकार होने के कारण सर्व-व्यापक और सर्वसामान्य है, दूसरी ओर नदी-निर्झर, वन-पर्वत, खेट-छर्वाट, लहलहे खेत और महमहे उपवन के साथ एकाकार होने के कारण विशिष्ट और मूर्त भी है। मेरा गाँव उसके पास के वन-उपवन-नदी-पहाड़ी, ये ही मेरी पृथ्वी के साकार विग्रह हैं, इनके साथ जो जुड़ाव होता है उसी के माध्यम से व्यापक मातृभाव से जुड़ाव होता है। अथर्ववेद के पृथिवीसूक्त में इस व्यापक भाव का अच्छा निर्देशन मिलता है। उसके कुछ मन्त्र के भाव यहाँ प्रस्तुत करने से बात अच्छी तरह निर्देशित होगी। इतिहासवेत्ताओं

ने इस सूक्त में राष्ट्रभावना का उद्‌गम माना है पर वह राष्ट्रभावना 'नेशनल पेट्रियाटिज्म' नहीं है, वह किसी ऐतिहासिक-राजनीतिक इकाई के प्रति निष्ठा नहीं है। ''इस पृथिवी को धारण करते हैं, बहुत सत्य (बड़ा सत्य) उग्र ऋतु (ओजस्विनी गतिशीलता) दीक्षा, तप, ब्रह्म और यज्ञ (आहुति का भाव) वह हमारे अतीत की और हमारे भविष्यत् की सहचारिणी है, वह हमारा मनोरम गोचर संसार रचे। इस पृथिवी में समुद्र हैं, नदियाँ हैं, इसी में अन्न उगता है, खेती होती है, हर एक प्राणी इसी में साँस लेता है, जीता है, स्पन्दित होता है, यही हमारा पोषण करे। यह विश्वमात्र का भरण करने वाली है, यह वस्तुओं की निधि है, यह जीवन की प्रतिष्ठा है, इसकी छाती के भीतर हिरण्यराशि है, यह संचरणशील प्राणियों का आश्रय है, यह वैश्वानर (समस्त नरों में अभिव्याप्त तेज रूप अग्नि) को धारण करती है, यह ओज के देवता इन्द्र को धारण करती है, यह हमारे लिए सम्पदा की धार बने। सूर्य उषा के विवाह के अवसर पर जो गन्ध तुम्हें देवताओं ने भेंट की, जो गन्ध तुम्हारे कमलों में प्रविष्ट हुई, उससे माँ पृथिवी, तुम मुझे सुरक्षित करो, उस सुरक्षित से मैं सबका प्रिय बनूँ। कोई मुझसे द्वेष न करे, प्रकाश के प्रसाद से मुझे आप्यायित करो। हे भूमि, ग्रीष्म, वर्षा, शरद्, हेमन्त, शिशिर, वसन्त ये ऋतुएँ, ये दिन रात का फेरा तुम्हें नित नये मनोहर रूप देने के लिए है, तुम मेरे लिए पिन्हा जाओ। जिस पृथिवी पर मनुष्य गाते हैं, नाचते हैं, लड़ते-झगड़ते हैं, गुहार लगाते हैं, दुन्दुभि बजाते हैं, वह पृथिवी हमें वैरहीन बनाये, किसी से हमारा वैर न हो, प्रतिस्पर्धा न हो। यह पृथिवी अनेक प्रकार की भाषा बोलने वाले लोगों, अनेक प्रकार के स्वभाव, आचार और विश्वास वाले लोगों को ऐसे धारण करती है, जैसे घर छोटे-बड़े सबको आश्रय देता है, सहज प्रेमभाव से निश्चल खड़ी-सी यह पृथिवी हमारे लिए कामधेनु बने। जिस योग्य पदार्थ की, पोषणद्रव्य की आकांक्षा से विश्वकर्मा ने यज्ञ किया और जिसे समुद्र में से ढूँढ़ निकाला, वह पोषणद्रव्य जो छिपाकर रखा गया है, मातृवत्सल लोगों को सहज प्राप्य हो जाता है। दुहने का भाव न रखे प्यार पाने का भाव रखे, माँ की प्रीति का भाव रखे तो पार्थिव भोग ही अमृत है। पत्ते-पत्ते पर मधु है, पुटके पुटके मधु।''

ये चुने हुए मन्त्र इस प्रकार हैं–

सत्यं बृहदृतमुग्रं दीक्षा तपो ब्रह्म यज्ञः पृथिवीं धारयन्ति ।
सा नो भूतस्य भव्यस्य पत्न्यमुं लोकं पृथिवी नः कृणोतु ॥

(अ 12 1 1)

यस्यां समुद्र उप सिन्धुराण्यो यस्यामन्नं कृष्टयः संवभुवः ।
यस्यामिदं जिन्वति प्राणदेजत् सा नो भूमिः पूर्वपेये दधातु ।
विश्वम्भरा वसुधानी प्रतिष्ठा हिरण्यवक्षा जगतो निवेशनी।

वैश्वानरं बिभ्रती भूमिरग्निमिन्द्रं कृपया द्रविणे नो दधातु ।।
यसे गन्धः पुष्करमाविवेश यं संजभुः सूर्याया विवाहे ।
अमर्त्याः पृथिवी गन्धमग्रे तेन मा सुरभि कृण मा नो द्विक्षतः कश्चन ।।
ग्रीष्मस्ते भूमे वर्षाणि शरद् हेमन्तः शिशिरो वसन्तः ।
ऋतवस्ते विहिता हायनीरहो राये पृथिवि नो दुहाताम् ।।
यस्यां गायति नृत्यति भूम्यां मर्त्या व्येलवाः ।
युद्धयन्ते यस्यामाक्रन्दो यस्यां वदति दुन्दुभिः ।।
सा नो भूमिः प्रणुदतां सपत्नानसपत्नं मा पृथिवी कृणोतु ।।
जनं बिभ्रती बहुधा विवाचसं नानाधर्माणं पृथिवी यर्थाकसम् ।
सहस्त्रं धारा द्रविणस्य ये दुहां ध्रुवेव धेनुरनपस्फुरन्ती ।।

अनेकता में एकता का अनुसधान हमने प्रारम्भ किया, पर वह एकता जीवन की वह सम्पूर्णता है जो माँ की तरह सतत कामदुग्धा है, नदी की तरह सतत प्रस्त्रवणशील है, उससे जुड़ कर ही हम बड़े-छोटे-मँझले का भाव भूलकर अपने को देवता से भी अधिक भाग्यशाली मानते हैं और हम न छोटे रहते हैं, न बड़े, न मँझले, हम सभी सुजात मनुष्य होकर बड़े हो जाते हैं, हम सबका जन्म सार्थक हो जाता है क्योंकि पृश्नि (पूरने वाली) पृथ्वी हमारी माँ है। ऋग्वेद का मन्त्र इसी की पुष्टि करता है–

ते अज्येष्ठा निष्ठास उदभिदो अमध्यमासो महसा विवाबृधुः ।
सुजाता सो जनुषा पृश्निमातरो दिवो मर्या आ नो अच्छा नियातन ।

एकता का दूसरा सूत्र है मन्त्रवाह, अपनी सर्वता, विश्वता का आह्वान करने वाली तपःपूत साक्षात्कार की भाषा, भरण करने वाली, अग्नि जैसी तेजस्विनी भाषा, जिसे हमने नाम दिया भारती। प्राणियों में ऊष्मा भरते हैं अग्निदेव, इसी से उनका एक नाम है भरत। यह ऊष्मा अनेक रूप लेती है, सबसे बड़ा प्रयोजन यह साधती है आत्मनिवेदन का माध्यम बनकर हव्यवाह बनकर, आत्मीयता का सन्देश वाहक बनकर, अव्यक्त ऊर्जा के प्रभाव से सन्धामक बनकर। बाहर की विपदाओं से आश्वासन बनना, घर बनाने की प्रेरणा बनना, पारिवारिकता के लिए केन्द्र बनना ये सब तो इस महान् प्रयोजन से अपने आप उद्भूत होते हैं। हम वैखरी छन्दोमयी वाणी में इस भरत अग्नि का स्वरूप पाते हैं, इसी से हम विराट् पुरुष के मुख से अग्नि और वाक् दोनों को उद्भूत मानते हैं। हमने इसी से वाणी की परिशुद्धता, वाणी की अधरता को जीवन की साधना में बड़ा महत्त्व दिया। उस वाणी का लक्षण ही यह हमने किया 'यस्यां सवरवायः सख्यानि जानते' जिसके द्वारा मित्र मित्रता की पहचान पाते हैं। इसी भारती के कारण जन भारत हो जाता है, बाहर और भीतर के प्रकाश को एक देखने वाला

विश्वामित्र का सत्य भारत जन की रक्षा करता है। 'विश्वामित्र रक्षति ब्रह्मेदं भारतं जनम्'।

वाणी के इस महत्त्व को जीवन में उतारकर ही हमने वाणी का नाम ही राष्ट्री दिया। वाक्सूक्त में वाणी ने अपने को 'राष्ट्री वसनां संगमनी और चिकितुषी' घोषित किया है, सबको सुघटित करने वाली इसलिए राष्ट्री, सबको प्राकृतिक सम्पदा समान रूप से जुटाने वाली है इसलिए वसुनां संगमनी, और हमेशा नयी जिज्ञासा छेड़ने वाली है, इसीलिए चिकितुषी। राष्ट्र की परिकल्पना सुघटित इकाई के रूप में ही वैदिक वाङ्मय में मिलती है, भौगोलिक, जातीय या शासकीय सत्ता से इसका सम्बन्ध शून्यप्राय है, शुक्लयजुर्वेद में राष्ट्र की अवाप्ति के लिए आहुतियाँ भी दी गयी हैं। इसी संहिता में जहाँ राष्ट्र की मंगलकामना की गयी है, वहीं सर्वाभ्युदय की बात की गयी है, ब्रह्म के साधक ब्रह्मवर्चस से युक्त हों, राजा वीर हो, वाण चलाने वाला अमोघ हो, गाय दुधारू हो, बैल भारवाही हो, अश्व द्रुतगामी हो, युवती रूप गुणसम्पन्न हो, युवक निर्भय पर शिष्ट हो, बादल समय समय पर बरसे, औषधियाँ फलों से लदे, समय से फसल पके, हमारा योगक्षेम सम्पन्न होता रहे। इस कामना से हम सबका स्वर अभिव्याप्त है, हम में खेतीबारी, गोधन, पृथ्वी सब समाविष्ट है, इन सबसे मिलकर एक इकाई बनती है जिसे तप की आवश्यकता होती है उदारता के लिए और शारीरिक बल की आवश्यकता होती है रक्षा के लिए।

आ ब्रह्मन् ब्राह्मणो ब्रह्मवर्चसी जायताम्
आ राष्ट्रे राजन्यः शूर इषव्यो विव्याधो महारथो जायताम्
दोग्ध्री धेनुर्वोढाऽनड्वान् आशुः सप्तिः पुरन्धिर्योत्रा
जिष्णू रक्षोष्ठा सभेयो युवास्य यजमानस्य वीरो जायताम्
निकाये निकाये नः पर्जन्यो वर्षतु फलवत्यो
न ओषधयः पच्यन्तां योगक्षेमो नः कल्पताम्।

राष्ट्र कामना से किये गये यज्ञ में एक साँस से ही अपने लिए और उसके लिए (जो अनुपस्थित है) राष्ट्रता की प्राप्ति की याचना की जाती है। हे बल के स्रोत, तुम्हीं राष्ट्रता दे सकते हो, मुझे राष्ट्रता दो, उसे राष्ट्रता दो, तुम बृषसेन हो (ऊर्जा के नियामक हो) मुझे राष्ट्रता दो, जो यहाँ नहीं है, मुझसे दूर है, उसे राष्ट्रता दो।

बृष्ण ऊर्मिरसि राष्ट्रदा राष्ट्रं मे देहि स्वाहा
बृष्ण ऊर्मिरसि राष्ट्रदा राष्ट्रममुष्मै देहि
बृषसेनोसि राष्ट्रदा राष्ट्रं मे देहि स्वाहा
बृषसेनोसि राष्ट्रदा राष्ट्रममुष्मै देहि ।।

शुक्लयजुर्वेद के बीसवें अध्याय में सत्यराज की एक अवधारणा है, उसमें सत्यराज से (सच्चे राजा से) परिचय पूछा जाता है, तुम कौन हो, कैसे पहचाने जा

सकते हो, किसके लिए हो, बतलाओ, हे सुरलोक हे सुमंगल हे सत्यराजन्। एक लम्बा उत्तर मिलता है, उसका प्रारम्भिक मन्त्र यह है कि श्री ही मेरा शिर है, यश मुख है, कान्ति है केश और दाढ़ी-मूँछ, राजा प्राण है, सम्राट् अमृत है विराट् चक्षु है और श्रोत्र है, कल्याण मेरी जिह्वा है, वाक् मेरा महत्त्व है, मन मेरा मन्यु है, स्वराज्य मेरा आयतन है, मोद प्रमोद मेरी उँगलियाँ हैं, मित्र (सूर्य) मेरा ओज है, बल मेरी बाहु है, कर्म मेरे हस्त, आत्मा वीर्य है, क्षेत्र (रक्षाभाव) मेरा वक्षस्थल है, राष्ट्र है मेरी पीठ, मेरी ग्रीवा, मेरा कन्धा, मेरी श्रोणी, मेरी जाँघ, मेरे घुटने, और सभी फैले हुए अंग। इस मन्त्रराशि में राष्ट्र की अवधारणा एक जीवित इकाई के रूप में है, जो बहुत से शारीरिक मानसिक बौद्धिक और आत्मिक क्षणों से अन्वित होकर ही पूर्ण होता है, तभी वह एक अखण्ड सचाई का अविभाज्य अंग बनता है उसमें विभिन्न राज्य व्यवस्थाएँ एक दूसरे को आक्रान्त करने वाली नहीं हैं, एक दूसरे को पोषित करने वाली हैं। यह मन्त्र राशि इस प्रकार है।

कोसि कतमोसि कस्यै त्वा कायत्वा
शिरो मे श्रीर्यशो मुखं वाङ्मनो मन्युः स्वराड् आयः ।
मोदाः प्रमोदा अंगुली रंगोनि मित्रं मे सहः
बाहू मे बलिमिन्द्रियं हस्तो ये कर्म वीर्यम् ।
आत्मा क्षत्र युरोमय ।।
पृथ्वी मे राष्ट्रमुदरमंसौ ग्रीवाश्च श्रेणी।
उरू अरन्ती जानुनी किशो मे अंगानि सर्वतः।।

माता, भूमि, भारती, वाक् और राष्ट्र की इन वैदिक अवधारणाओं का ही पल्लवन भारतवर्ष है। यह राज्य नहीं, आधिपत्य नहीं, यह वर्ष है। वर्ष का अर्थ वृष्टि है, वर्ष का अर्थ ऊर्जाप्रवाह है, वर्ष का अर्थ कालप्रवाह और उसी अर्थ से लगा हुआ कालप्रवाह की वर्षात्मक इकाई है। वर्ष का अर्थ प्रजनन है, सृष्टि है, सन्तानवाहिता है। भारत के साथ जुड़कर ये सभी अर्थ एक साथ स्फुरित हो उठते हैं। पुराणों में भारत नाम की व्युत्पत्ति ऋषभ के पुत्र भरत से और दुष्यन्त पुत्र भरत से की गयी है, इन व्युत्पत्तियों का अलग स्वारस्य है। ऋषभ पुत्र भरत ऐसे करुणावतार हैं कि एक मृग के बच्चे को पालने के पीछे जीवन की पूरी तपस्या गँवा देते हैं और जड़ भरत होकर उत्तीर्ण होते हैं, समस्त अहंकार धोकर विचरण करते हैं, अकिंचन भाव, फक्कड़पन और बेखुदी का एक प्रतिमान उपस्थित करते हैं। दुष्यन्त पुत्र भरत उस शकुन्तला के गर्भ से पैदा होते हैं जो तपोवन की अग्निगर्भा शमी है, वह शमी है, शममयी है, पर उसमें आग छिपी हुई है, उसके पुत्र भरत इसी से सर्वदमन भी हैं, भरत अग्नि की तरह भरत भी हैं। वह अपने जन्म से ही अग्नि-दीक्षित है, उसमें इसीलिए

चक्रवर्तित्व की क्षमता है, जिसने अन्याय सहा है, वह अन्याय का प्रतिकार कर सकता है, उसने तपोवन का प्यार पाया है, इसीलिए प्रकृतिहित की बात सोच सकता है, इन दोनों चरित्रों का योग ही तो भारत है, करुणा और निस्संगता के प्रतिमान ऋषभ पुत्र भरत और न्याय और प्रकृति हित के प्रतिमान दुष्यन्तपुत्र भरत दोनों का समवेत रूप ही भारत है। भारत में प्रकृति और पूजा पर्याय हैं, सन्तान और प्रजा पर्याय हैं, सन्तान और परम्परा, उत्तरोत्तर अपने को अतिक्रमण करने वाली विचारधारा पर्याय हैं। इस भारतवर्ष के कई रूपक हैं, इसे यज्ञवेदी कहा गया है, जो उत्तर की ओर ऊँची है, दक्षिणी की ओर ढलुआ है। इसे वाण युक्त चढ़ा हुआ धनुष कहा गया है, हिमालय का विस्तार उस धनुष का आधार दण्ड है, और दक्षिणापथ खिंची हुई डोरी, जिसके बीच में वाण रखा गया है, कन्याकुमारी अन्तरीप है वाण की नोक।

स्व. डॉ.वासुदेव शरण अग्रवाल ने पहली शताब्दी ईसा की एक रजत तश्तरी को भारत की मूर्तिमयी छवि माना है, इसमें दो गजदन्तों पर टिका हुआ एक सिंहासन है, उस पर एक सुन्दर स्त्री विराजमान अंकित है। भौगोलिक आकृति की समता और भारतश्री की हमारे मन में बसी हुई छवि के आधार पर यह पहचान अन्य प्रमाणों से पुष्ट न भी हो, सटीक काव्यमय पहचान तो है ही।

अब हम भारत के उस साकार रूप की चर्चा करें जिसे हमारे पुराणेतिहास बार-बार देखकर दिखाकर वहाँ घुमाकर रमाकर अघाते नहीं। भारत को आकृति प्रदान करते हैं तीन तरफ के सागर, पूर्व में महोदधि, पश्चिम में रत्नाकर और दक्षिण में भारतीय महासागर और उत्तर में दोनों बाँहें फैलाये हिमालय, जो भारतभूमि की महत्ता जैसे नापता रहता हो। बीच में इसे बन्धुरता, आरोह-अवरोह प्रदान करती हैं गिरि शृंखलाएँ, नदियाँ और उनकी घाटियाँ।

प्राय: सभी पुराणों में भारतवर्ष का आकार पर्वतों और नदियों के ही माध्यम से चित्रित किया गया है। विष्णु पुराण में कहा गया है–समुद्र के उत्तर और हिमालय के दक्षिण भारतवर्ष है और उसकी सन्तान भारतीय हैं। इसका विस्तार नौ सहस्र योजन है, यह कर्मभूमि है। इसके सात कुलपर्वत हैं। उत्तर में हिमालय, दक्षिण में महेन्द्र मलय, पश्चिम में सह्याद्रि, मध्य में शुक्तिमान् ऋक्ष, विन्ध्य और पारियात्र। शतद्रु, चन्द्रभागा आदि पंजाब की नदियाँ, गंगा, यमुना, सरयू, गंडकी, कोशिकी, शेष उत्तर भारत की नदियाँ हिमालय से निकलती हैं। नर्मदा, शोणभद्र विन्ध्य से, तापी, पयस्विनी, गोदावरी, कावेरी, कृष्णा सह्य से, कृतमाला, ताम्रमर्णा मलय से, विमासा आचार्य कृल्या महेन्द्र से, शृस्वि कन्या कुमारी शक्तिमान् से निकलती हैं। इन्हीं नदियों का जल पीकर इनके आसपास बसने वाले भारतीय हृष्टपुष्ट होते हैं। इन्हीं की घाटियों में मुनि तप करते हैं। याज्ञिक लोग यज्ञ करते हैं, दान देते हैं। वैसे तो पूरा जम्बूद्वीप

ही उत्तम है पर उन सब में भारत इसलिए श्रेष्ठ है कि यह कर्मभूमि है। यह भूमि स्वर्ग और अपवर्ग दोनों का स्थान है। इसीलिए स्वर्ग में रहने वाले देवता भी इसके लिए तरसते हैं। वस्तुतः इस भूमि को यह महत्त्व दो महाशक्तियों से प्राप्त हुआ है। पहली शक्ति है–राम जो उत्तर से दक्षिण तक ऋषियों के आश्रमों को पड़ाव बनाते हुए चलते चले जाते हैं और अन्याय और शोषण का प्रतिकार करके फिर अयोध्या लौट आते हैं। दूसरी शक्ति हैं कृष्ण जो पूर्व में कामरूप से प्राग्ज्योतिब से द्वारका तक अनेक संकटों से जनता का उद्धार करते हैं। ये दोनों शक्तियाँ ही इस देश की खड़ी और पड़ी रेखाएँ हैं, जैसा कि प्रसिद्ध विचारक स्वर्गीय राम मनोहर लोहिया ने कहा था कि राम इस देश की ऊँचाई हैं, कृष्ण इस देश के विस्तार। रामायण और महाभारत इन्हीं दोनों को केन्द्र में रखकर लिखे गये और इन दोनों ग्रन्थों में भारतभूमि की पहचान केवल दिग्विजय की गाथाओं से नहीं ऋषियों की तपस्या के वातावरण से अपने को अभिमन्त्रित करके हुई है। रामायण में निर्वासित राम की लम्बी यात्रा का वर्णन है तो महाभारत में निर्वासित युधिष्ठिर की एक तीर्थ से दूसरे तीर्थ की यात्रा का विस्तृत वर्णन मिलता है। राम का रूप ऋजु है कृष्ण का रूप त्रिभंगी है। राम और कृष्ण दोनों के योग से इस देश के पूरे चरित्र की पहचान होती है। राम के साथ रहते हुए नातों-रिश्तों का निर्वाह करना है और पारिवारिक अवधारणा के द्वारा सम्पूर्ण सृष्टि के साथ सम्बन्ध जोड़ना है, कृष्ण से आकृष्ट होकर नातों-रिश्तों का अतिक्रमण करके विपुल भाव प्राप्त करना है। रामायण में देश की समता स्थान-स्थान पर व्यक्त हुई है। जो लोग बाहर जाते हैं वे भी लौटने के लिए आकुल रहते हैं। राम गंगा, यमुना के संगम को, सरयू को, अयोध्या को प्रणाम करते हैं। सीता से कहते हैं कि देखो, यह मेरे पिता की राजधानी अयोध्या है, हम लौट आये–

एषा सा दृश्यते सीते राजधानी पितुर्मम।
अयोध्यां कुरु वैदेहि प्रणामं पुनरागता ।।

राम का वाल्मीकि ने एक सुन्दर चित्र खींचा है। राम के दायें हाथ में कमल लिये लक्ष्मी हैं, बायें पृथ्वी है और आगे व्यवसाय है। राम पौरुष के प्रतिमान हैं, इसी से पूरी भारतभूमि उनके साथ है, लक्ष्मी उनकी वशंवद हैं, उन्होंने अत्याचार से पीड़ित भूमि का उद्धार किया, उन्हें पाकर भूमि सुहागिन बन जाती है, जैसे शरद की रात्रि चन्द्रमा को पाकर सुहागिन बनती है।

रामस्य दक्षिण पार्श्वे सपद्मा श्रीरुपस्थिता।
सव्येऽपि च मही देवी व्यवसायस्तथाग्रतः ।।
भवत्वविधवा भूमिः समग्रा पतिना त्वया।
शशिना विमलेनैव शारदी रजनी यथा ।।

महाभारत में भारतभूमि के प्रति ममता के स्थान पर व्यापक साझेदारी और सह अस्तित्व का भाव जगाया गया दिखता है। भीष्म के मुँह से भीष्मपर्व में कहलाया गया है कि इस भारतवर्ष में नाना जातियों के लोग बसते हैं, इसके उत्तर में हिमालय है–

वसन्ति तेषु सत्वानि नानाजातीनि सर्वशः ।
इदं त भारतं वर्षं ततो हैमवतं परम् ।।

अन्यत्र भीष्म ने ही इस भूमि को वैश्वानरी कहा है, समस्त प्राणियों की प्रकृति कहा है। दूसरे शब्दों में यह देश अलग-अलग सहज स्वभावों से अविरोध देखने का, सभी भेदों का अतिक्रमण करके सर्वभाव देखने का अभ्यासी है–

प्रकृतिः सर्वभूतानां भूमिर्वैश्वानरी मता ।

महाभारत में ऊर्जा के स्रोत श्रीकृष्ण सर्वबुद्धि का ही उपदेश करते हैं और उस उपदेश में एक विचित्र आकर्षण है, लोग अपना ऐश्वर्य पद सब भूल जाते हैं। श्रीकृष्ण ने साधारण व्यक्ति की साधारणता को महत्त्व दिया। उस साधारणता में जो एक समूह के साथ चलने का भाव है उसे महत्त्व दिया। इसीलिए वे गोपाल बने, वनमाली बने, सारथि बने, युधिष्ठिर के यज्ञ में परिचारक बने। श्रीकृष्ण इसी से इस देश की सुहावनी क्षितिज रेखा बन गये हैं। वह रेखा दूर रहते हुए भी अपने बराबर रहती है। जब कि राम प्रकाश-स्तम्भ हैं, अपने बीच में ही हम उन्हें पाते हुए भी एक ऊँचाई पर स्थापित देखते हैं। इस देश में राम और कृष्ण के साथ जुड़ने की प्रक्रिया ने ही एक अद्‌भुत मानुषभाव प्रतिष्ठित किया है जिसमें नर-नारायण ही नर के साथ बराबरी में खड़े होकर निरन्तर बदरिकाश्रम में तप करते रहते हैं और वे अव्यक्त रूप में सारे भारतवर्ष में विचरण करते रहते हैं। आत्मवान् आदमी इस नर-नारायण के साहचर्य भाव का प्रत्यक्ष अनुभव करने का अवसर भारतवर्ष में पाता है। श्रीमद्‌भागवत में भारत का महत्त्व इस रूप में प्रतिपादित किया है कि यहाँ रहने वाले नदियों के माध्यम से पर्वतों से जुड़ते हैं और नदियों के रस से प्रेरणा लेते हैं कि अनिर्वचनीय, अनिकेत परमात्मा को पाना हो तो उसे सर्वभूतों में देखो और सर्वभूतों में देखने की प्रवृत्ति महापुरुषों में देखो (महापुरुष ही इस देश की मर्यादा हैं) । वे महापुरुष परिग्रह से मुक्त हैं, कामना से मुक्त हैं, बन्धन से मुक्त हैं, पर वे बिना हेतु के वासुदेव भाव में आसक्त हैं, वे बिना प्यास के प्यासे हैं और इसी से वे इस भूमि के बन्धन को बन्धन नहीं मानते, मुक्ति से भी अधिक स्पृहणीय मानते हैं। श्रीम्द्‌भागवत में पर्वतों और नदियों का क्रम दक्षिण से उत्तर और फिर पश्चिम से पूरब की ओर है और वह क्रम बहुत ही सुन्दर है। पर्वतों का क्रम है–मलय, मंगलप्रस्थ, मैनाक, त्रिकूट, ऋष्यकूट, कोल्लक, सह्य, देवगिरि, ऋष्यमूक, श्रीशैल, बेंकट, महेन्द्र, वारिधार, विन्ध्य, शुक्तिमान्, श‍ृक्ष, पारियात्र, द्रोण, चित्रकूट, गोबर्धन, रैवतक, नील, गोकामन्द, इन्द्रकील,

कामगिरि, नदियों का क्रम है–चन्द्रवसा, ऋतुयणी, अवदोदा, कृतमाला, वैहायसी, काबेरी, वेणी, पयस्वनी, शंकरावर्ता, तंगभद्रा, कृष्णा, भीमरथी, गोदावरी, निर्विन्ध्या पयोसिनी, तापी, रेवा, सुरसा, नर्मदा, वर्गण्वती, सिन्धु, अन्ध, शोण, महानदी, बेदस्मृति, ऋषिकुल्या, सुषामा, कौशिकी, मन्दाकिनी, यमुना, सरस्वती, बृषदवती, गोमती, सरयू, रोधस्वती, सप्तवती, सुश्रमा, शतद, चन्द्रभामा, मधुविधा, वितस्ता असिकिनी, विरवा। ध्यान से देखें तो इस क्रम के द्वारा भारत की परिक्रमा पूरी हो जाती है। इस भूमि में जन्म लेना जीवन का बड़ा अवसर है इसकी ओर संकेत करने के लिए भागवतकार ने देवताओं के पछताने का एक चित्र दिया है जिसमें वे कहते हैं कि भारतभूमि में जन्म लेने वाले मनुष्यों ने कौन-सा शोभन कर्म किया था (सचमुच ही उनके ऊपर अकारण प्रसन्न हो गये हैं) कि उन्हें ऐसा सुनहला अवसर कि वासुदेव की सेवा कर सकें उन्हें ऐसा शरीर मिला जो वासुदेव भाव का अर्थात् सर्वभाव का साधन बन सके। कठिन यज्ञ, तप, व्रत, दान से क्या हुआ, इस छोटी-सी उपलब्धि से जिसे हम स्वर्ग कहते हैं क्या लाभ। यहाँ तो इन्द्रिय भोग के अतिशय से नारायण की स्मृति ही नहीं है, जैसे कहीं लुप्त हो जाती है। कल्प-कल्प भर जीना स्वर्ग में सुख पाना तुच्छ है। क्षमा पर ही आयु पाकर भारत में जन्म लेना कहीं अधिक अच्छा है, यहाँ एक क्षण में मनुष्य संकल्प में अपनी समस्त अहंता नारायण को सौंपता है और चल पड़ता है सबके साथ एकाकार होने के लिए। उस एक क्षण में जो प्रकाश की उत्ताल तरंग उठती है वह कल्प कल्पान्त तक प्रकाश के लोक में रहते हुए भी कभी देखने में नहीं आती। ऐसे इन्द्रलोक में क्यों रहें जहाँ भगवान की अमृतमयी कथा की नदी न बहती हो, जहाँ भगवान में अर्पित फक्कड़ परमहंस न मिलते हों, जहाँ भगवान की प्रीति के लिए यज्ञ न होते हों, ऋतमंगल न होते हों, हमसे अच्छे तो ये हमसे छोटे दिखने वाले मनुष्य प्राणी हैं जो ज्ञान, क्रिया दोनों का अवसर पाते हैं और वे मोक्ष के प्रति यत्न नहीं करते, वे जल में रहने वाली भँवरी की तरह बार-बार उसी में घूमना चाहते हैं, उन्हें जल-विस्तार इतना प्रिय हो जाता है। ज्ञानयोग और क्रियायोग का जब सम्पूर्ण परिवेश के साथ तादात्म्य स्थापित करा देते हैं तो फिर मोक्ष हलका हो जाता है। और यह भारत में सम्भव है क्योंकि इसकी रज राम और कृष्ण के मानुषभाव से निरन्तर रसप्लावित है। भागवत का यह गीत आज के सन्दर्भ में बड़े महत्त्व का गीत है। इसमें भोग-योनि का पछतावा दिखलाया गया है। अनन्त सुख का भोग व्यर्थ है, उस दुःख के आगे जो दूसरे के कष्ट से होता है और जिसकी निवृत्ति के लिए नारायण नर होकर जन्म लेते हैं। नर की सार्थकता नारायण की इस बड़ी पीड़ा को समझने में है। भारतभूमि के लोगों को किसी बैकुण्ठ की आवश्यकता नहीं है, किसी इन्द्रलोक की आवश्यकता नहीं है। हाँ इन्द्र को, इन्द्र

की अमरावती को भारत की आवश्यकता अवश्य है। मनुष्य लोक के इस महत्त्व को समझना और मनुष्य के इस बड़े दायित्व को समझना समस्त विश्व के लिए आवश्यक हो गया है, केवल भारत के लिए ही नहीं। हमारा भारत-भाव इसी में सार्थक होता है कि हम इस दायित्व को जीते हुए दूसरे लोगों को दूसरा न मानते हुए उनकी पीड़ा बँटाते हुए समस्त सृष्टि के लिए आकुलता जगाते हुए अपनी भारतीयता प्रमाणित करें। लीजिए भागवत का वह गीत सुनिए–

अहो अमीषां किमकारि शोभनं प्रसन्न एषां स्विदुत स्वयं हरिः ।
यैर्जन्म लब्धं नृषु भारताजिरे मुकुन्दसेवौपयिकं स्पृहा हिनः ।।
किं दुष्करं नः क्रतुभिस्तपोभिस्सुसेवनादिभिर्वा द्युनयेन फल्गुना ।
न यत्र नारायणंपादपङ्कजं स्मृतिः प्रमुष्टातिशयेन्द्रयोत्सवात् ।।
कल्पायुवांस्थानजयात्पुनर्भवात् क्षणायुषां भारतभूजयी वरम् ।
क्षणेन मृत्युर्नकृतं मनस्विनः संन्यस्य संयान्त्यभयं पदं हरेः ।।
न यत्र वैकुण्ठकथासुधापगा न साधवो भागवतास्तनाश्रयाः ।
न यत्र यज्ञेशभवा महोत्सवाः सुरेशलोकोऽपि न वै सुसेव्यताम् ।।
प्राप्ता नृजातिं त्विह ये च जन्तवो ज्ञानक्रियाद्रव्यकलाभिसम्भृताः ।
न वै यतेरन्नपुनर्भवाय ते भूयो वन्धका इव यान्ति बन्धनम् ।।

पुराणों में तीर्थों की अवधारणा व्यापक भारत भाव की स्थापना के लिए ही है। ये तीर्थ सम्पूर्ण भारतवर्ष में फैले हुए हैं। ये तीर्थ तीन प्रकार के हैं। कुछ तो प्राकृतिक रसस्रोत हैं, चाहे वे पर्वत हों या नदियाँ। पर्वतों की पिता के रूप में और नदियों की माँ के रूप में भावना की जाती है। आदमी तीर्थयात्रा शरीर से न करे तो भी मन से वाणी से प्रतिदिन सात कुलपर्वतों और सात महानदियों का ध्यान कर ले तो अपने आप भारत की सम्पूर्णता से जुड़ जाता है। नदियों का ध्यान प्रातः स्नान करते समय किया जाता है और स्नानीय जल में सभी नदियों की भावना की जाती है। ये सात बड़ी नदियाँ हैं–गंगा, यमुना, गोदावरी, सरस्वती, नर्मदा, सिन्धु और कावेरी। चार धाम हैं जो पूरब, दक्खिन, पश्चिम, उत्तर चारों दिशाओं में स्थापित हैं, जगन्नाथपुरी, रामेश्वर, द्वारका और बदरिनाथ। तीसरे प्रकार के तीर्थ हैं विभिन्न प्रकार के देवपीठ, शक्ति के पचास पीठ सारे देश में व्याप्त हैं, शिव के द्वादश लिंग सारे देश में व्याप्त हैं। उसी प्रकार तीनों सागरों के मोड़ों पर सागर तीर्थ हैं, नदियों के संगम तीर्थ हैं। प्रत्येक मनोरम प्राकृतिक स्थल, प्रत्येक अरण् किसी न किसी ऋषि, देवता या अवतारलीला की स्मृति से आलोकित है। इसीलिए कोई स्थल नहीं है जो जातीय प्राणवत्ता से उच्छ्वसित न हो। भारत का स्वभाव है कि कहीं राम के चरण चिह्न ढूँढ़ें, कहीं सीता की रसोई के निशान देखें, कहीं युधिष्ठिर की यात्रा के पड़ाव देखें, कहीं

शिव के ताण्डव की भूमि देखें, कहीं स्कन्द, कहीं राम, कहीं कृष्ण की जन्मभूमि की पहचान करें और इन सभी पहचानों के योग से भारत भूमि की पहचान करें। यह पहचान होने पर एक विशालतर अपने आप जाग्रत होता है और तब एक स्वातन्त्र्य का भाव भी परिस्फुरित होता है। मार्कण्डेय पुराण में जीवन की सार्थकता स्वाधीनता मानी गयी है। स्वाधीन रह करके ही असली सफलता मिलती है, पर के अधीन कर्म करने वाले जीते हुए भी मृतकवत होते हैं।

स्वाधीनवृत्तसाफल्यं न पराधीनवृत्तिता।
ये पराधीनकर्माणो जीवन्तोऽपि चं ते मृताः ।।

स्वाधीनता का यह भाव केवल आत्मरक्षा के लिए नहीं है, यह भाव स्वेच्छापूर्वक ऐसे मार्ग का वरण करने के लिए है, जिस पर आत्मभाव दूसरों के दुःख के साथ परितप्त होकर द्रवित हो जाता है और उस दुःख के प्रतिकार के लिए समुद्यत हो जाता है।

वैदिक पौराणिक संस्कृति जीवन की अखंडता और सम्पूर्णता पर जो बार-बार बल देती है, उसका आचार पक्ष यही है कि न राज्य, न स्वर्ग, न मोक्ष अभीष्ट है, अभीष्ट है दुःखतप्त जनों की पीड़ा दूर करने के लिए जीवन का अर्पण। श्रमण संस्कृति भी अर्हत्पद से अधिक महत्त्व तीर्थंकर को या बोधिसत्व को देती है, अपना उद्धार छोटा स्वार्थ है, उद्धार पूरा ही नहीं होता तब तक एक भी व्यक्ति दुःख से पीड़ित बना रहता है। यही आचार जीवन मात्र में एकता की संसिद्धि है।

संस्कृति काव्य-नाटक साहित्य ने भारत के इसी भाव की प्रतिष्ठा की। एक ओर उसमें भारत की प्रकृति के बहु-आयामी मनोरम चित्र हैं, कभी तो आकाश बादलों से घिर जाता है बिजलियों की चमक और बादलों की तड़-तड़ से एक बड़े नाटक का समारम्भ होने लगता है, आप्लावित करने वाली वर्षा होती है, पृथ्वी का कोई भी अंचल नहीं बचता जो हरा भरा न हो उठे। वर्षा के आघात को उमंग से सहते हुए पृथ्वी कोटि कोटि जैसे हरित अंकुरों से एक खिला हुआ विशाल कदम्ब बन जाती है, कभी ये बादल बरस करके, अपने को लुटा करके उजले हो जाते हैं, एक किनारे खिसक जाते हैं, आकाश शान चढ़ी हुई तलवार की तरह निर्मल हो जाता है। सरिताओं और सरोवरों का पानी निखर जाता है। उजले पाखी दूर-दूर से खिंचकर भारत के सरोवरों पर उतरने लगते हैं। कभी यह उंजली आभा पके धान की बालियों से सुनहली हो जाती है। उसके आगे सूर्य की दमक कम हो जाती है। दिन के सौभाग्य को देखकर रातें निःश्वास छोड़ने लगती हैं। और उस निःश्वास से चन्द्रमा का दर्पण धुँधला जाता है। कभी पत्ते झारने वाली शिशिर ऋतु आती है और अलाव लोगों को सन्ध्य समय एकत्र कर देता है। शरीर और मन की ठिठूरन को झकझोर देने वाली

एक हवा बहती है, पेड़ नंगे हो जाते हैं, मन उन्मन हो जाता है और एकाएक अज्ञात आकांक्षाओं के कुसुम खिल उठते हैं। एक अद्भुत आमन्त्रण का स्वर कोयल सुना जाती है, हवा रूखी होने लगती है, पलाश के जंगल दहकने लगते हैं और झुलसाने वाली हवा को चुनौती देते हुए वनों के पत्ते नये होने लगते हैं। ऋतुचक्र के साथ भारत के बदलते हुए परिदृश्य ने भारत के कवियों को निरन्तर सम्मोहित किया है, भारत की प्रकृति संस्कृत काव्य में ऐसी घुली मिली है कि उसे अलग कर दें तो मनुष्य का चित्र ही अधूरा दिखायी देने लगता है। वाल्मीकि के आश्रम में सीता को छोड़कर जब लक्ष्मण विदा हो जाते हैं तो सीता फूट-फूटकर रोने लगती हैं पर अकेली वे ही नहीं रोतीं पूरा वन रो पड़ता है, मयूर नाचना स्थगित कर देते हैं, वृक्षों के फूल आँसू की तरह झरने लगते हैं। हरिणियाँ मुँह में लिया घास का कौर गिरा देती हैं, सारा जंगल सीता के साथ रो पड़ता है क्योंकि सीता और वन दोनों धरती की सन्तान हैं। दोनों में समरूप भाव होना स्वाभाविक है–

नृत्तं मयूराः कुसुर्भानि वृक्षा दर्भानुपात्तान् विजहुर्हरिण्यः ।
तस्याः प्रपन्ने समदुःखस्वभावमत्यन्तमासीद् रुदितं वनेऽपि ।।

भारतीय प्रकृति के साथ साहचर्य की भावना प्रायः रोमानी मान ली गयी है, पर बात ऐसी नहीं हैं, क्योंकि केवल कोमल पक्ष ही महत्त्व नहीं रखते, प्रकृति के भयावह पक्ष भी मानवीय चेतना के अभिन्न अंग होते हैं। इसीलिए वर्षा की रसवृष्टि के सुख के साथ अन्धकार का दुःख भी आता है और उस वर्षा की झड़ी में ऐसा क्षण भी ओझल नहीं होता जिसमें खँडहर में सास परदेश गये पुत्र के लिए रोती रहती है और एकाएक मिट्टी की कुप्पी जो बूँद-बूँद बड़े यत्न से संग्रह किये गये तेल से भरी हुई थी वह फूट गयी है और यदि इस समय बहू की प्रसव वेला उपस्थित होती है तो कैसे रोशनी होगी–यह सोचकर वर्षा की झड़ी से भी लम्बी आँसुओं की झड़ी लगा देती है।

यत्नात् संचिततैलविन्दुघटिका नष्टेति पर्याकुला ।
श्वश्रू सर्भन्यरालस्चांह निजवधूं दृष्ट्वा चिरं रोदिति ।।

संस्कृत के कवि को वर्षा समाप्ति पर बिलों से भूखे निकलते हुए साँप नहीं भूलते। वाल्मीकि हेमन्त के वर्णन में एक ओर तो तुषारमलिन ज्योत्स्ना देखते हैं दूसरी ओर उन्हें जेठ में झाई हुई हराई दिखती है, एक ओर उन्हें पाले से मुरझाये सूखे-सूखे से कमल दिखते हैं तो उसी के साथ उन्हें तपस्वी भरत का स्मरण आता है जो विविध भोग त्याग करके ठण्डी जमीन पर सो रहे होंगे।

ज्योत्स्ना तुषारमलिना पौर्णमास्यां न राजते ।
सीतेव वातपश्यामा शोभते न च शोभते ।।

जराजर्जरितैः पत्रैः शरणकिसरकर्णिकैः ।
नालसंषा हिमध्वस्ता न भान्ति कमलाकराः ।।
अस्मिंस्तु पुरुषव्याघ्र काले दुःखसमन्वितः ।
तपश्चचार धर्मात्मा त्वद्भक्त्या भरतः पुरे ।।

संस्कृत कवि सम्पूर्णता में ही सौन्दर्य ढूँढ़ते हैं। इसी से वे मातृ भाव को सबसे ऊँची प्रतिष्ठा देते हैं। कालिदास, भवभूति, वाण किसी भी कवि की नायिका प्रेयसी मात्र नहीं है। प्रेयसी होने के पूर्व ही आसपास की प्रकृति के प्रति वह माँ है, उसमें वात्सल्य भाव है और मानुषी के इस मातृत्व भाव की सफलता से ही अमर देवयोनियों की स्त्रियों को बड़ी ईर्ष्या होती है क्योंकि चिरन्तन यौवन के अभिशाप से वे देवियाँ अभिशप्त हैं। संस्कृत कवियों में भारतभाव की अभिव्यक्ति जैसा कि मैं पहले कह चुका हूँ, प्रकृति और मनुष्य दोनों के ओतप्रोत के भाव के माध्यम से ही हुई है। कालिदास के अभिज्ञान शाकुन्तल में जब आकाश के विमान से इन्द्र के सारथि मातलि पृथ्वी पर उतर रहे हैं तो दुष्यन्त अपने देश की भूमि को ऐसे देखने लगता है कि किसी ने उछाल करके उसके पास भेज दिया हो, उतराते हुए पर्वतशिखरों के बीच से पृथ्वी दिखने लगती है, एकाएक पत्तों से ढके हुए वृक्षों के तने पहचान में आने लगते हैं, उजली रेखा जैसी लगभग अलक्ष्य नदियाँ पूरी तौर से विस्तार पाती दिखने लगती हैं, कितना प्रिय लगता है अपनी धरती का अपने पास आना।

शैलानामवरोहतीव शिखरादुन्मज्जतां मेदिनी ।
पर्णान्यन्तरलीनतां विजहति स्कन्धादयात् पादपाः ।।
सन्धानं तनुयागनष्टसलिलव्यक्त्या ब्रजन्त्यापगाः ।
केनाप्युत्क्षिपतेव पश्य भुवनं मत्याश्वमानीयते ।।

देवलोक का निवासी मातलि भी पृथ्वी के इस पर्वत, नदी, घाटी के चढ़ाव-उतार वाली आँकी बाँकी क्षितिज रेखा को देखकर गद्गद हो उठता है और आशंसा से भरकर कहने लगता है–कितनी उदार कितनी रमणीय है यह पृथ्वी। रमणीयता मात्र पर्याप्त नहीं है, उदारता से युक्त रमणीयता ही भारतभूमि की विशेषता है। यह तो उत्तर से देश का दर्शन हुआ। कालिदास रघुवंश में दक्षिण से राम को पुष्पक विमान यात्रा कराते हुए एक दूसरा दर्शन कराते हैं। इस चित्र में भारत की तमाल और ताड़ के वनों में घनी काली तट रेखा ऐसे लगती है जैसे लोहे का एक पहिया घूम रहा हो और उसकी कालिमा गतिशीलता में अलग होती चली आ रही हो। देश का प्रथम दर्शन एक गतिशील चक्र के रूप में करना राम के लिए कितना सुखद अनुभव है।

दूरादयश्चक्रनिभस्य तन्वी तमालतालीवनराजिनीला ।
आभाति वेला लवणाम्बुराशेर्धारानिबद्धेव कलंकरेखा ।।

मेघदूत में कालिदास ने मध्यभाग के अनेक चित्र खींचे हैं। यहाँ इन्द्रधनुष आषाढ़ में ऊँची बिमोटी के पीछे से झाँकने वाले मोरमुकुटधारी श्रीकृष्ण की स्मृति जगा देता है, जहाँ रेखा विन्ध्य की पथरीली तलहटी में बिखर कर सभी की देह पर की गयी रचना जान पड़ने लगती है जहाँ ताजा जुते खेत में वर्षा की पहली बूँद पड़ते ही सौंधी महक निकलने लगती है, जहाँ गाँव के पुराने पेड़ों पर वर्षागम जानकर पक्षी घोंसला बनाने लगते हैं, जहाँ क्षिप्रा से आने वाली हवा मीठी बातें कानों में कहती हैं, जहाँ सन्ध्या समय महाकाल का ताण्डव होता है, जहाँ उधर देवगिरि है, जहाँ स्कन्द रहते हैं और जिस मध्यदेश में हिमालय की गोद से निकली हुई गंगा बहती है। इस गंगा में कालिदास ने कई शोभाएँ देखी हैं, कहीं मुक्ता माला के रूप में, कहीं इसे हंसपंख के रूप में देखा है, कहीं इसे चन्दन चर्चा के रूप में देखा है, शरद की अभ्ररेखा के रूप में, कहीं भस्मविभूषित शिव की देहयष्टि के रूप में। इस गंगा का विशदतम वर्णन बाणभट्ट ने ऐसे किया है जैसे वह इस देश की शुचिता, इसके तप, इसकी सात्विक श्रद्धा, इसकी कीर्ति सभी को समुदित द्रवराशि हो।

इस प्रकार हमारी परम्परा भारत को जहाँ एक ओर एक मूर्तिमान नदी-पर्वत आश्रममय विग्रह के रूप में देखती है, वहीं दूसरी ओर इसे एक अमूर्त मानुषभाव के रूप में भी प्रतिष्ठित करती है। इस मानुषभाव की गूँज प्रायः नाटकों के भरतवाक्यों में मिलती है, जहाँ प्रायः सबकी विपत्ति के निवारण, सबके दोष के शमन, सबके कल्याण, सबके अभ्युदय और पृथ्वी की शस्य श्यामलता की, गोधन की पुष्टता और ज्ञान परम्परा की जागरूकता की कामना की जाती है। कुछ में भारत की एक अखंड इकाई की भी प्रतिष्ठा मिलती है उदाहरण के तौर पर कुछ भरतवाव्य में भास ने स्वप्नवासवदत्त नाटक में कामना की है हिमालय और विन्ध्य के कुण्डल पहने भारत भूमि सागरपर्यन्त एकच्छत्र शासन में सुखी रहे।

इमां सागरपर्यन्तां हिमवद्विन्ध्यकुंडलाम्।
महीमेकातपत्राङ्कां राजसिंहः प्रशास्तु नः ॥

कालिदास ने विक्रमोर्वशीय के मात्र में कामना की है कि परस्पराविरोधिनी श्री और सरस्वती के बीच संगतिभाव पैदा हो जिससे सज्जनों का अभ्युदय सुनिश्चित हो।

परस्पराविरोधिन्यों देव सर्वत्र दुर्लभम्।
संगतं श्रीसरस्वत्योर्भूतयेऽस्तु सदा सताम् ॥

विशाख दत्त ने मुद्राराक्षस के अन्त में म्लेच्छों से उद्विग्न भारतभूमि के उद्धारकर्ता चन्द्रगुप्त के शासन की मंगलकामना करते हुए उनकी उपमा पृथ्वी के उद्धारकर्ता वराहरूपी विष्णु से दी है। श्री हर्ष ने नाटक में समस्त जगत् के शिव की कामना से, प्राणियों से अपेक्षा की है कि वे परहित निरत हों, सबके दोषों का नाश हो,

लोकमात्र सुखी हो–

शिवमस्तु सर्वजगतां परहितनिरता भवन्तु भूतगणाः ।
दोषाः प्रयान्तु नाशं सर्वत्र सुखी भवतु लोकः ।।

भवभूति ने महावीर चरित्र में एक विशेष प्रकार की मांगलिक क्रियाशीलता की कामना की है–राजा कर्तव्य से सजग बने रहें, बादल समय से बरसें, समूचा राष्ट्र ईतिभीति रहित होकर फले-फूले, कवि प्रसादगुण-सम्पन्न भाषा में श्लोक रचकर प्रमोद देते रहें और ज्ञानी पुरुष सभी प्रकार की नयी सृष्टि में आनन्द और सन्तोष का अनुभव करें ।

क्षमापालाः क्षीणतन्द्राः क्षितिवलयमिदं पान्तु ते कालवर्षाः ।
वाहांहाः सन्तु राष्ट्रं पुनरखिलमयास्तेति सम्पन्नसस्यम् ।
लोके नित्यप्रमोदं विदधतु कवयः श्लोकमाप्तप्रसादं ।
संख्यावन्तोऽपि भूम्ना परकृतिषु मुदं सम्प्रदायं प्रयान्तु ।।

भारत देश की यह पहचान असली भारतीय मन से एक सीमित राष्ट्रीयता के दबाव में की गयी नहीं है। देश के साथ लगाव प्रदेशों के वैशिष्ट्यों के एक साथ स्मरण से अधिक साकार और सगुण होता है, तथा देश बड़ा व्यापक है, और भरा हुआ है, पृथ्वी और आकाश कहीं भी कोई जगह खाली नहीं है, कोई शून्य का अन्तराल नहीं है, यह भाव हमारे अनुष्ठानों में व्याप्त रहा है। इस समय शिक्षित मन में या तो एक सँकरापन आ गया है, देश हमारा विस्तार न रह कर हमारा संकोचन हो गया है या देश विश्वयारी के मोह में तिरोहित हो गया है। इसीलिए इस शिक्षित मन की परम्परा की अपेक्षा और अधिक बढ़ गयी है, बिना इसके वह खंडित ही रहेगा। जब मनुष्य अपने को या अपने आधिपत्य को केन्द्रवर्ती सूर्य मान बैठते हैं यही विपत्ति शुरू हो जाती है। ऐतिहासिकता से ग्रस्त भारतीय मानस ने भी उन्नीसवीं शताब्दी से यह गलत लीक पकड़ी और अपने को विश्वगुरु मानने का दम्भ पालना शुरू किया, अपना उदार अनैतिहासिक स्वरूप भूलकर, वह अतीतगौरवजीवी होने लगा, उससे क्या क्षति हुई, इसकी ओर हम इंगित कर चुके हैं। अपने अनैतिहासिक कालचिन्तन को पहचानना आज बहुत आवश्यक हो गया है।

परम्परा बन्धन नहीं

विद्यानिवास मिश्र

यदि भारतीय विचारधारा को कोई नाम देने को मुझसे कहा जाये तो मैं कहूँगा कि वह परम्परा है, परम्परावाद मात्र नहीं। इस सन्दर्भ में इतिहास और परम्परा के अन्तर का महत्त्व और बढ़ जाता है। इतिहास मनुष्य को काल, देश और जाति में आबद्ध मानकर चलता है और अब तक के इतिहास-बोध का लक्ष्य मानव-समुदाय को जातीय ऋण, देशगत बोध और कालगत क्रम को बाँधे रखना ही रहा है।

इतिहास की व्याख्या बदलती रही है। प्राचीन युग के हैरोदोतुस से लेकर मध्ययुग के इब्न खल्दून तक ही नहीं, आज भी इतिहास का बोध मानव-नियति को आबद्ध किये हुए है। भारत का दूसरे देशों से बिलगाव सतही राजनैतिक कारणों से मात्र नहीं है। यह बिलगाव बड़ा गहरा है। मसीही जीवन-दृष्टि में पाप ओढ़ने का आग्रह, पैगम्बरी जीवन-दृष्टि में सर्वशक्तिमान् का विराट् आतंक, द्वन्द्वात्मक भौतिकवाद की दृष्टि में सहज अधिकार का अस्वीकार, अस्तित्ववादी दृष्टि में अस्तित्व के ऐतिहासिक सन्दर्भ को स्वीकार करने की विवशता, इन सबसे शुद्ध भारतीय दृष्टि विलग है; पर विलग होती हुई भी वह इनमें से किसी का प्रत्याख्यान या खंडन नहीं करती, अपने को किसी के विरोध में प्रस्थापित भी नहीं करती। बाहर के अत्यन्त प्रबुद्ध लोगों को भारत से खीझ इसलिए और अधिक तीव्र होती है कि प्राचीनता से इस बुरी तरह बँधा हुआ यह देश हर आधुनिक मूल्य को सहज भाव से स्वीकार करके भी अपनी परम्परा से विलग नहीं होता। यह खीझ भारत के संशयालु बुद्धिवादियों के मन में भी होती है, जो प्रगति की चिन्ता में इतने बेजार रहते हैं कि वे लक्ष्य की तरफ देखना भी भूल जाते हैं। वे लोग भयंकर रूप में विभक्त हैं। उनके घर सन्तोषी माता की कथा होती है, जाने किस-किस देवी-देवता की मनौती मानी जाती है, और देहरी से बाहर पैर रखते ही वे हिन्दू-धर्म और प्रगति में विरोध देखने लगते हैं, पश्चिमी आचार और प्रगति में तादात्म्य देखने लगते हैं। वे एक ओर सार्वजनिक क्षेत्र में

उदारता का दम भरेंगे और तमाम दुनिया के लोगों से अपनी धर्म-निरपेक्षता की दाद चाहेंगे, पर दूसरी ओर जब कभी कश्मीर के सवाल पर समर्थन माँगना होगा, तो हिन्दू की नहीं, मुसलमान की शहादत की माँग करेंगे। मुसलमान यह कहे कि हिन्दू का नाम असाम्प्रदायिक है, इसे किसी विश्वविद्यालय–जैसी संस्था का नाम बने रहने देने से सेक्यूलर (मज़हब-निरपेक्ष) मूल्य की प्रतिष्ठा होगी, इसका ढोल पीटा जायेगा। वहीं भारतीय जीवन-दृष्टि की सबसे बड़ी विशेषता–अशेष उदारता–को दुर्बलता कहकर त्याग दिया जायेगा। इसी प्रकार की मनोवृत्ति वाले तात्कालिक सुविधा की बात करते रहे हैं, और देश की विदेश नीति, अर्थ नीति और सामाजिक नीति में निरन्तर परस्पर-विरोधी स्थापनाएँ लाते रहे हैं।

उसका परिणाम सामने है, इस देश का तथाकथित बुद्धिवादी इस देश के सामान्य जन की आकांक्षा और सम्भावना को छू नहीं पाता, शासक और शासित के बीच एक गहरी खाई है, उद्योगीकरण और कृषि के बीच भयंकर असन्तुलन है, शहर और गाँव एक-दूसरे की ओर पीठ किये अजनबीपन को ओढ़ रहे हैं। भीतर इतना मन्थन, ऊपर केवल एक हल्का-सा स्पन्दन और केवल एक अर्थहीन शोर। इस विश्रृंखलता का मूल ढूँढ़ना हो तो पहले इतिहास और परम्परा के अन्तर को समझना होगा। परम्परा का अर्थ है पर के भी जो परे हो, श्रेष्ठ से भी जो श्रेष्ठतर हो, जो कभी न भूत हो न भविष्यत्, जो सतत वर्तमान हो, जो कभी सिद्ध न हो, निरन्तर साध्य हो। परम्परा इसीलिए साधना का पर्याय है। आचार का अनुशासन वह स्वीकार इसलिए करती है कि एकाग्र होकर, सत्यनिष्ठ होकर विचार के प्रवाह को साधे रहे, विचार को कभी जड़ न होने दे–सीधी रेखा में नहीं, वर्तुल गोलाइयों में उत्तरोत्तर ऊर्ध्वगामी होती रहे। यह इतिहास-चक्रों के व्यूह को तोड़ती चलती है, मनुष्य की स्वाधीनता के आयाम तानती चलती है। यह मनुष्य को विचारों से नहीं, विचारों से मनुष्य को बाँधती चलती है। पारम्परिक दृष्टि से इसीलिए कयामत का कोई एक दिन मुकर्रर नहीं है, सत्ता का कोई केन्द्रीकरण नहीं है। पारम्परिक दृष्टि का, दूसरे शब्दों में, वैज्ञानिक दृष्टि से कोई विरोध नहीं है। परम्परा उषा की तरह 'पुराणी युवती' है। हर सूर्योदय में वह नयी होती है हर दुपहरी में प्रखर होती है, हर सन्ध्या में ध्यानमग्न होती है, हर चाँदनी में स्वप्नाविष्ट होती है। वह बिना मरे नया जन्म लेती है।

परम्परा में व्यक्ति की सिद्ध वस्तु के रूप में पूजा नहीं होती, व्यक्ति की निरन्तर उत्कृष्ट से उत्कृष्टतर रचना होती है। राम और कृष्ण कोरे ऐतिहासिक व्यक्ति रहते तो जाने कब मर गये होते। पर वे निरन्तर जन्म लेते रहे, निरन्तर बढ़ते रहे। वे पूजित हुए व्यक्ति के रूप में नहीं, विश्व-सत्ता के प्रतिमान के रूप में। यह प्रतिमान जड़ नहीं है, सिद्ध नहीं है, पर प्रतिमानों की पिछली श्रृंखला से असंपृक्त भी नहीं है। व्यास

ने महाभारत को इतिहास कहा, पर वह इतिहास आज की हिस्टिरी के अर्थ में प्रयुक्त नहीं हुआ। इतिहास का अर्थ है, ''ऐसा रहा है'', आस–अस्–लिट–पूर्ण वर्तमान के अर्थ में, न कि ''था'' या ''ऐसा हुआ था''। इसीलिए महाभारत भूतकाल की घटना का विवरण मात्र नहीं है, वह घटना के विवरण के व्याज से मानव धर्म की शाश्वत अभिव्यंजना है। इसीलिए वह ''रहा है'', ''केवल था'' नहीं।

यह केवल आकस्मिक संयोग नहीं है, कि 'अस्'= सत्ता धातु का संस्कृत भाषा में भूत और भविष्यत् में कोई रूप नहीं हैं, केवल संगठन की एकरूपता कायम करने के लिए कह दिया जाता है कि, 'अस्' को 'भू' आदेश हो जाता है। यह उस चिन्तनधारा का ही व्यापक प्रभाव है कि सत्ता हमेशा वर्तमान मानी जाती है, और भाव या प्रक्रिया भूत, भविष्यत् और वर्तमान तीनों में देखी जाती है। सत्य कभी भूत नहीं बनता। सत्य कभी भविष्यत् के सहारे टँगा नहीं रहता। वह सत् है, वर्तमान है। यही कारण है कि हमारे देश में पितृ-पूजा और सन्तान-कामना, दोनों जुड़ी हुई हैं पर दोनों एक समग्र जीवन की ही अंगभूत हैं।

भारत में अपने नाम का पहला लेख अखमनी साम्राज्य की नकल से लिखवाया गया। पहली मानवीय प्रतिमा चीन की राजपूजक विचारधारा के अनुवर्तन में कुषाण-काल में गढ़ी गयी। पहला तिथिबद्ध इतिहास–राज-तरंगिणी–विदेशी इतिहास-पद्धति के प्रकाश में लिखा गया। देश के लिए हिन्दुस्तान, जाति या मजहब के लिए हिन्दू के प्रयोग भी जिन लोगों द्वारा पहली बार किये गये वे बाहरी थे। मनु ने धर्म का एकमात्र नाम दिया : मानव। कुछ ने आर्य कहा। बौद्धों ने सद्धर्म कहा। वैदिक या स्मार्त नाम भी आये, पर धर्म का देशबद्ध या विश्वासबद्ध या जातिबद्ध नाम किसी विचारक ने नहीं दिया। देश को भी भौगोलिक सीमा में सिमटाने की प्रक्रिया बाद में शुरू हुई। राष्ट्र शब्द मानव-समुदाय का वाचक है। भारत एक विशेष परम्परा का वाचक है, इसीलिए उसकी धारणा के भीतर बृहत्तर भारत भी समा सका। महाभारत की कथाएँ अंकोरवाट, जावा और मध्य एशिया में प्रेरणा की स्रोत बनीं। तुलसीदास तक ने धर्म मात्र की बात की, पृथ्वी मात्र की बात की। क्या वे कम भारतीय या कम हिन्दू थे? कबीर ने जब ललकार कर कहा, 'हिन्दू तुरुक दोउ राह न पाई', तो वे भारत की उदार दृष्टि ही आलोकित कर रहे थे। हिन्दू का अर्थ उनके सामने है–जातिबद्ध चेतना का गुलाम। हिन्दू और तुरुक–दो पृथक् इतिहासों के कर्जदार नाम हैं। दोनों के इतिहास प्रतिशोध माँगते हैं। इतिहास बराबर प्रतिशोध माँगता आया है–बैर भूल न जाना! कोई भी वीर इस गाथा को पढ़े, तो अपने हाथ से बैरी के प्रासाद को जलाकर ही ऋण का शोधन कर सकेगा। बहुत उदार हुआ इतिहास तो स्वप्न देखता है, कि सारे विश्व का एक मजहब होगा, और वह ईसाइयत ही है; पर इतिहास बराबर मनुष्य की देश

और कालबद्ध सीमाओं की पुकार लगाता है। वह सीमाओं का विस्तार माँगता है, सीमाओं की प्रतिरक्षा माँगता है, पर वह सीमाओं से परे कभी सोच नहीं सकता।

जो लोग भारत की शक्ति पहचाने बिना अंग्रेजी को ऐतिहासिक विरासत के रूप में स्वीकार करना चाहते हैं, पश्चिम की अमानवीय यांत्रिकता को प्रगति का पर्याय मानकर योजनाएँ चलाना चाहते हैं और उन योजनाओं के अनुशासन के नाम पर सोचने के तरीकों का अनुशासन लादना चाहते हैं, वे लोग आज आँखें खोलकर देखें कि यथार्थ क्या है। यथार्थ इतना ही नहीं कि अमेरिका और ब्रिटेन ने पाकिस्तान युद्ध में हमारा साथ नहीं दिया, अरब देशों के अगुवा चुप साधे रह गये, हमारी एशियाई दोस्ती काफूर हो गयी। सोवियत संघ ने भी पाकिस्तान और भारत को दो महान संघर्षरत तटस्थ राष्ट्रों के रूप में देखा, और उससे यह संघर्ष देखा न गया। यथार्थ का यह सतही रूप है। यथार्थ और गहरा है। इतिहास की सर्वग्रासी दृष्टि हर शक्तिशाली राष्ट्र को प्रभाव-विस्तार के दायित्व से जीते हुए है। भारत उस दृष्टि को झेल सकता है क्योंकि उसके ऊपर इतिहास का बोझ नया है, और वह हलका है, वह इस बोझ से अभी पिस नहीं पाया है। पाकिस्तान तो शुद्ध रूप से इतिहास का गुलाम है, तभी तो उसके विधाता अपने को मुगल शासकों से जोड़ते हैं। मुगलों के उत्तराधिकारी अंग्रेजों से जोड़ते हैं, और धरती को काटकर फेंक देते हैं। पर अगर भारत को विजय पानी है तो सबसे पहले अपने भीतर उमड़े हुए संशय के अन्धकार पर विजय पानी होगी। इतिहास और परम्परा में से एक को ही चुना जा सकता है। परम्परा को चुनने पर बात शिवाजी, पृथ्वीराज, प्रताप या अशोक पर समाप्त नहीं होती। परम्परा रामकृष्ण, सूरदास, तुलसी, कबीर, शंकर, बुद्ध, महावीर, व्यास, वाल्मीकि और तमाम अनाम और सनाम ऋषियों, सन्तों और धर्म-साधकों से बनती है। वह परम्परा प्रतिशोध पर नहीं, सत्य और न्याय की प्रतिष्ठा पर बल देती है। परम्परा की विजय पाकिस्तान के पराभव से नहीं, उदार और शक्तिशाली भारत में उसके शुद्ध भाव से जुड़ने में होगी। इतिहास तभी सही माने में नकारा जायेगा।

पर उस परम्परा को सही तौर पर हम पहले समझें तो सही। मजहब की व्यक्तिगत स्वतन्त्रता का आदर करना तो सीखें, मजहब को सामाजिक नीति-नियमों का निर्धारक न बनने दें, कुछ मुसलमानों की भारत-भक्ति को अनावश्यक महत्त्व देकर सामान्य मुसलमान की नीयत पर सन्देह करना छोड़ें, निष्ठा की तुलना पर हिन्दू और मुसलमान को एक साथ तोलना शुरू करें, उन आदर्शों को जगाएँ जिन्होंने मज़हबी स्वतन्त्रता को भेद की दृष्टि से नहीं, अभेद की दृष्टि से स्वीकार किया था। यदि हिन्दू और मुसलमान दो जातियाँ नहीं, दो देश नहीं, दो इतिहास नहीं, तो मुसलमान से अतिरिक्त भारत-भक्ति का आग्रह क्यों? उस हिन्दू नाम की सार्वजनिक

जीवन में रक्षा के लिए इतना वितंडा क्यों? जिसके आदर्शों को हम बार-बार झुठला रहे हैं, अमेरिकी चिन्तन-पद्धति के दासों से हम जिस हिन्दुत्व की हिमायत कराके थक नहीं रहे हैं, उस हिन्दुत्व को मात्र ऐतिहासिक प्रतिक्रिया का अस्त्र बनाकर छोटा कर रहे हैं, उस हिन्दुत्व के हम अधिकारी क्यों बनें? हम हिन्दू परम्परा को यदि आत्मसात् करते हैं तो सबसे पहले इतिहास के समान जगाने वाले ओझाओं-सोखाओं को बाहर करें। गज़नी, गौरी, औरंगजेब का अत्याचार उनके साथ गया। उनके वंशधर अत्याचारों की विरासत लेकर नहीं, मानवीय संस्कार लेकर पैदा हुए। और मानवीय धरातल पर कम से कम हिन्दू ने कभी किसी के खुदा को नकारा नहीं, किसी के आराध्य को तिरस्कारा नहीं। उसके बाद यह भी आवश्यक है कि हम भय या आशंका से नहीं, दिखावा के लिए नहीं, सत्य और न्याय की प्रतिष्ठा के लिए मजहब-निरपेक्ष दृष्टि अपनाएँ और इस पर दृढ़ रहें। तुष्टि की नीति अपनाकर हम निरन्तर अपने ही द्वारा निर्मित जाल में फँसते गये हैं, और द्विराष्ट्रवाद के खंडन का हमारा सारा दावा झूठा होता जा रहा है।

हमारी परम्परा काल या देश को मनुष्य में स्थित या निवर्तमान देखती है। हाँ, वह मनुष्य विराट् रूप है, गड़ही का घोंघा नहीं है। वह नयी उपलब्धि से घबराता या भागता नहीं, उसे असीसता है। जो लोग विराट् दायित्व से छुटकारा पाने के लिए अस्तित्ववाद की शरण लेते हैं या जो परम्परावाद को जनवाद के नाम पर ऐतिहासिक भौतिकवाद की चेरी बनाकर परम्परा के धरोहरी बन जाते हैं, वे वर्तमान संघर्ष की गहराई को छू नहीं सकते, और भारतीय समाज का सही नेतृत्व नहीं कर सकते। परम्परा को स्वीकार करने का अर्थ बन्धन नहीं, अनुशासन का स्वेच्छा से वरण है, इसीलिए वह इतिहास से बड़ी है और हमारे लिए तो अपरिहार्य है, वही हमारी शक्ति है। परम्परा अपने को ही काटकर-तोड़कर आगे बढ़ती है, इसलिए कि वह निरन्तर मनुष्य को अनुशासित रखते हुए भी स्वाधीनता के नये-नये आयामों से प्रतिष्ठित करती चलती है। परम्परा बन्धन नहीं है, वह मनुष्य की मुक्ति (अपने लिए ही नहीं, सबके लिए मुक्ति) की निरन्तर तलाश है।

'परम्परा बन्धन नहीं', 1976 से साभार

परम्परा का पुरुषार्थ

विद्यानिवास मिश्र

आधुनिकता और परम्परा दोनों शब्द काल-सापेक्ष हैं अर्थात् किसी काल के बिन्दु पर ही कोई वस्तु या कोई विचार आधुनिक होता है और किसी काल के बिन्दु पर ही कोई परम्परा सार्थक होती है, अन्तर इतना ही है कि आधुनिकता विशेषकर आज जिस अर्थ में ग्रहण की जाती है वह आधुनिकता सम्पूर्ण की चिन्ता नहीं करती जबकि परम्परा निरन्तर बदलते हुए भी सम्पूर्णता की चिन्ता करती है। इसलिए कल की आधुनिकता भी परम्परा में आत्मसात् होकर आगे कुछ नया समग्र बनाती है और परम्परा अपने पूर्ववर्ती विचारों का अतिक्रमण करके भी उन विचारों की तह कहीं-न-कहीं बनाये रखती है क्योंकि हो सकता है, कभी पीछे छूटे हुए विचार भी आगे आनेवाले जमाने में अधिक महत्त्वपूर्ण हो जायें। तब उनकी फिर से जुताई करने पर उनकी उर्वरता उभर आयेगी।

आज आधुनिकता का आग्रह इतना नहीं रह गया है, जितना आज से पचास वर्ष पहले था। उसका कारण यही है कि एक जीवन्त परम्परा के साथ आधुनिकता का टकराव होने के बाद दोनों ने दोनों को प्रभावित किया है और यही परम्परा का पुरुषार्थ है, आधुनिकता का प्रत्याख्यान या खण्डन पुरुषार्थ नहीं है। आधुनिकता को समेटने की क्षमता और समेटकर अपने स्वरूप को अधिक व्यापक बनाने की क्षमता ही परम्परा का पुरुषार्थ है। इस पुरुषार्थ में सहिष्णुता और ग्रहणशीलता तो महत्त्वपूर्ण है ही, अस्मिता की तेजस्विता इन दोनों में कहीं अधिक महत्त्वपूर्ण है। यह अस्मिता उस लघु मानव की अस्मिता नहीं है जिसे आधुनिकता ने स्थापित किया। यह अस्मिता विराट् सत्ता की प्रतियोगी, आभ्यन्तर मनुष्य की अस्मिता है। इस बात को समझने के लिए भारतीय सन्दर्भ में पिछले दो सौ वर्षों के इतिहास पर एक नजर डालनी होगी।

किसी भी परम्परा की शक्ति का अन्दाज तब लगता है जब उसकी मुठभेड़ दूसरी परम्परा से होती है। ऐसे नये आघात राजनीतिक या ऐतिहासिक कारणों से आते हैं

जो एकदम अप्रत्याशित होते हैं। इसीलिए उनकी मार से बच पाना कठिन होता है। हमारी परम्परा को अनेक ऐसी चुनौतियाँ मिली हैं और उन चुनौतियों का परम्परा ने समय-समय पर उचित समाधान निकाला है। उन समाधानों के कारण परम्परा में अधिक ऊर्जा आयी है और परम्परा आगे बढ़ी है।

अट्ठारहवीं शताब्दी के अन्त में अंग्रेज व्यवसायियों के आने के बाद और व्यवसाय के छद्म से अपना मायाजाल बिछा लेने के बाद भी परम्परा, विशेष रूप से साहित्य और संस्कृति की परम्परा, अक्षुण्ण रही। इसका प्रमाण अनेक विद्या-क्षेत्रों में संस्कृत तथा फारसी में लिखे गये ग्रन्थ हैं। ये ग्रन्थ दर्शनशास्त्र, ज्योतिषशास्त्र, तर्कशास्त्र, व्याकरणशास्त्र और साहित्य से सम्बद्ध हैं। अनेक ग्रन्थ शिल्प विद्याओं से सम्बद्ध हैं। इसी अवधि में काँगड़ा, गुलेर और गढ़वाली शैली का चित्रकला में विकास हुआ और एक-से-एक मनोरम चित्र रचे गये। एडम, लाइटनर और माण्टगुमरी के दिये गये वर्णनों से स्पष्ट है कि 1850 के पूर्व भारत की शिक्षा-पद्धति यूरोप की अपेक्षा अधिक सुसमृद्ध थी, अधिक व्यापक थी और अधिक सर्जनात्मक थी। जिसे हम आधुनिकता कहते हैं वह इस अवधि में प्राय: बहुत दूर तक निन्दित थी। उसका मुख्य कारण यहाँ की समृद्धि और समग्र वाचिक शिक्षा की परम्परा थी, जो लगभग हर गाँव में बिना किसी राजकीय सहयोग के बहुत ही नियमित रूप से चल रही थी। इस व्यवस्था में सबकी भागीदारी थी और इसलिए इस पर कोई ऐसा व्यय नहीं था जो किसी के लिए भार होता। रचनाकारों, कवियों, कलाकारों, गीतकारों को बड़े सम्मान की दृष्टि से देखा जाता था। छोटे-छोटे सामन्त गर्व का अनुभव करते थे कि हमारे यहाँ अमुक कवि है, अमुक कलावन्त हैं, अमुक चितेरे हैं। आधुनिकता का दौर एकदम से 1857 के बाद शुरू होता है जब भारत का पहला स्वाधीनता युद्ध दुर्भाग्यपूर्ण परिस्थितियों में लड़ा गया और अंग्रेज जा न सके। इस आधुनिकता का आगमन तीन रूपों में हुआ। भाप से चलने वाले कारखानों के विकास के रूप में। दूसरे शब्दों में औद्योगिक क्रान्ति के प्रारम्भ के रूप में। दूसरा रूप है शिक्षा का संस्थीकरण। शिक्षा को सरकार की मान्यता मिली और उसकी व्यवस्था का सरकारी ढाँचा तैयार हुआ। इस ढाँचे में पढ़कर निकलनेवाले लोगों को दफ्तरों में बाबूगिरी या किरानीगिरी सुलभ हुई या छोटी पटवारीगिरी सुलभ हुई। जो उनमें अधिक प्रतिभाशाली हुए उन्हें डिप्टी कलेक्टरी तक मिली। बाद में इस नयी पद्धति में वकील, डॉक्टर निकले। तीसरा रूप था सांस्कृतिक और वैचारिक। एकाएक दो प्रकार के विचार आये। एक तो यह कि हर वस्तु की चाँज तर्कबुद्धि से करनी चाहिए ताकि उसे प्रमाणित माना जाये और इस कारण पुराण कथा को गप और इसलिए त्याज्य मानना चाहिए। दूसरी ओर एक गौरवशाली अतीत की कल्पना की जाने लगी जिसमें

हिन्दुस्तान का क्षेत्र बहुत बड़ा था। उसका विस्तार सुदूर दक्षिण-पूर्व एशिया तक था। उसकी संस्कृति पूरे एशिया में छा गयी थी। उसमें शिल्प, कला, साहित्य, दर्शन तथा विज्ञान का अद्‌भुत विकास हुआ था पर वह सब अतीत की बात थी। बनारस में स्थापित संस्कृत कॉलेज के बारे में रिपोर्ट बनानेवाले अंग्रेज प्रशासकों ने यह कहा कि जो भारतीय परम्परा में धर्म की चिन्ता से जुड़े हुए नहीं हैं, जैसे व्याकरणशास्त्र, तर्कशास्त्र या गणित, ज्योतिष या आयुर्वेद या स्थापत्यशास्त्र, उसी को महत्त्व देना चाहिए और बड़े-बड़े वेद, स्मृति, पुराण के बारे में ऐसी अश्रद्धा उत्पन्न करनी चाहिए कि लोगों के मन ईसाई होने के लिए तैयार किये जा सकें। उसके और आगे आनेवाले समय में आधुनिकता आयी। वह अट्ठारहवीं शताब्दी के अन्त में फ्रांसीसी क्रान्ति के तीन मूल्यों–स्वतन्त्रता, समता और बन्धुता की स्थापना के रूप में आयी।

इसका प्रभाव सबसे अधिक पत्रकारिता के उदय पर पड़ा। उन्नीसवीं शताब्दी के अन्त में राष्ट्र की यूरोपीय अवधारणा और उससे उत्पन्न होनेवाली अपरिहार्य प्रतिस्पर्द्धा का दौर आया जिसने उपनिवेशों का अधिक-से-अधिक दोहन किया। इस दोहन के अतिरेक ने तीव्र प्रतिक्रिया उत्पन्न की और अंग्रेज राज के सुखसाज में 'धन विदेस चलि जात, यहै अति ख्वारी' का दर्द, जो भारतेन्दु की पंक्तियों में मिलता है, वह नागरिक स्तर पर भी मुखर होने लगा। कुछ लोगों का मानना है कि स्वाधीनता की प्यास और राष्ट्रीयता की कल्पना भारतीयों में थी नहीं, अंग्रेजों के कारण उन्हें मिली।

बीसवीं शताब्दी में स्वाधीनता की प्यास अंग्रेजों की आशा के प्रतिकूल उग्र रूप लेने लगी और बंग-भंग आन्दोलन बीसवीं शताब्दी के प्रथम चरण में सशस्त्र क्रान्ति के रूप में सामने आया। साहित्य और भाषा के रूप में आधुनिकता के दो और अस्त्र थे। एक तो व्यापारिक हित तथा मज़हब के प्रचार के हित में एक सार्वदेशिक भाषा के मानक रूप की स्थापना हुई। दूसरा प्रभाव साहित्य में यह पड़ा कि जहाँ प्रकृति मनुष्य के जीवन में ओत-प्रोत थी, वहाँ प्रकृति रमणीय और भोग्य वस्तु के रूप में देखी जाने लगी। श्रीधर पाठक की 'कश्मीर सुषमा' जैसी कविताएँ इसी परिप्रेक्ष्य में देखी जा सकती हैं। यूरोपीयकरण के अलावा आधुनिकता की एक और पहचान थी नस्लवाद। उन्नीसवीं सदी का चिन्तन भाषा विज्ञान, जीव विज्ञान और समाज विज्ञान में नस्लवादी चिन्तन प्रमुख होता गया। इसी चिन्तन ने आर्य-द्रविड़ संघर्ष की गाँठ हमारे सांस्कृतिक सन्दर्भ में लगायी।

यह गाँठ आज भी खुल नहीं रही है, बावजूद इसके कि हमारे किसी भी पुराने-से पुराने वाङ्मय में इस नस्ल नामक वस्तु का कोई प्रमाण नहीं मिलता। वर्ण का अर्थ नस्ल नहीं है। उसका अर्थ वर्गीकरण का एक प्रकार है। आधुनिकता से उत्पन्न इन सभी चुनौतियों को परम्परा ने कैसे झेला, इसकी कहानी बड़ी दिलचस्प है। अंग्रेजों

की दी गयी न्याय-व्यवस्था को जहाँ लोगों ने सम्मान के साथ स्वीकार किया, वहीं अदालत में दिये गये बयान की सत्यता पर सन्देह का प्रश्नचिह्न भी लगा दिया। अंग्रेजी सीखनेवालों ने अच्छी अंग्रेजी पढ़ी। उसमें कुशलता प्राप्त की, वहीं मालवीयजी की आवाज-में-आवाज मिलायी कि 'सब मिल बोलो एक आवाज, अपने देश में अपना राज'।

डार्विन के विकासवादी मनुष्य और न्यूटन के सृष्टिनियन्ता मनुष्य के प्रभाव से मनुष्य नाम का तत्त्व साहित्य में बहुत प्रतिष्ठित हुआ, पर परम्परागत संस्कारों ने मनुष्य के अधूरेपन की बात की और प्रकृति के साहचर्य से उसकी समग्रता की भी बात की। भारत में विचित्र यूरोपीयकरण हुआ। घर में देशीय विचार, देशीय आचार-पद्धति, देशीय रीति-रिवाज, दफ्तर में विदेशी ठाठ-बाट, विदेशी चलन और विदेशी रीति-रिवाज। इंग्लैण्ड से भारत में कला विद्यालय चलाने के लिए भेजे गये हैवेल ने लिखा है कि बड़े-बड़े जमींदारों के घर ऐसे-ऐसे फर्नीचरों से पटे पड़े हैं जो एक तरह के विशुद्ध कबाड़ हैं। जबकि भारत में अपनी कारीगरी, अपना कला-कौशल बहुत समृद्ध है। बीसवीं शताब्दी के पूर्वार्द्ध तक लगभग यही स्थिति थी, बल्कि स्वाधीनता आन्दोलन में तो निरन्तर यूरोपीयकरण का उत्तरोत्तर तीव्रतर प्रतिरोध हुआ। यह अलग बात है कि अप्रत्यक्ष रूप में पश्चिम से आये हुए विचार हमारे भीतर आत्मसात् होते गये। हमारी परम्परा की आघात बरदाश्त करने की क्षमता और उसका प्रत्युत्तर न देकर उसका अतिक्रमण करने की क्षमता सबसे कम हुई स्वाधीनता प्राप्ति के बाद। यह बड़े दुर्भाग्य की बात है कि रस्मी तौर पर हमारे प्रतीक वाक्य संस्कृत के हुए और राष्ट्रीय चिह्न स्वदेशी हुए और संस्कृति के विकास के नाम पर हमने संगीत, नाट्य, नृत्य का निर्यात किया, हमने अच्छे-अच्छे संग्रहालय बनाये और राष्ट्रीय स्तर की अकादमियाँ खोलीं, पर स्वाधीनता-प्राप्ति के बाद आधुनिक विश्व की विचारधारा से परम्परागत अनुभव और ज्ञान को जोड़ने का प्रयत्न बहुत कम हुआ। परम्परागत ज्ञान को अंग्रेजों ने हाशिये में रखना शुरू कर दिया था। हम लोगों ने उन्हें स्वाधीन होने के बाद हाशिये से हटाकर बॉक्स में बन्द कर दिया।

क्या परम्परा मुमूर्षु (मरनेवाली) है अथवा क्या आधुनिकता ही परम्परा बन गयी है? इस प्रश्न का समाधान ढूँढ़ने जब हम चलते हैं तो हमें तीन बातें स्पष्ट होती हैं। एक तो यह कि जिन्होंने क्लासिक शिक्षा प्राप्त करके आधुनिक शिक्षा प्राप्त की उन्होंने आधुनिकता को आतंक के रूप में नहीं लिया। इसके उदाहरण के रूप में लक्ष्मणशास्त्री जोशी, राहुल सांकृत्यायन, हजारी प्रसाद द्विवेदी और सच्चिदानन्द हीरानन्द वात्स्यायन का नाम लिया जा सकता है। इन सभी ने अष्टाध्यायी, तर्क-संग्रह, अमरकोश और रघुवंश से शिक्षा प्रारम्भ की थी। इसके पहले के लोगों में हैं

सुधाकर द्विवेदी। (भारतेन्दु के समकालीन), जिन्होंने ज्योतिष के क्षेत्र में अनेक उद्भावनाएँ कीं, गणनाथ सेन जिन्होंने आयुर्वेद के क्षेत्र में कीर्तिमान स्थापित किया, कविता के क्षेत्र में स्वर्गीय जयशंकर प्रसाद, रचना और शोध के क्षेत्र में श्री चन्द्रधर शर्मा गुलेरी और रामावतार शर्मा, विधुशेखर भट्टाचार्य शास्त्री, कुप्पु स्वामी शास्त्री और हिरियन्ना के नाम उल्लेखनीय हैं। इन्होंने भी परम्परा में दीक्षा लेने के कारण और अपने निजी संकल्प के कारण आधुनिकता को ग्रहण किया, किन्तु सहज रूप में। आनन्द कुमार स्वामी ने अनेक स्थलों पर यह बात कही है कि आगे आनेवाले समय में पश्चिम के ज्ञान और गुरु के बोध (विज़डम) दोनों के संयोग से समग्र मानवीय व्यक्तित्व का निर्माण होगा। उन्होंने जब कहा था तब उनकी बात इसलिए नहीं सुनी गयी कि तब तक विज्ञान के क्षेत्र में नये क्रान्तिकारी विचार आये नहीं थे, जिन्होंने न्यूटन के विश्व को अस्वीकृत कर दिया और एक नये अनन्त और अनिश्चितता के रहस्य से भरे विश्व का दृश्य उपस्थित किया, जिसमें सब एक-दूसरे के पूरक हैं, अपने आपमें कोई इकाई या अव्यय पूरा नहीं है। पर आधुनिकता को आतंक न मानना अभिलक्षण मात्र है स्वाधीनता के अपने संकल्प का। असली बात यह है कि जो अपनी जमीन पर खड़े होकर अनेक प्रकार के झंझावातों का आघात ग्रहण करता है, वह निश्चित रहता है कि ये आघात हमें अपनी जमीन से अलग नहीं कर सकेंगे। वह अपने सोच के अनुसार निर्णय लेता है। परम्परा, विशेषकर हमारी परम्परा, अस्वीकारी परम्परा नहीं है पर किसे स्वीकार करना चाहिए किसे नहीं, इस पर गम्भीर विचार-विमर्श वह करती ही है। कभी-कभी इसी से वह कुछ कम गतिशील दिखायी देती है पर उसमें बराबर एक खुलापन रहता है। वह उसी खुलेपन के कारण अतिक्रमण करती रहती है। परम्परा शब्द का अर्थ ही है पर के बाद आनेवाला पर, उत्तरोत्तर श्रेष्ठ। सतही तौर पर तो लोग कह सकते हैं कि परम्परा तो अतीत को सतयुग मानती है और आज के युग को कलियुग अर्थात् छल का युग। वह कैसे उत्तरोत्तर श्रेष्ठ को स्वीकार करेगी? पर गहराई से विचार करें तो आप देखेंगे कि किस प्रकार मोक्ष नामक चौथे पुरुषार्थ की बात में मोक्ष का अतिक्रमण कर भक्ति पुरुषार्थ की बात आयी और रामकृष्ण परमहंस के बाद भक्ति पुरुषार्थ का अतिक्रमण सहज मानुष-भाव की श्रेष्ठता ने किया, क्योंकि सहज होना ही भक्त होने का सबसे अधिक विश्वसनीय प्रमाण है। परम्परा कोई ऐसा जड़ा हुआ चौखटा नहीं है जिसमें नयी-नयी तसवीरें फिट कर ली जाती हैं। परम्परा तसवीरों में छा जानेवाला रंग है, नयी तसवीरों में छा जानेवाला रंग। इसलिए वह निरन्तर एक मूल पाठ को स्वीकार करते हुए भी, उसकी दिव्यता को स्वीकार करते हुए भी देश और काल की अपेक्षा से उसके नये निर्वचन करती है। इन नये निर्वचनों से परम्परा देखने में नये आकार ग्रहण करती है, परन्तु वह

वस्तुतः अधिक सम्पूर्णतर होती चली जाती है। जिस मनुस्मृति की घनघोर आलोचना की जाती है, उसी मनुस्मृति का प्रतिज्ञा वाक्य है कि आगे जो इस ग्रन्थ में लिखा जा रहा है, उसको ज्ञानचक्षु से देखकर ही और देशकाल के साथ जोड़कर ही समझने की कोशिश की जाये। सबसे महत्त्वपूर्ण बात यह है कि किसी भी मूल्य पर परम्परा मनुष्य को खण्डित नहीं देखना चाहती, न मनुष्य से न प्रकृति से। और वह वर्तमान को विशेष महत्त्व देती है क्योंकि वर्तमान से कटकर परम्परा रूढ़ि है। आधुनिकता जिस रूप में हमारे बहुत से तकनीकी चकाचौंध से ग्रस्त लोगों के मन में बसी हुई है स्वयं रूढ़ि बन चुकी है। इस रूढ़ि बनी आधुनिकता से परम्परा ही मुक्ति दिला सकेगी, क्योंकि वह निरन्तर प्रवाहशील है। परम्परा की सार्थकता विशेषरूप से हमारे सन्दर्भ में इसलिए है कि आधुनिकता की रूढ़ियों को तोड़ने के लिए सर्वत्र बेचैनी दिखायी पड़ती है। वह बेचैनी परम्परा के लिए पुरुषार्थ से ही समाधान पा सकेगी और परम्परा ही सही आधुनिकता को नया और अभीष्ट आकार दे पायेगी।

'नदी, नारी संस्कृति', 1993 से साभार

परम्परा : आधुनिक भारतीय सन्दर्भ

विद्यानिवास मिश्र

परम्परा शब्द धीरे-धीरे बुद्धिजीवी लोगों के बीच में वर्जित होता जा रहा है। मैं समझता हूँ, यह एक खतरनाक स्थिति है। परम्परा का खण्डन एक अलग बात है, क्योंकि उस खण्डन से ही परम्परा का विकास होता है; परन्तु परम्परा को नकारना एक दूसरी ही स्थिति है, जो चिन्तन और सर्जन में खोखलेपन और परायेपन को जन्म देती है। आधुनिक भारतीय बुद्धिजीवी या तो परम्परा से ग्रस्त है या भागने की कोशिश में परेशान। वह परम्परा को स्वीकार करने में हिचकता है, इसीलिए सही परम्परा और गलत परम्परा के विवेचन के पचड़े में भी नहीं पड़ना चाहता। वह परम्परा को चूँकि जानना भी नहीं चाहता, इसलिए उसका जोरदार खण्डन भी नहीं कर पाता। जो लोग परम्परा को हथियार के रूप में अपने राजनीतिक स्वार्थों के लिए उपयोग कर रहे हैं, उनको भी टोकने की हिम्मत औसत बुद्धिवादी में नहीं है। इसीलिए परम्परा के साथ जो अनाचार वैदुषिक क्षेत्र में आज भारत में हो रहा है, वह एक भयंकर मानसिक विभाजन को जन्म दे रहा है, परम्परा का धरोहरी और परदेश से उदासीन वर्ग एक तरफ और परम्परा से एकदम असम्पृक्त और देश के साथ सम्पृक्त विशाल समुदाय दूसरी तरफ। बहुत प्रकार की प्रतिबद्धताओं की बात की जाती है, पर किसी भी देश के लिए, विशेष रूप से विकासशील देश के लिए, देश के स्वभाव के अनुकूल और देश की सम्भावना के प्रेरक संस्कार के प्रति प्रतिबद्धता की बात बहुत कम की गयी है। जिन लोगों ने इस प्रकार की प्रतिबद्धता की चर्चा की भी है, वे अब अव्यवस्थावादी, मतान्ध और मूर्तिभंजक करार दिये गये हैं। जिन लोगों ने देश की प्रतिमा बाहर बिक्री के लिए गढ़ी है, वे लोग बाहर की नजर को ही महत्त्व देते हैं। उनकी अपनी नजर या तो है ही नहीं या है भी तो उस पर उन्हें इतमीनान नहीं है। खजुराहो के केन्द्रीय सरकार के आरामगाह में बिक्री के लिए कुछ खजुराहो के शिल्प की अनुकृतियाँ रखी थीं। मेरे एक अमरीकी कवि-मित्र स्मृति-चिह्न के रूप में एकाध अनुकृति खरीदना

चाहते थे, पर चुनाव की कोई गुंजाइश वहाँ नहीं थी। वहाँ सभी मूर्तियाँ केवल कुछ विशेष रतिमुद्राओं की अनुकृतियाँ थीं जिनका अर्थ उनके सन्दर्भ के बाहर केवल निरी जुगुप्सित कामुकता के सिवाय कुछ नहीं और जो ढलती उम्र वाले पर्यटक-पर्यटिकाओं के चित्त को उत्तेजना से आकुल करने में जरूर तीव्र प्रभावकारी हैं। बेचनेवाला यह कल्पना कर ही नहीं सकता कि खजुराहो देखने के लिए हजारों मील सफर करने वाला कोई दूसरी भी नजर रख सकता है या वह भी उसकी तरह खजुहारो के धार्मिक प्रयोजन से सतह पर नहीं, गहराई में जाकर जुड़ सकता है। खजुराहो का वह विक्रेता एक प्रतीक है हमारी संस्कृति का, हमारी परम्परा के सफल कहे जाने वाले व्याख्याता का। वह भी अपनी परम्परा का प्रामाण्य पश्चिम के मूल्यों में ढूँढ़ता है। वह शंकर और नागार्जुन को कांट और हेगेल के माध्यम से पढ़ना चाहता है, वह सार्त्र और कामू की अस्तित्ववादी घोषणा को अपने साहित्य पर लादना चाहता है और एक मरी हुई नस्लपरस्ती से दूषित ऐतिहासिक बोध को हिन्दुस्तान के इतिहास-निरपेक्ष वैज्ञानिक चिन्तन पर लादना चाहता है।

ऐसे समझदारों को समझाने के लिए उन्हीं की भाषा का थोड़ी देर तक उपयोग करना चाहता हूँ। 'आलोचना' के 38वें अंक में श्री निर्मल वर्मा का एक लेख है 'परम्परा, परायापन और प्रतिबद्धता'। यह लेख कुछ चेक लेखकों से किये गये कुछ प्रश्नों के उत्तरों पर आधारित है। इस लेख की चर्चा का सबसे दिलचस्प पहलू यह है कि किसी-न-किसी रूप में ये सभी लेखक अपने देश की सांस्कृतिक परम्परा के अस्तित्व, प्रभाव और जीवनदायिनी शक्ति को स्वीकार करते हैं, पर साथ ही 'सांस्कृतिक परम्परा का निर्माण नकली तरीकों से कीटाणुओं की संस्कृति की तरह किया जा सकता है', इसमें विश्वास नहीं करते। इनमें से यारोस्लाव प्रतीक और विस्कोचिल परम्परा के प्रति दायित्व भी महसूस नहीं करते, पर वे भी यह मानते हैं कि जिस सीमा तक 'वह (राष्ट्रीय परम्परा) जीवन्त है, उसने अचेतन रूप से हमारी संस्कृति के आध्यात्मिक वातावरण के निर्माण में योग दिया है' और वे परम्परा के चाहे शिकार होकर या निर्माता होकर बँधे हुए हैं, मुक्त नहीं हैं। ये सभी समाजवादी लेखक हैं और संसार की व्यापक सांस्कृतिक स्थिति के दबाव को भी महसूस करने वाले लेखक हैं, परन्तु ये 'कॉस्मापालिटन' या विश्वजनीन लेखक की सत्ता को अवास्तविक मानते हैं और राजनीतिक फार्मूले के आधार पर तैयार की गयी, अर्थ (कंटेंट) में समाजवादी और रूप में राष्ट्रीय साहित्य की खिचड़ी को भी अवास्तविक मानते हैं। क्या यह छोटा-सा विवरण भी इसका पर्याप्त संकेत नहीं है कि परम्परा का सन्दर्भ किसी भी देश की सांस्कृतिक रचना का एक अनिवार्य और अपरिहार्य सन्दर्भ है, बल्कि सन्दर्भ ही क्यों, उसका सबसे अधिक महत्त्वपूर्ण उपादान भी है,

सन्दर्भ तो वस्तुतः आधुनिकता है और आधुनिकता की संघर्षजन्य संवेदना है।

परम्परा के खण्डन का उत्साह कुछ बुद्धिजीवियों में उसी प्रकार का दिखता है, जिस प्रकार राँड़ औरतों के अपने पति की मृत्यु के असम्भव से असम्भव कारणों के प्रति आक्रोश में देखने को मिलता है। वे भी अपनी जेठानी की नजर को कोसेंगी कि इसी ने मेरा सुहाग छीन लिया, कभी दरवाजे पर ससुर के द्वारा लगाये गये पेड़ को कोसेंगी कि इसी के लगाने से मेरे ऊपर यह वज्रपात हुआ। कुछ इसी प्रकार की भाषा में हमारे देश के कुछ सूत्रधार भी बोलते हैं। श्री अशोक मेहता ने एक दीक्षान्त-समारोह में फरमाया कि उत्तर प्रदेश के विकास में बाधा है उसकी परम्पराग्रस्तता। श्री हुमायूँ कबीर ने भी विद्यार्थियों के बीच एक फतवा दिया था कि अंग्रेजी को माध्यम के रूप में न स्वीकार करने के कारण ही उत्तर प्रदेश पिछड़ा हुआ है। प्रगति के व्याख्याता अपना अपराध परम्परा के ऊपर लादकर पापमुक्त होना चाहते हैं। पर वे यह भूल जाते हैं कि इस पाप से भी बड़ी गठरी उनके सिर पर विदेशी परम्परा के भूत के रूप में बराबर सवार है और उनकी प्रत्येक क्रिया उस भूत से संचालित है।

ऐसे लोगों के मोह का कारण अपनी परम्परा का अज्ञान और अपनी सही परम्परा से शक्ति ग्रहण करने की अक्षमता है। परम्परा वस्तुतः कोई कालबद्ध चेतना नहीं है और हमारी परम्परा तो जातिबद्ध, कालबद्ध और यहाँ तक कि देशबद्ध चेतना भी नहीं है। वह शुद्ध अर्थ में आचारबद्ध चेतना है। मसीही, इस्लामी और यहूदी इतिहास-चिन्तन से हमारा चिन्तन बहुत ही विलग है। यह सही है कि गत डेढ़ सौ वर्षों में पश्चिमी शिक्षा में दीक्षित होने के कारण हमारे ऊपर पश्चिमी इतिहास-चिन्तन का बहुत गहरा प्रभाव पड़ा है; पर यह भी सही है कि हम इस प्रभाव से अभी भी भीतर ही भीतर संघर्षरत हैं और इस प्रभाव से अभिभूत होने के ही कारण हम अधिसंख्यक भारतीय जनता से विच्छिन्न हैं, जो कि अभी भी अमुखर रूप में एक जीवित और सम्पन्न संस्कृति का वहन कर रही है। हममें से जो लोग जरा और संकीर्ण हैं, वे अपना कुनबा बढ़ाने के लिए विदेशी आचार, विदेशी भाषा और विदेशी विचार को देश में प्राधान्य देना चाहते हैं ताकि साधारण आदमी के लिए ये सारी चीजें असुलभ होने के कारण राष्ट्रीय जीवन में प्राधान्य उनके कुनबे का हो, पर साधारण आदमी आज फिर स्वाधीनता के बीस वर्षों बाद अँगड़ाई ले रहा है और वह शान्ति और व्यवस्था के नाम पर, प्रगति के नाम पर और विश्वबन्धुता के नाम पर मुट्ठीभर लोगों के द्वारा शासित होने से बगावत कर रहा है। उसके मन में कोई नक्शा है, पर उससे भाषा छीन ली गयी है। जिनके पास भाषा है, उनके मन में कोई नक्शा ही नहीं है। इसीलिए आशंका है कि भाषा देने के नाम पर बुद्धिजीवी लोग नक्शा ही न बदल डालें, क्योंकि वह नक्शा उनके लिए अप्रत्याशित है।

वे लोग तो इसे हिन्दुस्तान की कमजोरी मानते हैं कि उसमें इतिहास का बोध या दायित्व नहीं है। ये यह नहीं जानते कि इतिहास का बोध नस्ल के बोध से सम्बद्ध है और यह नस्ल का ही बोध है, जो अपने खानदान के खून का बदला खून से चुकाने के लिए लाचार बनाये रखता है। स्पेंगलर की यह बात कि "रक्त के साथ काल और लालसा सम्बद्ध है" इसी सन्दर्भ में कही गयी है। इसके विपरीत भारतीय चिन्तन में रक्त का कोई महत्त्व नहीं है। महाभारत में अजगर के साथ बहस करते हुए युधिष्ठिर ने यह स्थापना की कि–

जातिरत्र महासर्प मनुष्यत्वे महामते।
संकरात् सर्ववर्णानां दुष्परीक्ष्येति मे मतिः।।
सर्वे सर्वास्वपत्यानि जनयन्ति सदा नराः।
वाङ्मैथुनमथो जन्म मरणञ्च समं नृणाम्।।
इदमार्षं प्रमाणञ्च ये यजामह इत्यपि।
तस्माच्छीलं प्रधानेष्टं विदुर्य्ये तत्त्वदर्शिनः।।

'मेरा यह निश्चित मत है कि मनुष्य की नस्ल की परीक्षा नहीं हो सकती, क्योंकि सारे वर्णों की मिलावट हो चुकी है। बहुत पहले से सारे मनुष्य सभी जातियों की स्त्रियों से सन्तान उत्पन्न करते चले आये हैं। भाषा, मैथुन, जन्म और मृत्यु ये सभी मनुष्यों में समान रूप से बँटी हुई हैं। पूर्वकाल में ऋषियों ने भी इसीलिए इस पर बल दिया है कि जो अपनी आहुति देते हैं, वे ही श्रेष्ठ हैं और शील ही सबसे बड़ा मूल्य है।'

इसके विपरीत हम यहूदी चिन्तन में यह पाते हैं कि इजराइल ही जेहोवा के चुने हुए लोगों का है। इजराइल का या यहूदियों का यह अधिकार भी है और कर्त्तव्य भी कि संसार के वर्तमान स्वरूप में परमात्मा की सदिच्छा की पूर्ति करें और उनके राज्य की स्थापना (दि आइडिया आफ हिस्ट्री इन ऐन्श्येंट नियर ईस्ट–मिलर बरोज–ऐन्श्येंट इजराइल)। इस्लामी चिन्तन में भी नस्ल या रक्त की प्राचीनता पर जोर उतना ही ज्यादा है। मोहम्मद साहब ने अरब के संकीर्ण कबीलों के परस्पर रक्त-युद्धों के अन्त के लिए सृष्टि के आरम्भ में आने वाली वंश-परम्परा से अपने मतानुयायियों को, वंश को, एक विस्तृत आयाम तो जरूर दिया, पर अरब की वास्तविकता की सीमा में रहते हुए वे नस्लपरस्ती से अरबों को मुक्त न कर सके। इसी का परिणाम था कि इस्लाम ने 'समानता और भ्रातृभाव' का विकास तो किया और अपने साये में बहुत-सी दुर्बल और अप्रतिरोधी जातियों को ले भी लिया, पर रक्त के प्रति दायित्व की भावना से इस्लाम बँधा रहा और वह विचारों के आग्रह में भी जकड़ा रहा। मसीही चिन्तन ने तो एक तरह से पश्चिमी इतिहास-चिन्तन को जन्म ही दिया है, क्योंकि

उसी ने मनुष्य की इतिहासबद्धता इस माने में स्थापित की कि मनुष्य जितना अपने अतीत से प्रतिबद्ध है उतना ही अपने भविष्य से भी। ईसामसीह में विश्वास का अर्थ होता है कि ईसामसीह की जीवन-घटना ईसाई की जीवन-घटना है, क्योंकि वह ईसाई के लिए है। भविष्य से मनुष्य इसलिए प्रतिबद्ध है कि यह 'ऊर्ध्वमुखी प्रकार के पुरस्कार के रूप में निश्चित गन्तव्य' है और यह वर्तमान को सार्थक करने वाली वास्तविकता है, कोरी कल्पना नहीं (दि आइडिया आफ हिस्ट्री इन ऐन्श्येंट नियर ईस्ट–एरिख डिंकलर–अर्लियेस्ट क्रिश्चियेनिटी)। इस चिन्तन का परिणाम यह है कि इतिहास एक प्रकार से ईसामसीह की जीवन-घटना के समान समाप्त या कृतकार्य हो चुका है। उसके बाद केवल उसका बोध बोझ के रूप में ढोने को रह गया है।

हमारी परम्परा रक्त या किसी जाति पर आधृत न होकर उस जाति को जोड़नेवाली भाषा पर आधृत है। उसमें जाति या रक्त का विचार कुछ बहुत सीमित सम्बन्धों तक के लिए सीमित है। भाषा-केन्द्रित चेतना वस्तुत: सत्ता-केन्द्रित चेतना नहीं, बल्कि प्रबोध सत्ता-केन्द्रित चेतना है। जाति-चेतना की तरह यह बाहरी अवयव, रचना, पर आधृत नहीं है। यह उसके विपरीत भीतरी संघटना पर आधृत है। भाषा का व्यापार ही दूसरे के लिए अपने भीतर होता है। इसलिए भाषा में मैं का एक संवादी तुम भी रहता है। भाषा का आयाम काल न होकर देश, इतिहास न होकर धर्म होता है। हमारी परम्परा वाक्-केन्द्रित परम्परा है। उसके लिए हम प्राचीनकाल में प्रचलित पर्याय ही देना चाहें तो वह पर्याय वाक् होगा। वाक् परस्पर व्यवहार का प्रकृष्ट साधन है, परस्पर व्यवहार का एक प्रकार से प्रतीक है। बिना 'संवदध्वम्' के 'सं वो मनांसि जायताम्' की स्थिति सम्भव नहीं है। इसलिए हमारी वाचिक परम्परा ने भाषा के संस्कार पर निरन्तर बल दिया है। यह संस्कार और कुछ नहीं, सत्य और ऋत की साधना है। सत्य का स्वीकार, चाहे वह कहीं से आये और उस सत्य को ऋत अर्थात् मानवीय व्यवस्था के अनुकूल बनाने का प्रयत्न, हमारी संस्कृति यात्रा के यही दो कूल हैं। कभी एक किनारा ढहा है, कभी दूसरा। बराबर दो नये किनारे बनते रहे हैं, सामाजिक व्यवस्थाएँ बदली हैं, जीवन के आदर्श बदले हैं, पर व्यवस्था का आदर्श के साथ समन्वयन बराबर स्थापित किया गया है।

हमारे लिए कोई सत्य विदेशी या विजातीय नहीं है, पर उसे स्वीकार करते समय यह सोचना पड़ता है कि वह हमारी व्यवस्था के लिए कितना अनुकूल है।

आधुनिक भारतीय बुद्धिजीवी की विडम्बना यह है कि वह या तो परम्परा से भयभीत है और सत्यनारायण कथा की मनौती मानकर उसके दायित्व से मुक्त होने की बात सोचता है या वह परम्परा को इतना हेय समझता है कि बार-बार घर से रद्दी के रूप में उसे निकाल कर ही स्वस्ति की साँस लेता है या यदि वह कुछ

अभिजात, अप्रतिबद्ध और अन्तरराष्ट्रीय हुआ तो परम्परा को सजावट की चीज समझता है। वह यह मानने को तैयार ही नहीं है कि करोड़ों लोगों के साझे के अनुभव के स्पन्दन में एक छन्द होता है और वही परम्परा है। परम्परा कोई सिद्ध वस्तु नहीं है, वह प्रक्रिया है, जो कुछ मिट रही है और जो कुछ बन रही है। यह हो सकता है कि हमारी परम्परा में एक जबर्दस्त मिटाव की प्रवृत्ति आयी हो और बनाव की प्रवृत्ति अभी सोयी हुई हो, पर जब तक इस देश के प्रबुद्ध लोग इस प्रक्रिया में हाथ नहीं बँटाते तब तक सर्जन की प्रवृत्ति कोई मूर्त्त आकार नहीं ग्रहण कर पायेगी।

न केवल देश की स्थिति बल्कि समूचे विश्व की स्थिति का यह तकाजा है कि हम अपनी परम्परा के प्रति जागरूक बनें और बहुत निर्ममता के साथ इसमें जितना खण्डनीय और हेय है, उसका खण्डन और तिरस्कार करें और हम अपने तरीकों से अपनी और दूसरे की समस्याओं का हल ढूँढ़ निकालें। हम अब तक दूसरों के तरीकों पर चलकर या दूसरों के निर्देश पर ढाले गये तथाकथित अपने तरीके पर चलकर केवल हँसी के पात्र बनते रहे हैं। अपने तरीके से ही हम अपने प्रति और दूसरों के प्रति सच्चे हो सकते हैं। कहा जा सकता है कि आधुनिक तन्त्र-कौशल के साथ प्राचीन परम्परा का मेल नहीं हो सकता। इसका जवाब है जापान, जो तन्त्रकौशल में उन्नति करते हुए अपनी परम्परा को नयी प्राणवत्ता दे रहा है और सांस्कृतिक अभिव्यक्ति की नयी विधाओं (फिल्म, नाटक, कहानी) को अमूर्त्तता का, सघनता का और पारदर्शिता का नया संस्पर्श दे रहा है। तन्त्रकौशल की बात करते समय एक बात और ध्यान में रखने की है कि तन्त्रकौशल की दासता यदि तन्त्रकौशल का परिणाम है तो वह प्रगति नहीं विनाश है और परम्परा इस हद तक इस परिणाम के निवारक और प्रतिरोधक का काम अवश्य करती है। अमरीका तकनीकी प्रगति के परिणाम का एक जीवन्त उदाहरण है, जहाँ पर तकनीकी साधनों की दासता से घबराकर किसी-न-किसी, चाहे वह कितनी भी अधूरी क्यों न हो, अपरिचित परम्परा से अपने को जोड़ने के लिए इतनी उतावली दीख रही है। उसे हम नये मूल्यों के अन्वेषण के रूप में अपनी बुद्धिवादी उदारता के चक्कर में ग्रहण भी कर रहे हैं, पर वह वस्तुतः खोखलेपन के खतरे की सूचना है और इस दृष्टि से अपनी परम्परा के प्रति जागरूकता, चाहे वह इसी संकल्प से क्यों न हो कि हम उसका खण्डन करेंगे, हमारे लिए अस्तित्व का प्रश्न बन गयी है।

'वसन्त आ गया कोई उत्कंठा नहीं', 1970 से साभार

आधुनिकता : मेरी नजर में

विद्यानिवास मिश्र

आधुनिकता एक बहुत ही समाया हुआ शब्द है। हर अटपटापन आधुनिकता के नाम से ऐसा चटपट बिक जाता है कि फिर खरीददार निराश लौट जाते हैं। आधुनिकता से कुछ लोग या तो बड़े परेशान नजर आते हैं, या फिर उसमें इतने गर्क कि उन्हें सुधि नहीं रहती कि जो अभी-अभी जाम पिया है, वह क्या है और उसे किसलिए पिया है। इसीलिए आधुनिकता एक विडम्बना बन गयी है, एक नकल बन गयी है, एक अर्थहीन-शब्दहीन नकार बन कर रह गयी है।

आधुनिकता काल की चेतना है, पर कालबद्ध रूढ़ि नहीं है, यह बात अगर समझ ली जाय तो बहुत सारे भ्रम इसके सम्बन्ध में अपने आप छँट जायें। आधुनिक होने का अर्थ होता है यह पहचानते चलना कि हम किस जमीन पर हैं, हम किस हवा को अपनी साँसों में भर रहे हैं, छोड़ रहे हैं, हम किस आकाश के वितान के साये में चल रहे हैं और किस दिशा में चल रहे हैं, चल भी रहे हैं या नहीं और हमीं चल रहे हैं, या फिर हमारा कोई साया चल रहा है, हमको लग भर रहा है कि हम चल रहे हैं। यह पहचानना कभी भी चुकता नहीं, इसलिए देश और काल बदल सकते हैं पर पहचानने का भाव नहीं बदलता, क्योंकि वह तो प्रक्रिया है, पहचानी जाने वाली परिस्थितियाँ बदलती हैं, पहचानना बना रहता है।

यह पहचानना जब कभी रुक जाता है तो पहचान करने वाला आदमी ठहर जाता है। शीशे में देखी हुई अपनी तस्वीर कभी ऐसी मोहक लग जाती है कि चेहरे में सिलवटे पड़ती हैं, आँखों में चर्बी चढ़ती है, पर आदमी यही समझता रहता है कि हम सुन्दर हैं, वह प्रसाधनों का सहारा लेकर अपनी मोहकता टिकाये रखना चाहता है, अपनी मोहकता के जादू से अपने को बाँधे रहता है, और समझता है कि अभी वही नयी जवानी बनी हुई है। इसी तरह जब आदमी वर्तमान को पूँजी मानकर उसके सूद पर जीने लगता है तो वह वर्तमानजीवी तो हो जाता है, पर तब वह आधुनिक

नहीं रह जाता। तब उसकी आधुनिकता भी एक रूढ़ि बन जाती है।

हमारे जमाने में वर्तमान को जीना कुछ अधिक कठिन हो गया है, क्योंकि वर्तमान कुछ अधिक दुस्सह हो गया है, उस धुँइले कुहरे की तरह, जो आदमी की मंजिल पर पहुँचने की जल्दी के कारण आदमी द्वारा परिचालित मोटर गाड़ियों की कतारों से निकली हुई दूषित हवा के घोल से गाढ़ा और कड़ुवा हो गया हो। इसलिए बहुत जल्दी आदमी इस वर्तमान से भाग कर शरण लेता है वर्तमान की चर्चा में, जैसे वर्तमान घटित हो चुका हो या फिर दूसरे का वर्तमान तलाशता है, कहीं वह अधिक सह्य हो, पर दूसरे का वर्तमान और जल्दी दुस्सह हो जाता है।

इसी से आप देखेंगे कि दिल्ली, बम्बई और अब तो सोये-अधसोये छोटे नगरों और कस्बों में ऐसे मॉड का फैशन आ जाता है, जिसकी कोई संगति आसपास की जिन्दगी से नहीं होती और उससे भी इतनी जल्दी ऊब होती है कि दूसरा मॉड बनने का नुस्खा (गाँजे की दम हो या अमरीकी कीर्तनिया ढोल पर झूमने का भाव हो या विदेशी पर्यटकों द्वारा मॉड होने के नशे में गले में डाली हुई रुद्राक्षमाला हो) आजमाया जाता है। ऐसे भटकाव को मैं आधुनिकता मानने को तैयार नहीं। आधुनिकता को मैं एक निरन्तर सजगता मानता हूँ, एक शाश्वत विद्वत्ता मानता हूँ। यह सजगता अपने परिवेश के प्रति होती है, अपने समाज के प्रति होती है, समाज के गन्तव्य के प्रति होती है, समाज द्वारा तय की गयी राह के प्रति होती है, अपनी क्षमता और अक्षमता के प्रति होती है।

मध्ययुग के सन्त अपने समय के कम आधुनिक नहीं थे, जिन्होंने पुराने जीवनमूल्यों की गुदड़ी फेंक दी, दिगम्बर हो गये और स्तर-भेदों वाले समाज को चुनौती दी 'तू मोकों तोरै मैं तोकौं ना तोरूँ'–तू मुझे तोड़े तो तोड़े, मैं तुझे नहीं तोड़ूँगा। इस खण्ड-खण्ड हुए तुझको मैं जोड़कर अखण्ड बनाऊँगा। विश्वयुद्ध की काली छाया में जीनेवाला ब्रेख्त जब कहता है, मैं बेहद मनहूस जमाने में जी रहा हूँ, नफरत आदमी को तोड़ रही है तो वह आधुनिकता की संवेदना से संविद्ध है।

प्राय: लोगों को लगता है कि आधुनिकता का अर्थ है मूल्यहीनता। इस हद तक तो यह बात सही है कि आधुनिकता किसी माने जाने मूल्य की हीनता पहचान लेती है और ऐसे हीन मूल्य के फरेब से छूटना चाहती है। स्व. धूमिल के शब्दों में "आज किसी भी स्तर पर आदमी जीवित रहना चाहता है और इसके लिए वह प्रयत्नशील है। यह मूल्यहीनता नहीं है, केवल स्वीकृत मूल्यों से इसका तालमेल नहीं बैठ पा रहा। खड़ा रह सकने के लिए वह भाग रहा है और यह तथ्य अब आम हो गया है कि आज का आदमी अपने वातावरण से पलायन नहीं कर रहा, बल्कि अपने वातावरण के साथ पलायन कर रहा है।" दी हुई किसी भी वस्तु को अपने देशकाल

में रखकर उसकी मूल्यवत्ता नये सिरे से जाँचना ही आधुनिकता की पहली शर्त्त है। इस जाँच के दौरान दी हुई वस्तु को तोड़ा भी जा सकता है, उससे कुछ लेकर नयी आवश्यकता के साथ जोड़ा भी जा सकता है, उसे एकदम छोड़ा जा सकता है, उसे पूरा का पूरा ओढ़ा जा सकता है, पर जाँच के बाद। हाँ, इसके साथ एक और शर्त्त है, यह जाँच खुद की जानी चाहिए, हर आदमी को अपनी परिस्थिति के अनुसार जाँच करनी चाहिए। पर इसका मतलब यह न लगाया जाना चाहिए कि इस प्रक्रिया में समाज का ध्यान छूट जाता है, मैं तो कहूँगा इसके ठीक उल्टे सामाजिक परिवेश की संवेदना के बिना तो जाँच ही नकली होगी।

जो लोग इस भय में हैं कि पश्चिम का समाज हमें आधुनिक नहीं मानेगा, अगर हम उसकी पूरी-की-पूरी आधुनिकता का बाना नहीं धारण कर लेंगे, वे आधुनिक नहीं माने जा सकते, वे आधुनिकता के शिलीकृत जड़ अवशेष ही माने जायेंगे, अपने ही जीवन में अपने ही समय में। पश्चिम का आधुनिक बोध पश्चिम की समस्याओं से उद्भूत हुआ है, हमारा हमारी समस्याओं से। पश्चिम कालबद्ध चेतना के त्रास से मुक्ति पाने की राह देख रहा है, उसकी आधुनिकता इस चुभन से प्रमाणित होती है कि 'इतिहास केवल एक चक्की रह गया है जिसमें अतीत को निर्विवेक ढंग से पीसा जा रहा है और वह पिसान कच्चा माल है, एक अनिवार्य भविष्य के निर्माण के लिए।' हम लोग जो इतिहासी बीमारी से उतने ग्रस्त नहीं और जो अज्ञेय के शब्दों में 'काल के निरवधि शाश्वत आयाम में और आधुनिक इतिहास की सतही समयबद्धता में अब भी एक साथ जी सकते हैं', उनकी आधुनिकता इतिहास के त्रास की पहचान में नहीं, आधुनिक समाज-व्यवस्था और आधुनिक यन्त्र-उद्योग की उपजायी टूटन में जुड़ाव की पहचान में प्रमाणित होगी।

इसलिए पश्चिम के लिए इतिहास की आस्था एक दुस्सह बोझ हो सकती है, पर जिनके ऊपर यह बोझ रहा नहीं और जिनकी आस्था ही नित्य सनातन लीला में रही हो, उनकी आस्था उनकी आधुनिकता से और सार्थक होगी।

अब आप टोकेंगे कि आप आधुनिक कहलाने का झूठमूठ दम भर रहे हैं, आप वृन्दावन-बिहारी के दर्शन के लिए वृन्दावन दौड़े चले जाते हैं, गंगा नहाने के लिए प्रयाग चले जाते हैं, आप क्या खाक आधुनिक होंगे! आपका यह सोचना स्वाभाविक है, क्योंकि आपके भीतर जो संशय है, वह दिया हुआ संशय है, आपके अधपढ़ संस्कारों द्वारा। मेरी आधुनिकता आपके ओढ़े हुए संशय में छेद करने वाले संशय से शुरू होती है और मैं पश्चिम की नकल करके श्रीकृष्ण को उनके अतीतकालीन उल्लेख या वृत्तान्त से प्रमाणित या उनकी प्रियाजी को भागवत पुराण में उनके अनुल्लेख से अप्रमाणित करना निरी मूर्खता मानता हूँ, मैं उन्हें प्रश्वसित होने न होने

से प्रमाणित या अप्रमाणित अपने जीवन में करना चाहता हूँ, अपने समाज के साथ इनकी कितनी एकात्मता है, इससे करना चाहता हूँ। इसलिए कृष्ण चैतन्य आन्दोलन के विज्ञापन से प्रेरित होकर वृन्दावन नहीं जाता, जिनको आप निपट गँवार या जाहिल जपाट समझते हैं, उनके पास भी समझदारी है, उस समझदारी में विनम्र होकर साझीदार बनने के लिए वृन्दावन जाता हूँ। मेरी वृन्दावन-यात्रा पलायन नहीं साक्षात्कार है, अपना और अपने समाज का।

मैं गँदली-दर-गँदली होती जमुना को भी देखता हूँ, उसके किनारे के पीलू, तमाल और करील के काटे जाते निकुंजों को भी देखता हूँ, सैलानियों की खातिरदारी में भरतपुर के पक्षीविहार को बनाये रखने वाली लालची प्रकृतिवादी नजर को भी देखता हूँ, विश्वात्मा की प्रियाजी के रंचमात्र अभिमान से व्यथित होकर दुराते देखता हूँ, उसी प्रियाजी के, जिसे थकी देखकर अपने कन्धे पर उन्होंने चढ़ा लिया था और अन्त में सनातन प्रिया-प्रियतम की नित्य मिलन, नित्य बिछुड़न-लीला से अपनी जीवन-यात्रा को गतिशील बनाने वाले लोगों को देखता हूँ और मुझे लगता है मेरा देखना पूरा नहीं होता। कुछ और देखने को रह जाता है। जाहिल जपाट आदमी की अचेत विश्वदृष्टि को, जो जमुना को, उसके बलुहे तट से और उस तट को करील और तमाल से, करील और तमाल को पशु-पक्षियों से जोड़ती है, जो इन सबको एक विह्वल करने वाली वंशी की पुकार से और वंशी की पुकार को एक ग्वाले के ऐसे छोकरे से (जो छोकरा ही बना रहता है) जोड़ती रहती है, मैं उस दृष्टि को उसके सचेत जीवन में उभारना चाहता हूँ और सचेत साक्षर आदमी को उन अचेतों की आँख देना चाहता हूँ। न दे पाऊँ यह मेरी कमजोरी है और इस कमजोरी का अहसास, इसकी तड़पन मेरी आधुनिकता है।

'संचारिणी', 1982 से साभार

आधुनिकता के बदलते रूप

अमरनाथ 'अमर'

आधुनिकता को भारतीय और पश्चिमी सन्दर्भों में दो अलग दृष्टियों से देखना होगा और कई काल-खण्डों के अन्तर्गत देखना होगा। आधुनिकता परम्परा से कैसे जुड़ी और कैसे आगे बढ़ी और आज के सन्दर्भ में यह किस रूप में विचारणीय है। दरअसल भारतीय सन्दर्भ में 'आधुनिकता' को हम लोगों ने सकारात्मक रूप से लिया है, जो जीवन-मूल्यों और सार्थक परम्पराओं से जुड़ा रहा है। पश्चिमी अवधारणा में खुलेपन को हम आधुनिकता की संज्ञा देते आये हैं। चाहे जीवनशैली की बात हो, रहन-सहन, खान-पान की बात हो या अधिक खुलापन, जहाँ नग्नता का प्रवेश होता है उसे आधुनिकता के रूप में लिया गया है। इन दो विषयों को लेकर आज की हमारी पीढ़ी आगे बढ़ रही है। सवाल यह उठता है कि परम्परा की बुनियाद कब पड़ी? जब हम पाषाण युग से निकलकर सभ्य समाज में आये उस समय ही परम्परा की बुनियाद पड़ी और आधुनिकता की भी शुरुआत वहीं से होती है। जब हम पाषाण युग में थे जंगली जानवरों को मारकर खाया करते थे उस समय जब उसे मारने के लिए हमने नये-नये हथियार बनाये तो कहा गया कि यह आधुनिकता है कि हमने हथियार बना लिये।

जब पाषाण युग से सभ्य समाज में आये, जब हमने अपने बदन को ढका, जब हमने बीज का रोपण कर फसलें उगाना शुरू किया, तब हमने कहा कि अब हम सभ्य हुए। यहाँ आधुनिकता का एक नया तत्त्व मिला। उसके बाद वहीं से एक लम्बी शृंखला चलती है जिसका एक लम्बा इतिहास है। जब हमने अग्नि का आविष्कार किया, जब जंगल में आग लगी तो उस अग्नि को उठाकर हमने गुफा में सुरक्षित रखा और एक जलती हुई लकड़ी से दूसरी लकड़ी जलाई, तीसरी लकड़ी जलाई तो हमने कहा कि अग्नि को प्राप्त कर लेना हमारी आधुनिकता थी। वह परम्परा धीरे-धीरे गाँवों तक गयी। बहुत साल पहले तक गाँवों में यह परम्परा थी कि एक घर से बोरसी की आग से अँगीठी लेकर शाम को घर-घर का चूल्हा जलाया जाता था,

वह भारतीय परम्परा की इतनी शुद्ध और सार्थक आधुनिकता थी जिसे हम धीरे-धीरे भूलते चले गये। रामायण काल में जब सीता को स्वयंवर के लिए खुली छूट मिलती है, तो यह माना गया कि वह उस समय की बहुत बड़ी आधुनिकता थी क्योंकि उसे छूट मिली अपने मनपसन्द वर को ढूँढ़ने के लिए, पसन्द करने के लिए। राम जब केवट को गले से लगाते हैं और शबरी के जूठे बेर खाते हैं, तब उस समय की यह बहुत बड़ी आधुनिकता थी। सभी पिछड़ी जाति के थे और राजा रामचन्द्र भगवान सरीखे, जूठे बेर खाना अपने आप में बहुत बड़ी बात थी। लेकिन उन्होंने समाज में ऐसा उदाहरण दिया कि हमारी आधुनिकता हमारी सोच में है न कि दकियानूसी मन में या पिछड़ेपन में।

महाभारत काल में जब हम आते हैं तो यहाँ द्रौपदी का प्रतिकार है, युधिष्ठिर के प्रति विद्रोह है। जब उसे जुये में हारकर समर्पित कर दिया जाता है तब वह प्रतिकार करती है। द्रौपदी का प्रतिकार एक आधुनिकता थी। मध्यकाल में आते हैं, और कबीर का जिक्र आता है। कबीर की आधुनिकता इसलिए भी सार्थक है कि कबीर लगभग साढ़े पाँच सौ साल पहले हुए और समाज में उस समय जो अन्धविश्वास, रूढ़ियाँ और धर्मान्धता थी उस पर कबीर ने प्रहार किया। उस समय देश पर विदेशियों का शासन था और समाज में जड़ता थी। उन्होंने हिन्दू-मुसलमानों और सभी वर्गों पर प्रहार किया। कबीर उस वक्त सुरक्षित रहते हैं उनकी हत्या नहीं होती है, वह कबीर का अपना व्यक्तित्व था। वह कबीर की आधुनिकता थी, कबीर ने कहा 'पाथर पूजे हरि मिले तो मैं पूजूँ पहाड़'। उन्होंने कर्म की, श्रम की प्रधानता को स्थापित किया।

रहीम ने कहा 'रहिमन पानी राखिये, बिन पानी सब सून, पानी गये न ऊबरे मोती मानुस, चून'। उन्होंने जिस जीवन-मूल्य और वैचारिक स्थिति का जिक्र किया वह उनकी आधुनिकता थी। तुलसी ने एक और बात कही 'परहित सरस धरम नहिं भाई, पर पीड़ा सम नहीं अधमाई' तो वह तुलसीदास की आधुनिकता थी। चाहे उनके किसी भी दोहे में आप देख लें हर जगह जीवन की आधुनिकता उसमें नजर आती है। स्वतन्त्रता-संग्राम में स्वामी विवेकानन्द ने एक बहुत अच्छी बात कही। उन्होंने कहा जब तक इस हिन्दुस्तान में शिक्षा की रोशनी नहीं जलेगी तब तक हमारा किसी तरह से उद्धार नहीं हो सकता। उन्होंने एक और बहुत बड़ी बात कही। उन्होंने कहा मैं मन्दिर में जाकर पूजा करूँगा, मैं मस्जिद में जाकर नमाज अदा करूँगा, गुरूद्वारे में जाकर घुटने टेकूँगा और गिरजाघर में जाकर आराधना करूँगा और मैं इतना ही नहीं करूँगा, भविष्य में जो नये धर्म आयेंगे उनके स्वागत के लिए भी मैं तैयार रहूँगा। तो स्वामी विवेकानन्द से बड़ा आधुनिक कौन हो सकता है, उसके बाद टैगोर ने कहा 'तुमी एकला चोल रे, तुमी एकला चलो रे' तो टैगोर से बड़ा आधुनिक कौन था, इस तरह

तमाम हमारे जो साहित्य हैं, चाहे वह भक्तिकाल के हों, स्वतन्त्रता संग्राम के पूर्व के हो या बाद के हों, चाहे वह पर्यावरण की बात हो, गंगा-यमुना की प्रदूषित स्थितियों की बात हो, तमाम सन्दर्भों में हम आधुनिकता की तलाश करते हैं।

यह चिन्तन का विषय है कि आधुनिकता को किस सन्दर्भ में देखा जाये। पश्चिमी अवधारणा में उनके खुलेपन को हम मानते हैं कि यह आधुनिकता है। उनके रहन-सहन, खान-पान, बात-विचार से यह सवाल उठता है। मेडोना और माइकल जैक्सन के नृत्य पर हम थिरकते हैं, आह्लादित होते हैं। वहीं पर भरत नाट्यम, बिहू, कत्थक, भांगड़ा इन तमाम नृत्य शैलियों में भी कमर की लोच है, लेकिन उसमें एक शालीनता है, एक प्रवाह है जो हमें बाँधता है। वह हमारे रीति-रिवाज, तीज-त्योहार से जुड़ा हुआ है । जो पश्चिमी देश अपने आपको आधुनिक कहते हैं नग्नता के नाम पर, जिसके लिए हम बहुत पिछड़े हुए हैं, हजारों वर्ष पूर्व खजुराहो की मूर्तियाँ उनके लिए उदाहरण हैं कि वे नग्न तो हैं पर उनमें जीवन-शैली है और बहुत कुछ सोचने का माद्दा है। तो आधुनिकता की जो परिभाषा है पश्चिमी दृष्टि में और हमारे भारतीय समाज की दृष्टि में वह अपने-अपने ढंग से की गयी है। आज के सन्दर्भ में जिस आधुनिकता की हम बात कर रहे हैं, वह आज की पीढ़ी के लिए या आने वाली पीढ़ी के लिए कितनी सार्थक है कितनी उपयोगी है या कितनी निरर्थक है? यह विचारणीय बिन्दु है। आज भूमण्डलीकरण के दौर में जहाँ सारे विश्व के चैनल आपके घर में हैं, उनकी संस्कृतियाँ उनकी विसंगतियाँ, अच्छाइयाँ सब कुछ हमारे घर में हैं। सवाल यह उठता है कि हम किस आधुनिकता को अपनायें और किस आधुनिकता को छोड़ें? हमारे ख्याल से यह अब अभिभावक की जिम्मेदारी बनती है, स्कूल और कॉलेज के शिक्षकों की जिम्मेदारी बनती है कि इस आधुनिकता को भारतीय सन्दर्भ में और विदेशी सन्दर्भ, दोनों पर गहराई से चिन्तन किया जाये और जो हमारे जीवन के लिए सार्थक है, उपयोगी है उस आधुनिकता को हम अपनायें और बाकी जो निरर्थक है उसे नकार दें।

आधुनिकता के विकल्प–सन्दर्भ : भाषा और साहित्य

दिलीप सिंह

मैं आधुनिकता के विकल्प के रूप में भाषा और साहित्य का जो सन्दर्भ है, उसी को ध्यान में रखकर अपनी बात करूँगा। यदि हम व्यक्ति का आन्दोलन व स्वतन्त्रता का आन्दोलन, इन दोनों को ध्यान से देखें तो दोनों में विकल्प तलाश सकेंगे। भक्तिकाल की बात करें तो संस्कृत की जगह लोक की बोलियों को माध्यम बनाने का एक विकल्प ढूँढ़ा गया। जन-जन के लिए एक सम्प्रेषणीय भाषा सबसे महत्त्वपूर्ण कड़ी है, जिसमें अपने आप आकर समाज-सुधार जैसी चीज जुड़ जाती है। भक्तिकाल को मैं दूसरे ढंग से भी देख रहा हूँ, जिसमें कबीर, जायसी, रसखान आते हैं। धर्म की भी कई तरह से व्याख्या यहाँ हुई, सूर ने हमारे सामने लोक का पूरा जीवन खड़ा कर दिया। बीसवीं सदी में सिनेमा में बड़े साहित्यकारों की जाने की स्थिति थी आज लोग उससे अपने को काफी बचाने की कोशिश कर रहे हैं। एक समय प्रेमचन्द, भगवती चरण वर्मा, अमृतलाल नागर ये सब सिनेमा की ओर गये, कुछ ने बड़े नाम पैदा किये। नरेन्द्र शर्मा के गीत आज भी हिन्दी सिनेमा में याद किये जाते हैं। उर्दू से तो बहुत बड़ी जमात गयी, साहिर, शकील जैसे लोगों ने सिनेमा को साहित्यिकता को लोगों तक पहुँचाने का माध्यम बनाया। उन कलाओं को, 'पापुलर लिटरेचर' या 'पापुलर मीडिया' कह कर हम उनसे भाग रहे हैं, यह चलने वाला नहीं है। आज पूरी दुनिया में हिन्दी फिल्मों में सबसे ज्यादा काम हो रहा है। पंडित विद्यानिवास मिश्र ने कहा कि धर्म की भूमिका हमेशा साम्प्रदायिक नहीं होती। यहाँ तक लिखा है–जो अधिक धार्मिक आदमी है वह सबसे कम साम्प्रदायिक होता है क्योंकि उसके भीतर की जो मानसिक संरचना है वह एक अलग तरह की संरचना बन जाती है, इस संरचना को भाषा के माध्यम से भी दिखाया जा सकता है। दूसरी बात साहित्य और भाषा दोनों के साथ जुड़ी हुई है, जिसे हम ग्रेट ट्रेडिशन कहते हैं, इसकी एक अलग

व्याख्या हो गयी। हम लोग उसमें लड़-भिड़ रहे हैं, उससे निजात पाने की कोशिश कर रहे हैं। भाषाओं में केवल ट्राइबल लैंग्वेजेज नहीं हैं। इनमें कुछ बड़ी भाषाएँ भी हैं जिन्हें सत्ता और बाजार से दूर रखने की कोशिश की गयी।

मैं एक कोटेशन आपके सामने रखूँगा जो बहुत ही विचलित करने वाला है, अमेरिकी विश्वविद्यालय के प्रो. डॉटवी हैं, टाइम्स ऑफ इण्डिया जो 31/12/1998 का है, नये वर्ष के शाम के अंक में उन्होंने घोषणा की कि साल 2010 से 2020 तक निश्चित रूप से अंग्रेजी बोलने वालों की संख्या किसी भी अन्य महाद्वीप की अपेक्षा भारत में अधिक होगी। उन्होंने एलीट क्लास के नवयुवकों का एक आँकड़ा दिया है जो और चौंकाने वाला है, कि इनकी बोलचाल-बातचीत की भाषा अब अंग्रेजी हो चुकी है। ऐसा क्यों है? हिन्दी फिल्मों में काम करने वाले स्टार हिन्दी में अपने इण्टरव्यू नहीं देते। कौन लोग हैं जो हिन्दी से सम्बन्धित या भारतीय भाषाओं से सम्बन्धित संस्कृतियों को बताने के लिए दुनिया भर के चैनलों पर अंग्रेजी में कार्यक्रम बनाते हैं? क्या कारण है कि हमारी अपनी मातृभाषाओं को लोकल या लोकलाइज्ड भाषा कहा गया है, इसीलिए आज एक विकल्प हमारे पास है, उसे मैं कहूँगा। एक तो जो मानक भाषा का सूत्र है उसे हमें फिर से परिभाषित करना पड़ेगा। एक तरफ आप यह चाहते हैं कि हिन्दी सामासिक संस्कृति का माध्यम बन जाये, जो काम साहित्य की दिशा में होता भी रहा कि हमारी कम्पोजिट कल्चर दिखाई दे, ऐसी कोशिश की जाती रही। दूसरी तरफ जो सामासिकता है उस पर नियंत्रण है। मानकीकरण के नाम पर पण्डित मिश्र ने महावीर प्रसाद द्विवेदी की इसीलिए आलोचना की। उन्होंने मानकीकरण करके बहुत अच्छा किया, हिन्दी का उस समय एक रूप बनाना चाहिए था, व्याकरण बनना चाहिए था, कामता प्रसाद गुरु ने व्याकरण तैयार किया। इन प्रयासों से भाषा की जीवन्तता, उसकी लोक-सम्बद्धता दोनों कहीं न कहीं क्षतिग्रस्त हुईं। उस स्थिति में बहुत बड़ा बदलाव नहीं आया है।

जब भी हम लिखने की, बोलने की कोशिश करते हैं, तो हम एक स्टैण्डर्ड की ओर जाते हैं, और हम लोग उसको स्टैण्डर्ड भी नहीं कहते हैं, उसको हम कहते हैं सुपरस्टैण्डर्ड, जिसे कम-से-कम लोग समझें। आप उर्दू विश्वविद्यालय में जाइए, आप जिसके भाषण सुनेंगे उर्दूनिष्ठ, आप हिन्दी के मजलिसों में जाइए, आप जिसको सुनेंगे, जितना संस्कृतनिष्ठ आप बना सकते हैं जितने बड़े-बड़े शब्द शब्दकोश में हैं, सबका इस्तेमाल करना हम अनिवार्य समझने लगे हैं। दूसरी चीज उसी से जुड़ी हुई है, डायलेक्ट की, जो धोखा है। डायलेक्ट को हमने भाषा नहीं माना है। यह बोली की संकल्पना यूरोप-अमेरिका की संकल्पना है जहाँ अंग्रेजी और स्पैनिश समुदाय, अंग्रेजी और फ्रेंच समुदाय, अंग्रेजी और जर्मन समुदाय मिलते हैं, उस अंग्रेजी में थोड़ी

भिन्नता आ जाती है। इतना भी बर्दाश्त करने को तैयार नहीं हैं कि उनकी अंग्रेजी में किसी दूसरी भाषा की कुछ चीजें आयें, इसलिए उन्होंने डायलेक्ट कह दिया। इस पर बड़ा काम लिम्बऑफ ने किया, अमेरिका में जो अश्वेत लोग रहते हैं उनकी 'ब्लैक इंग्लिश' का अध्ययन किया। वे यह जानना चाहते थे कि ब्लैक इंग्लिश ओरिजिनल इंग्लिश से कहाँ ज्यादा या कम है।

मैं तीन विकल्प आपके सामने रखना चाहता हूँ। एक तो द्विभाषिकता इसका विकल्प है। द्विभाषी हमें होना है, भोजपुरी के साथ होना है, हिन्दी के साथ होना है, अंग्रेजी के साथ होना है, तमिल के साथ होना है। दूसरा, हमें अनुवाद की स्थिति को काफी मजबूती के साथ बढ़ाना होगा। भारतीय भाषाओं से हिन्दी और हिन्दी से भारतीय भाषाओं में अनुवाद की लम्बी परम्परा है। भारतीय भाषाओं के बीच अनुवाद को लेकर कहा जाता है कि इसकी तो जरूरत ही नहीं है। पर गुजराती का साहित्य तमिल में कैसे पहुँचेगा? सारे लोग तो हिन्दी नहीं जानते। भारत सरकार की ओर से अनुवाद का उपक्रम शुरू हुआ है। उसमें इस बात को भी शामिल किया गया है कि भारतीय भाषाओं के बीच परस्पर अनुवाद की स्थिति बननी चाहिए। तभी आधुनिक भारत सामने आयेगा। उसमें भी उन्होंने कहा है कि जो मॉडल लिटरेचर है उसे सामने रखना पड़ेगा। तीसरी चीज है तुलनात्मक शोध। उससे हमने अपने को बिल्कुल काट लिया है दोनों तरह से, साहित्य और भाषा दोनों में तुलनात्मक शोध का काम पूरी तरह छूटा हुआ है। मैं बहुत खेद के साथ कहना चाहता हूँ कि हिन्दी क्षेत्र में यह काम बहुत कम हो रहा है। दक्षिण क्षेत्र में लोग थोड़ी बहुत कोशिश करते हैं। हमें बोलियों के लिटरेचर से भी हिन्दी के लिटरेचर की तुलना करके देखना चाहिए। यह काम बिल्कुल अछूता है। दूसरी बात पण्डित जी से ही शुरू करूँगा जिन्होंने कहा 'भाषा का खेल हो रहा है'। और सामूहिक भाषा पर उनकी टिप्पणी हुई कि "खिचड़ी बनाई जा चुकी है।" आप दो बातों पर ध्यान दीजिए बहुत साधारण-सा यह वाक्य है। और तीसरी बात उन्होंने कही कि राजभाषा हिन्दी में तनिक भी सर्जनात्मकता नहीं है। ये भाषा की आधुनिकता के लिए, उनकी परस्पर सम्बन्धता बचाये रखने के लिए, उनके आपसी सम्प्रेषण को एक दूसरे के लिए और सहज बनाने के लिए तीन सूत्र हैं। खेल पर बहुत विस्तार से न जाऊँगा। पहला खेल तो यही है कि उर्दू मुसलमानों की भाषा है, दूसरा खेल है कि उस उर्दू का तुष्टीकरण हो रहा है, युनिवर्सिटियाँ बन रही हैं। कोई कह रहा है हम सेकेण्ड लैंग्वेज बना देंगे। एक तरह का छद्म व्याप्त है। यही अब बोलियों के साथ हो रहा है। आपने बहुत शोर किया तो एक शेड्यूल (अनुसूची) में आपको डाल दिया। शेड्यूल में डालने से क्या होगा! सवाल तो है उस भाषा और बोली के साथ, हिन्दी और विभिन्न बोलियों के साथ, एक सम्बन्ध बने। जनगण में,

एक ही जनगण के बीच पोषित दो भाषाएँ अलग-अलग नहीं हो सकतीं, जैसे उर्दू-हिन्दी को आप अलग-अलग नहीं कर सकते; चाहे इतिहास की बात करें, परम्परा की बात करें, ऐसा करना कठिन है, आखिरी बात साहित्य की है। लोक बोलियों का भी एक सौन्दर्य है, और आज के सरोकारों से भी उनकी पहचान है। इसलिए हम लोग बहुत जोर दे रहे हैं, कोई सुन नहीं रहा है कि नजीर अकबराबादी को स्कूल में रखिए। पाठ्यक्रम में 'रोटीनामा' और 'आदमीनामा' यह सब होना चाहिए। आप लोगों ने इसे हटा दिया, हम लोगों को ये कंठस्थ है, बड़ा रोचक है, बढ़िया है। प्रतापनारायण मिश्र की तरह कोई नहीं लिख रहा दाँत पर, भौं पर, पेट पर। ये जो परिपाटी है कि गम्भीर लिखने वाले सामान्य नहीं लिख रहे, ये लिखा कुछ लोगों के लिए जा रहा है। यह जो सीमा बनी है लेखन की वह बहुत खतरनाक है और इसके लिए सनेही जी की कविता है 'कृषक क्रन्दन' जो 'प्रताप' में 1916 में छपी, आप उस कविता को देखिए। ये कविताएँ हमारे छात्रों तक पहुँचनी चाहिए। ऐसी ढेरों रचनाएँ हैं जिन्हें सारे नामों को, सारी मोहमाया को छोड़कर स्थान देना चाहिए, यह सबसे बड़ा विकल्प है। मैं एक लाइन उनकी उद्धृत कर रहा हूँ, यह साहस देखिए, "अब वतन देखूँ कि सरकार की आबरू देखूँ, हिन्द को देखूँ कि अब मुसलमान-हिन्दू देखूँ, काम अपना करूँ या हिन्दी-उर्दू देखूँ' ये सफाई कि देश पहले है, जो शासक हैं उनकी आबरू कब भंग हो जायेगी इससे हमको मतलब नहीं। हिन्दू-मुसलमान को क्या देखना है? सब एक हैं। एक बात और जोड़ लूँ तो शायद मेरी बात पूरी हो जाये। बहुत बड़ी-बड़ी बोलियाँ हैं; उनका भौगोलिक क्षेत्र बहुत बड़ा है, उनको बताने की आवश्यकता नहीं है, उस पर काम करने की जरूरत है, जैसे महापण्डित राहुल सांकृत्यायन ने बहुत काम किया। उन्होंने भिखारी ठाकुर पर काम किया, भिखारी ठाकुर हमारे सामने कहीं नहीं हैं, भिखारी ठाकुर का कोई अनुवाद हिन्दी में ठीक से नहीं होता है, भिखारी ठाकुर की जो ग्रन्थावली है, उससे खराब ग्रन्थावली की आप कल्पना भी नहीं कर सकते।

मैं राहुल जी का एक उद्धरण पढ़कर अपनी बात खत्म करूँगा, यह हमारे आपके ऊपर एक अच्छी टिप्पणी है : "हमनी के बोली में एतना जोर हवे, एतना तेज बा, ई सब भिखारी ठाकुर के नाटक में देखि लें, लोग के काहे निमन लगेला भिखारी ठाकुर के नाटक, काहे दस-दस, पन्द्रह-पन्द्रह हजार के भीड़ होला ई नाटक देखे खातीन, मालुम होता कि एही नाटक में जबर रस आवेला, जउने चीज में रस आवे ऊहे कविता ह, केहु के जो लमहर नाक होय अऊर ऊ खाली दोसे सूँघत हवे, ओकर खातिर का कहल जाई, हम ई ना कहऽतानी की भिखारी ठाकुर के नाटकन में दोस नइखे, दोस बा त ओकर कारण भिखारी ठाकुर नइखन, ओकर कारण हउवे

पढुवा लोग।'' ''पढुवा लोग'' पर ध्यान दीजिए। हम सब राहुल जी के निशाने पर हैं, ''ई पढुवा लोग भिखारी ठाकुर क नाटक देखत, ओम्में कउनो बात सुझावत त ई कुल दोष मिट जात।'' मतलब हम उनका नाटक भी नहीं देखते और उस पर कोई चर्चा भी नहीं करते। ''भिखारी ठाकुर हमनी के एक ठे अनगढ़ हीरा हउएँ ओनकरा में कुलि गुन बा, खाली एने-ओने तनी तुनी छाँटें के काम हवे।'' कौन छाँटेगा? इसे ऐनी-ओनी, इधर-उधर से छाँट करके, उसे अनूदित करके, टिप्पगी करके ये चीज दी जाथे, यह पूरी हमारी सांस्कृतिक संरचना की अपेक्षा है। जब मैं कह रहा था कि भाषाएँ मर रही हैं, तो रामविलास जी ने कहा था भाषाएँ प्रजातियाँ हैं, अगर एक भाषा मरती है तो एक प्रजाति मर जाती है, प्रजाति के साथ उसके रस्म-रिवाज, उसके तीज-त्योहार छीजने लगते हैं और वो छीजन धीरे-धीरे फिर आलोचना का भी कारण बनने लगती है। आप उसमें विश्वास करते हैं तो आप कहीं पुरातनपन्थी हैं, आप बेकार के आदमी हैं, आप संक्रान्ति पर गंगा मत नहाइए। आज हम उसी सीढ़ी पर खड़े है जहाँ पर लोकल ट्रेडिशन पर विश्वास करना पिछड़ेपन का आधार बनने लगा है।

पंडित जी का जो पसन्दीदा विषय था, उस पर उन्होंने विचार किया है। बहुत बड़ी उनकी योजना थी। उन्होंने एक चार्ट बनाया जो हमलोगों के पास आज भी रखा हुआ है। केवल संकेत देकर मैं अपनी बात खत्म करूँगा, अगर व्याकरण की आधुनिकता हमें चाहिए अपनी भाषाओं की, तो यह सूत्र हमें याद रखना पड़ेगा। ये ध्यान दीजिए कि पंडित जी ने आधुनिकता शब्द को कई बार नित्यता के सामने रख के देखा है। यह बहुत बड़ा अन्तर है। नव्यता जो पुराने को भी नवीन कर दे, बलबीर सिब्बल की कविता की एक पंक्ति है, ''जो पुरातन को नया कर दे उसे नूतन कहूँगा।'' पण्डित जी का ये सूत्र देखिए जो व्याकरण जैसे विषय के लिए है, एक तो भाषा-विशेष का उन्होंने कहा सामान्य व्याकरण रहेगा, इसमें चयन सिद्धान्त प्रमुख होगा, आप सेलेक्ट करेंगे युनिट्स और उसका व्याकरण लिखेंगे तो परिपाटी भी है। चयन की शर्त्रें समय के साथ बदलेंगी, क्योंकि भाषा का प्रयोग लिखित रूप में भी और उच्चरित रूप में भी बदलता जा रहा है। चयन करते समय हमें काफी सावधान रहना पड़ेगा। पण्डित जी ने कहा पुराना मैग्जीन ले आओ पहले उसका ढाँचा, उसके व्याकरण को देखो, फिर उसके बाद के ले आओ, देखो क्या परिवर्तन हुआ, हम लोगों ने किया वो काम। 1902 से 1915 तक 'सरस्वती' की भाषा में आपको क्रमवार अन्तर या उसका मानकीकरण जो भी कहें वह दिखाई देने लगता है। वर्तनी से लेकर ग्रामर तक यह पद्धति जो है, यह भाषा विशेष के सामान्य व्याकरण की है, जो चयन से बनेगी और प्रयोजनों को पूरा करेगी। उसको उन्होंने कहा

"प्रयोजनसिद्ध व्याकरण"। उनका यह प्रयोजन औपचारिक है, लिखने के लिए काम आयेगा और बहुत औपचारिक भाषण देना हो तब यह ग्रामर काम आयेगा। अभी प्रयोजनमूलकता को बढ़ाना है। उन्होंने इसमें शिक्षा को भाषा के केन्द्र में रखा। पहले हम शिक्षा इकाइयों की आवश्यकता देखेंगे, उनकी दृष्टि फर्स्ट लर्नर की थी, सेकेण्ड, थर्ड की नहीं। उसमें उन्होंने कहा कि वह चयन की जगह अनुस्तरण का सिद्धान्त होगा, इसमें अब आप ग्रेड करेंगे, ग्रेड करेंगे तब आप शिक्षण की इकाइयाँ ले आयेंगे। उसी क्रम में उसको पाठ्यक्रम में डालेंगे, कक्षा में भी डालेंगे, जिसको उन्होंने कहा शैक्षणिक व्याकरण, जो पाठ्यक्रम पर केन्द्रित होगा, पाठ्यक्रमबद्ध होगा, उसके बाहर नहीं जायेगा। अब उन्होंने कहा ये जो पाठ्यक्रमबद्ध है यह पर्याप्त इसलिए नहीं है, कि पाठ्यक्रम की एक सीमा है। इसको भी सपोर्ट करने के लिए एक व्याकरण लाइए, जिसमें उन्होंने कहा शिक्षण-विधि और उसकी प्रणाली को केन्द्र में रखें। इसमें आपको सिद्धान्त अपनाना पड़ेगा प्रस्तुतीकरण का। कैसे आप उसको प्रजेण्ट करेंगे, कक्षा में अध्यापक कैसे प्रस्तुत करेगा। उसके लिए आप आडियो-विडियो का इस्तेमाल करेंगे, सिनेमा का इस्तेमाल करेंगे और किसी माध्यम का इस्तेमाल करेंगे, फिल्मी गानों का करेंगे, क्या करेंगे आप? इससे बनेगा व्यावहारिक व्याकरण। डिस्क्रिप्टिव ग्रामर से यूजर्स ग्रामर, तक की यात्रा करनी है। बड़ी भाषाओं के व्याकरण में इनका ध्यान रखना पड़ता है।

परम्परा का स्वीकार आधुनिकता का विकल्प

माधवेन्द्र पाण्डेय

परम्परा एवं आधुनिकता को लेकर एक बड़ी सन्देहपूर्ण स्थिति देखने को मिलती है। जहाँ परम्परा को प्राचीनता या पुरानेपन का पर्याय मान लिया जाता है, वहीं आधुनिकता को अनाप-शनाप विदेशी नकल अथवा बेतरतीब, कुछ अलग तरह के होने से जोड़ा जाता है, और यहीं से परम्परा और आधुनिकता को लेकर अस्पष्टता शुरू होती है। सबसे पहली बात तो यह है कि आधुनिकता कालबोधक न होकर एक प्रवृत्तिमूलक प्रत्यय है। आधुनिकता केवल अपने समय से आगे का द्योतक नहीं है बल्कि वह एक मानसिकता है। आधुनिकता एक प्रवृत्ति है जो यह निर्धारित करती है कि आधुनिक क्या है? और कैसे वह दूसरे से, अपने पीछे से अलग है? नया होना मात्र आधुनिक होना नहीं है। नया होना आधुनिक होने के लिए अनिवार्य नहीं होता, बल्कि वैचारिक स्तर पर नये के ग्रहण से ही नया हुआ जा सकता है। अगर हम विचार करें, परम्परा को देखें, तो चिन्तन के दो तरीके दिखलाई देते हैं, जब चिन्तन की परम्परा विकसित होती है, एक आस्था पर चिन्तन और दूसरा तर्क पर चिन्तन। आस्था पर चिन्तन, चिन्तन के प्रवाह को उसी तरह स्वीकारता है, जैसा वह है, जैसा चला आ रहा है क्रमिक रूप में, जैसा कहा जा रहा है। आस्था पर चिन्तन में प्रश्न नहीं है विश्वास है, शंका नहीं है रुकावट नहीं है, एक सहज स्वीकार है जो पहले से चला आ रहा है।

भारत में आस्था पर चिंतन का विशेष प्रवाह रहा है। यह मानकर चला जाता है कि जो पहले से चला आ रहा है ठीक है, जबकि दूसरी ओर जो पहले से चला आ रहा है उसे समझने-विचार करने व समय-स्थान और परिस्थितियों के अनुसार परखने की प्रवृत्ति होती है। इस क्रम में जो अवांछित और अनावश्यक है, वह छूट जाता है, और जो समय और देशानुकूल होता है उसका ग्रहण होता है। चिन्तन की इन्हीं दोनों प्रवृत्तियों से युक्त समाज ही अपना विकास करता है, आगे बढ़ता है।

आधुनिकता को समझने के लिए चिन्तन की आस्थापरक धारा और तर्कपरक धारा दोनों को समझना आवश्यक है। यहाँ पर यह कहना आवश्यक है कि आधुनिकता को समझना एक तरह से परम्परा को ही समझना है, क्योंकि परम्परा अतीत का स्थगित मूल्य नहीं, बल्कि प्रगतिशील मूल्य है, जो निरन्तर पुन: सृजित होती हुई आगे बढ़ती है। परम्परा में शोधन एक आवश्यक प्रक्रिया है जिसके कारण जो अराजक, अवांछित एवं अनावश्यक होता है वह छूट जाता है। इस तरह परम्परा निरन्तर विकसित होती हुई नये सामाजिक मूल्यों को स्वीकारती, विश्व एवं मनुष्यों के सम्बन्धों को पुन: परिभाषित करती, मनुष्य के दायित्व को नये-नये सन्दर्भों में व्याख्यायित करती हुई आगे बढ़ती है। सही ढंग से समझना ही वस्तुत: आधुनिकता को समझना है, क्योंकि आधुनिकता ही परम्परा को रूढ़ि से अलग करती है।

परम्परा एवं रूढ़ि में मूलभूत फर्क यह है कि परम्परा में जहाँ अपने को युगानुरूप विकसित करने की प्रवृत्ति होती है, वहीं रूढ़ि जड़ीभूत रहती है। रूढ़ि स्थगित मूल्य है जिसमें युग और काल की परिस्थितियों के अनुरूप कोई विकास, परिवर्तन या संशोधन नहीं होता। कह सकते हैं रूढ़ि एक रुका हुआ मूल्य है, जो अतीत की स्थापना वर्तमान में करना चाहता है, विद्यमान प्रवृत्तियाँ जो किसी विशेष काल, स्थान अथवा परिस्थिति की देन थीं इसी के कारण वर्तमान को प्रभावित करने का प्रयास करती हैं। रूढ़ि में अतीत का व्यामोह रहता है जो पीछे की ओर हैं, वह अतीतजीवी है, समय और स्थान द्वारा तिरस्कृत। आचार्य हजारी प्रसाद द्विवेदी ने एक जगह लिखा है, "परम्परा जीवन्त प्रक्रिया है जो अपने परिवेश के संग संग्रहण, त्याग की आवश्कता के अनुरूप निरन्तर क्रियाशील रहती है। इसमें संग्रह परम्परा है और त्याग रूढ़ि है। कुछ चीजें छूटती हैं समय के प्रवाह के साथ। वे रूढ़ि होती हैं और जिनका संग्रह किया जाता है वे परम्परा हैं। परम्परा और रूढ़ि के अन्तराल को समझना मुश्किल है। कौन-सी चीज रूढ़ि होती है और क्या परम्परा है? दोनों के बीच फर्क कठिन है क्योंकि रूढ़ियाँ अक्सर परम्परा का वेश धारण करके हमारे सामने आती हैं और यह निर्णय करना कठिन होता है कि परम्परा जो एक प्रगतिशील मूल्य है, जो परिवर्तित होता है, समयानुकूल अपने को ढालता है, वह कहाँ तक परम्परा है, कहाँ तक उसमें देश, काल और स्थान के अनुरूप ढलने की प्रवृत्ति है? और कहाँ वह केवल रूढ़ि है? कहाँ वह स्थगित है? कहाँ वह रुकी हुई है? इसका निर्णय बड़ा मुश्किल है। अक्सर रूढ़ियाँ परम्परा का रूप अपनाकर परम्परा में बने रहने की कोशिश करती रहती हैं। जो स्थगित मूल्य हैं जिनको 'आउटडेट' कहते हैं, वे भी परम्परा के रूप में हमारे सामने आने की कोशिश करते हैं और यह लगता है कि वे परम्पराएँ हैं और समाज को पीछे की ओर खींचती हैं। समाज में विचार की दोनों

धारणाएँ हमेशा रहती हैं और दोनों के बीच एक तनाव भी दिखाई देता है; अतीतजीवी रूढ़ि और विकासमान परम्परा इन दोनों की स्थिति हमेशा समाज में होती है। इन दोनों को अलग करना बहुत मुश्किल है। फिर भी कहा जा सकता है रूढ़ि में अतीत का व्यामोह रहता है, तार्किकता नहीं रहती, वैज्ञानिकता नहीं रहती, अपने को समयानुकूल ढालने की शक्ति नहीं रहती। परम्परा में तन्त्र की पुष्टि और वैज्ञानिकता रहती है।

भाषा इस भेद का एक अच्छा उदाहरण है, भाषा परम्परा है, इसलिए कि वह निरन्तर परिवर्तित, विकसित एवं नूतन होती रहती है। अनेकानेक सन्दर्भ, शब्द, युग और परिस्थितियाँ उसमें अभिव्यक्त होती रहती हैं। यही भाषा का सौन्दर्य है। जो लोग भाषा के विकास को अशुद्ध बताते हैं, वे परम्परा को नकार कर रूढ़िजीवी बने रहना चाहते हैं, भाषा को वहीं रोक देना चाहते हैं जहाँ वह थी। अगर ऐसा होता तो आज हमारे पास यह भाषा न होती, न भाषिक विकास में हम इतना आगे बढ़े होते। हम आधुनिक न रहते, या आधुनिकता की पूरी अवधारणा हमारे यहाँ विकसित न हुई होती। मध्यकाल की पूरी परम्परा को, कबीर की पूरी परम्परा को आज भी मध्यकाल कहते हैं। आधुनिकता बहुत बाद में 19वीं शताब्दी में आयी। इस क्रम में कबीर, हिन्दी साहित्य में आधुनिकता के सबसे बड़े पुरोधा थे । कबीर ने स्थापित मूल्यों और नकली परम्परा के विरुद्ध तेज आवाज उठाई। कबीर आधुनिकता के प्रथम प्रस्तोता थे और आधुनिकता उनके साहित्य में देखी जा सकती है। उस आधुनिकता को ढकेलकर 19वीं शताब्दी में ले आना और यही कहना कि यहीं से आधुनिकता शुरू हुई और इसके पहले का सब कुछ पुराना है, यह तर्क पूरी तरह से सही नहीं है।

आधुनिकता की अवधारणा परम्परा के सापेक्ष ही समझी जा सकती है और जिस विकल्प की बात यहाँ की जा रही है, वह विकल्प आधुनिकता को सही ढंग से समझने में है और वह है परम्परा के प्रगतिशील मूल्यों का स्वीकार। अगर परम्पराएँ रूढ़ि से अलग होकर हमारे जीवन-मूल्यों को निर्धारित करें, उसमें समय और परिस्थिति के अनुसार नूतन होने की शक्ति हो और हम यह समझने की दृष्टि विकसित कर सकें कि रूढ़ि कहाँ है और परम्परा क्या है तो शायद हम सही अर्थ में आधुनिक हो सकेंगे। आधुनिकता को केवल यूरोपीय देश या अमेरिका आदि देशों की नकल के तौर पर स्वीकार करने में भारतीय संस्कृति, भारतीय परम्परा के लिए बड़ा खतरा खड़ा है। दुर्भाग्यवश इसे साजिश के तहत सुनियोजित ढंग से हमारे विचार, लेखन और साहित्य पर थोपने की कोशिश हो रही है। अगर हम इसे इस ढंग से समझें, तथा इस सन्दर्भ में समझें तो आधुनिकता का एक अच्छा विकल्प, 'परम्परा' का सही स्वीकार हो सकता है।

आधुनिकता के विकल्प : वर्तमान सन्दर्भ

अच्युतानन्द मिश्र

पण्डित विद्यानिवास मिश्र ने स्वतन्त्रता और संघर्ष के काल का गहरा अध्ययन किया था और स्वाधीन भारत के पिछले 50 वर्षों के साहित्यिक, सांस्कृतिक, राजनैतिक विकल्पों को न केवल देखा था बल्कि उसमें भाग भी लिया था, वे उसके साक्षी और भुक्तभोगी भी थे। मैं उनकी स्मृति को प्रणाम करते हुए उन्हीं के विचार को आगे बढ़ाने की कोशिश कर रहा हूँ। प्रश्न यह है कि आज का संकट कहाँ से पैदा हुआ? अंग्रेज जब भारत आये और एक दृष्टि विकसित की तो उन्होंने तय किया कि इस पर राज करना है। यह कहा जा रहा था कि हमारा स्वाधीनता-आन्दोलन 1857 से नहीं बल्कि उससे भी पहले से शुरू होता है, अगर उसको किसी तारीख में तय करना हो तो शायद 1757 से शुरू किया जाये, जब हम लोग पलासी की लड़ाई हारे थे। 1757 से 1857 तक का जो सौ वर्ष का कालखण्ड है उसमें इस देश को आधुनिक बनाने की, उसको आधुनिक करने की योजना अंग्रेजों ने बनाई थी, उस पर ज्यादा प्रकाश हमारे इतिहास के विद्वानों ने नहीं डाला। वास्तव में वह बहुत महत्त्वपूर्ण कालखण्ड है, जिस समय उन्होंने यह कोशिश की। एक कृषि आधारित सभ्यता को एक औद्योगिक सभ्यता में कैसे बदला जाये, कैसे परिवर्तित किया जाये! क्योंकि वे सब पूरा अध्ययन कर चुके थे, देख चुके थे, उनको यह पूरी तरह से पता था कि कृषि आधारित सभ्यता के मूल्य क्या हैं । वह इस देश की जीवनी-शक्ति है, क्योंकि कृषि सभ्यता जो जल, जंगल, जमीन की सभ्यता है, उस सभ्यता के अलग मूल्य हैं, जो गाँव में रहती है, जो शान्ति और सद्‌भावना के साथ समृद्धि की सभ्यता है और जिस औद्योगिक सभ्यता को अंग्रेजों ने शुरू किया, उस सभ्यता के बिल्कुल अलग मूल्य थे, आज भी हैं। इंग्लैण्ड जैसे देश में जहाँ साल भर खेती तो दूर रही, अगर उनके पास उपनिवेश नहीं होते तो इंग्लैण्ड को भोजन भी नहीं मिल सकता था। उनके सामने तो कृषि-सभ्यता का ज्यादा-से-ज्यादा फायदा उठाना और इसको

एक औद्योगिक सभ्यता के रूप में बदलना ही उद्देश्य था।

हम यह जानते हैं कि सबसे पहले उनकी दृष्टि कपास पर गयी और नागपुर में सबसे श्रेष्ठ कपास होता है, और उसकी आवश्यकता अगर मैनचेस्टर के कारखानों के लिए है तो रेलवे लाइन वहाँ से शुरू की गयी। यह एक बहुत सुनियोजित प्रयास हमारी सभ्यता को ही परिवर्तित करने का था। इसमें उन्होंने अपनी भाषा का सबल इस्तेमाल किया और इस बात को हमारे स्वतन्त्रता-संग्राम के सभी सेनानी बहुत अच्छी तरह से जानते थे। वे इस पूरे षड्यन्त्र से परिचित थे। इसलिए हम देखते हैं कि स्वाधीनता संग्राम के हमारे जितने महापुरुष थे वे पूरे मनोयोग से सांस्कृतिक विरासत को पकड़े हुए थे। उनमें से कोई ऐसा विद्वान नहीं था जो अंग्रेजी भाषा का जानकार न रहा हो, अंग्रेजी का अच्छा व्याख्याता न रहा हो। उनको मालूम था कि संघर्ष उन्हीं से करना था, संवाद उन्हीं से करना था, लेकिन उनकी संस्कृति का स्पर्श नहीं करना था। यह बहुत सावधानी से किया गया था। वे भाषा सीखाते थे।

भाषा के साथ अपनी एक संस्कृति होती है, और वह संस्कृति भी आती है, उसको रोक नहीं सकते। उस दौर के किसी का भी नाम ले लीजिए, स्वामी विवेकानन्द, गाँधी, तिलक, अरविन्द, मालवीय जी किसी का भी। मालवीय जी की डेढ़ सौवीं वर्षगाँठ चल रही है, मालवीय जी की एक घटना बताना चाहूँगा। 1885 में कांग्रेस की स्थापना हुई थी, 1866 में कांग्रेस का दूसरा अधिवेशन था कलकत्ता में, दादा भाई नौरोजी उसकी अध्यक्षता कर रहे थे। उस कलकत्ता अधिवेशन का वर्णन करते हुए ह्यूम ने, जो कांग्रेस के संस्थापक माने जाते हैं, लिखा है, चौबीस साल का एक नौजवान मंच पर आया और वह पगड़ी बाँधे हुए था, तिलक लगाये हुए था, उसने कहा मैं व्याख्यान दूँगा, उसने व्याख्यान दिया और वह व्याख्यान अंग्रेजी में था। दूसरे दिन कलकत्ता के अखबारों में छपा कि व्याख्यान तो केवल एक ही हुआ, वह मालवीय जी का था। अंग्रेजी के तो अद्‌भुत विद्वान थे वे। 1942 में हिन्दू विश्वविद्यालय का रजतजयंती-वर्ष चल रहा था, डॉ. राधाकृष्णन वाइसचांसलर थे और गाँधी जी उसमें दीक्षान्त भाषण देने आये थे, राधाकृष्णन जी सब कुछ अंग्रेजी में संचालित कर रहे थे, गाँधी जी बहुत उत्तेजित हो गये उन्होंने कहा–यह क्या हो रहा है? वहाँ बड़ी संख्या में स्थानीय लोग भी बैठे हुए थे। उन्होंने कहा कि ये लोग क्या आपकी अंग्रेजी के संचालन को, अंग्रेजी की भाषा को समझ रहे हैं? मालवीय जी अस्वस्थ थे। अपने घर में रह रहे थे। तो गाँधी जी ने कहा मालवीय जी से अच्छा कोई अंग्रेजी का विद्वान है यहाँ पर? उनके मन्दिर में अंग्रेजी का प्रयोग कर रहे हैं आप लोग!

हमारे स्वाधीनता-संग्राम के सभी विद्वानों ने, सेनानियों ने इस बात की पूरी सतर्कता रखी, भाषा सीखी उन्होंने, उसी भाषा में वे संघर्ष और संवाद दोनों कर रहे

थे अंग्रेजों के खिलाफ, लेकिन उन्होंने उनकी संस्कृति को नहीं लिया, क्योंकि वे जानते थे कि ये हमारी सभ्यता को नष्ट कर एक नयी सभ्यता लाना चाहते हैं। महात्मा गाँधी सरीखे व्यक्ति 1909 में जब 'हिन्द स्वराज' लिखते हैं, तो वे यही कह रहे हैं, जिस शैतानी सभ्यता की बात कर रहे हैं, वह यही है अंग्रेजी सभ्यता। उन्होंने छिपाया नहीं, उन्होंने लोकतन्त्र पर भी प्रहार किया, उन्होंने सभ्यता पर भी प्रहार किया और ब्रिटिश संसद के लिए जिन दो कड़े शब्दों का प्रयोग किया, उसमें एक शब्द था 'बाँझ', दूसरा शब्द है, 'वेश्या'। गाँधी जी की बात को उस समय न कांग्रेस ने समझा था, बल्कि उनके जो राजनीतिक गुरु थे उन्होंने स्वयं उनसे कहा बहुत कठोर शब्द हैं, इनको बदल दो। गाँधी जी ने उसको स्वीकार नहीं किया, और अन्तिम दम तक नहीं स्वीकार किया। भारत की स्वाधीनता के बाद बी.बी.सी. का करेस्पाण्डेट गाँधी जी से मिलने गया और उनसे पूछा कि आपकी प्रतिक्रिया क्या है, उसने सवाल अंग्रेजी में पूछा था, तो गाँधी जी तो थे नहीं, वे नोआखाली में थे, गाँधी जी उनसे कहते हैं, 'जाओ दुनिया को कह दो कि गांधी अंग्रेजी भूल गया है।' जो गाँधी जी अंग्रेजी के इतने बड़े व्याख्याता थे, पत्रकारिता की शुरुआत तो उन्होंने अंग्रेजी से ही की थी। वह सभ्यता की लड़ाई लड़ रहे थे।

एक कृषि सभ्यता को औद्योगिक सभ्यता में परिवर्तित करने के बाद, क्या उसके मूल्य बदलते हैं? किस तरह से सभ्यता नष्ट होती है? किस तरह से संस्कृति नष्ट होती है? आधुनिकता के नाम पर, उसका एक पूरा लम्बा इतिहास है। यहाँ उसमें बहुत ज्यादा विस्तार से नहीं जाना है। लेकिन सबसे ज्यादा तकलीफ तो उस समय हुई जब स्वाधीनता आन्दोलन के दौरान महान नेताओं ने जो कुछ भी किया उसे हमने स्वाधीनता के बाद बदल दिया। अरविन्द जो बाद में महर्षि हुए, वे अरविन्द घोष, सात वर्ष की आयु में उनके पिता ने इंग्लैण्ड भेज दिया और तेरह वर्ष वे इंग्लैण्ड में रहे। उनके पिता ने कह रखा था, सख्त हिदायत दी थी कि किसी हिन्दुस्तानी के साथ इसका सम्पर्क न हो, मिलने न पाये। बीस वर्ष के बाद जब वे लौटकर आये तो महान क्रांतिकारी हो गये। जो कुछ उन्होंने लिखा है वह उस पूरी सभ्यता के ही खिलाफ है। तो ऐसा क्या हुआ कि जिन मूल्यों की बात हमारे स्वाधीनता संग्राम सेनानी कर रहे थे और आजादी के लिए लड़ रहे थे वे बिसरा दिये गये। गाँधी जी जब कहते थे कि 'अंग्रेज चाहें तो चार साल रह भी जाएँ पर अंग्रेजियत पहले जानी चाहिए', उस अंग्रेजियत का अर्थ क्या था? उस अंग्रेजियत का अर्थ यही था, सभ्यता नहीं चाहिए हमको। जब जवाहर लाल जी ने उनका विरोध किया क्योंकि वे इस विचार से सहमत नहीं थे, अकेले जवाहर लाल जी और उनके साथ के शायद दो-चार लोग आये होंगे, तो गाँधी जी ने उनसे कहा तुमको बाग का स्वभाव चाहिए,

बाग नहीं चाहिए।

स्वाधीन भारत के बाद पहली पंचवर्षीय योजना में ही यह तय कर दिया गया कि कृषि पीछे जायेगी और उद्योग आगे आ जायेगा, पहली पंचवर्षीय योजना में ही तय कर दिया कि हमारे पास कोई भारतीय मॉडल नहीं है इस देश के विकास का, इस देश के आर्थिक विकास का। आर्थिक विकास और सामाजिक न्याय ये दो मुद्दे रखे गये थे। हमने रूस से पंचवर्षीय योजना का स्वरूप ले लिया, साम्यवादी मॉडल ले लिया, जिस साम्यवादी मॉडल के बारे में लगातार गाँधी जी लिख रहे थे कि यह तो यूरोपीय पूँजीवाद का ही एक चेहरा है। जिस सामन्तवाद का और जिस साम्राज्यवाद का हम लोग विरोध कर रहे हैं, मार्क्सवाद उसी का एक चेहरा है और बाद में वह प्रकट भी हुआ। द्वितीय विश्वयुद्ध के बाद जब पूर्वी यूरोप के देश अपनी स्वतन्त्रता खो चुके तो साम्राज्यवाद का वह चेहरा सामने आ गया, वह भी समाजवादी मॉडल के बाद। सुरेन्द्र प्रताप जी ने उल्लेख किया था कि समाजवादी मॉडल का एक प्रयोग सबसे पहले यूरोप में हुआ था। गुन्नार मिर्डल नाम के एक बहुत बड़े अर्थशास्त्री थे, जिन्होंने एक मशहूर पुस्तक लिखी थी 'एशियन ड्रामा', जो बहुत चर्चित हुई थी, समाजवादियों और साम्यवादियों के बीच में बहुत चर्चित पुस्तक थी। उसमें मिर्डल लगातार यही लिख रहे थे कि एशिया में आधुनिकता तब तक नहीं आयेगी, एशिया की आर्थिक प्रगति तब तक नहीं हो सकती जब तक कि वह अपनी परम्पराओं को तिलांजलि नहीं देता, छोड़ता नहीं। हमारी परम्परा को नष्ट करके आधुनिकता देने का जो प्रयास था, जो औद्योगिक सभ्यता का प्रयास था उसको हमने उस समय तो नकार दिया था, पर स्वाधीन भारत में हमने उसको स्वीकार कर लिया और सारी विकृति यहाँ से शुरू होती है।

अब प्रश्न यह है कि विकल्प क्या है? विकृति केवल आर्थिक मोर्चे पर नहीं थी, साहित्यिक मोर्चे पर भी यही हुआ, आप सब लोग जानते हैं, और परम्परा से जुड़े हुए जो लोग थे, जिन्होंने कहीं भी परम्परा और संस्कृति की बात उठाई वे सब निकाल दिये गये, निष्कासित कर दिये गये, चाहे वे राहुल सांकृत्यायन रहे हों चाहे रामविलास शर्मा रहे हों, चाहे जितनी साम्यवाद की बात करते रहे हों स्वीकार नहीं हुए, क्यों! इसीलिए कि वे कहीं न कहीं परम्परा से जुड़े हुए थे। अब मूल प्रश्न यह है कि साठ-पैंसठ साल के बाद, बारहवीं पंचवर्षीय योजना भी हो गयी और उसके परिणाम सामने आ गये। उसके परिणाम दो तरह से सामने आये, एक परिणाम तो इस रूप में सामने आया कि स्वाधीनता आन्दोलन की सारी मान्यताओं को छोड़कर जब हमारे देश के प्रधानमंत्री मनमोहन सिंह जी, जिनको हम बहुत अच्छा अर्थशास्त्री, और ईमानदार कहते हैं, वह जब इंग्लैण्ड में जाते हैं और उनको मानद डी.लिट्. की

उपाधि दी जाती है, तो वह कहते हैं, अंग्रेजों ने भारत में आकर बहुत महान काम किया, उनके भाषण का सारांश यही था कि आप कुछ दिन और क्यों नहीं रह जाते। यही उपलब्धि है, 1991 के बाद की जो उदारवादी अर्थव्यवस्था की या ग्लोबलाइजेशन या डब्ल्यूटीओ या बाकी सारी चीजें जो कुछ हुई हैं, उनके बारे में बहुत सारी बातें हुई हैं, मैं उनको दुहराना नहीं चाहता। लेकिन उसके बाद जो कुछ भी इस देश में आर्थिक प्रगति के नाम पर हो रहा है, उसकी एक-एक पंक्ति अमेरिका में लिखी जा रही है, एक-एक पंक्ति विश्व बैंक डिक्टेट कर रहा है। हम कौन से वैकल्पिक मॉडल की बात कर रहे हैं? किस ग्लोबलाइजेशन की बात कर रहे हैं? अब तो दुनिया सिंगल पोलर हो गयी है, थोड़ा बहुत किसी न किसी नाम पर सोवियत संघ का एक खतरा था, वह टल गया, चीन ने यह मॉडल स्वीकार कर लिया पूरे तौर से, क्योंकि वह एक कृषि सभ्यता थी, जिसे उन्होंने माडर्नाइज्ड करके, जो भी वहाँ की व्यवस्था है उसको एक आधुनिक राष्ट्र बनाने की कोशिश में हैं। यह कोशिश जापान ने की थी और वे संकट में फँसे हुए हैं, या उस तरफ के बाकी और देश भी जो अमेरिका के आर्थिक मॉडल को अपना रहे हैं, और अपनी परम्परा से जुड़े रहना चाहते हैं संकट में हैं। वे एक बहुत दुविधा की स्थिति में पड़े हुए हैं।

प्रश्न यह है कि इस औद्योगिक सभ्यता ने पिछले साठ-सत्तर सालों में हमको क्या दिया? झूठ दिया। जिस तरह के जनप्रतिनिधि लोकतन्त्रीय व्यवस्था से निकल कर आ रहे हैं, उदाहरण देने की कोई जरूरत नहीं है। परिणाम यह है कि जनप्रतिनिधियों या राजनीतिक पार्टियों के पीछे चलने से इस देश की जनता ने इंकार कर दिया है। हमारे स्वाधीनता आन्दोलन के जो मूल्य थे, वे नकार दिये गये। गाँधी इस बात को बार-बार कह रहे थे। अचानक आप देखते है कि एक अकल्पनीय घटना घटित होती है, जो पिछले एक साल में घटित हो गया, जिसकी कोई कल्पना नहीं थी। 72 साल के अन्ना हजारे इस देश के यूथ आइकान बन गये। क्या था भाई अन्ना हजारे में? अन्ना हजारे में हम गाँधी देखने लगे, जयप्रकाश देखने लगे, डॉ. राममनोहर लोहिया देखने लगे। अन्ना हजारे का गाँधी से कोई लेना-देना नहीं, गाँधी की जब मृत्यु हुई थी तो अन्ना हजारे की उम्र 11 साल की थी, उन्होंने गाँधी को नहीं देखा था, उन्होंने जयप्रकाश को नहीं देखा था, हाँ वे यह कह रहे थे कि गाँधी के जो आदर्श थे, हमारे आदर्श हैं। अन्ना हजारे ने और कुछ भी नहीं किया, सिवाय इस देश के नौजवानों के सामने वही मानक और वही प्रतीक रखने के जो गाँधी ने रखे थे, वे तीन प्रतीक कौन से थे? भारत माता की जय, वन्देमातरम, जिसको साठ साल में हमने भुला दिया था और सादगी और ईमानदारी। अन्ना हजारे ने अपने जीवन से इसे दिखाया। अन्ना हजारे इस देश के 'कामन' आदमी के प्रतिनिधि हैं, सातवीं कक्षा

तक पढ़े हुए और ड्राइवर की नौकरी से रिटायर्ड। तो क्या कारण था कि इस देश के नौजवानों ने राजनीतिक दलों के बड़े-बड़े वादों को, नारों को या उनके दिये गये मॉडल को, विजन डाक्युमेंट को इनकार कर दिया। अन्ना हजारे के आन्दोलन का क्या होगा, मैं नहीं जानता, आप भी शायद नहीं जानते। राजनीति में इसका कोई उत्तर नहीं है, क्योंकि वह एक धूमकेतु की तरह है, और यह आन्दोलन कब और कहाँ साजिश का शिकार हो जायेगा कुछ नहीं कहा जा सकता। लेकिन इस बात से कोई इन्कार नहीं कर सकता कि एक ऐसा बड़ा यूथ जिसका नेतृत्व अन्ना हजारे कर रहे हैं वह यूथ तो सातवीं क्लास का नहीं है। वह तो इण्टरनेट ऑपरेट कर रहा है, सोशल नेटवर्किंग साइट्स यूज कर रहा है, वे ग्रेजुएट्स हैं। वे इण्टरनेट पर देख रहे हैं सीरिया में क्या हो रहा है, लीविया में क्या हो रहा है, और कैसे कितने हिंसक आन्दोलन सारी दुनिया में हो रहे हैं। लेकिन वही नौजवान अन्ना हजारे जब कह देते हैं कि नहीं हिंसा नहीं होगी, हर सांसद के घर के सामने प्रदर्शन होगा लेकिन हिंसा नहीं होगी, तो वह खड़ा रहता है, पुलिस प्रबन्ध करती रहती है, एक भी जगह एक भी घटना हिंसा की नहीं हुई।

अहिंसा गाँधी जी का भी मूल्य था, जयप्रकाश का भी मूल्य था, गाँधी जी के हर आन्दोलन में हिंसा हुई, जयप्रकाश के हर आन्दोलन में हिंसा हुई, अगर ये परिवर्तन का कोई संकेत है तो यह बात भी सही है कि कोई न कोई वैकल्पिक मॉडल जो सत्य पर आधारित होगा, जो ईमानदारी पर आधारित होगा, वह कहीं न कहीं से आकार ले रहा है, क्योंकि पिछले साठ-पैंसठ सालों में तीन संकटों से यह देश गुजरा है। या गुजर रहा है। सबसे पहले विचारधारा का संकट। क्या इस देश की कोई विचारधारा है? किसी राजनीतिक दल की कोई विचारधारा है? दूसरा आदर्श का संकट। और तीसरा ईमानदार नेतृत्व का संकट। इन तीनों संकटों से निजात पाने के लिए कोई न कोई एक वैकल्पिक व्यवस्था चाहिए। वह वैकल्पिक व्यवस्था साहित्य से आयेगी, संस्कृति से आयेगी, राजनीति से आयेगी, अर्थव्यवस्था से आयेगी, कहाँ से आयेगी यह कहना मुश्किल है। लेकिन जिस तरह इस देश का नौजवान इस बात का संकल्प करता है, और कर रहा है, कि हमको साफ-सुथरे प्रतिनिधि चाहिए, अगर वह चाहता है और इस बात के लिए संघर्ष कर रहा है कि नहीं हमको चुनाव सुधार में इस तरह की व्यवस्था करनी है, ये राइट टु रिजेक्ट हम कर सकें, तो व्यवस्था चाहे कोई भी हो, राजनीतिक दल चाहे यही रहें, इनको ईमानदार जनप्रतिनिधियों को ही अपना प्रत्याशी बनाना पड़ेगा।

पण्डित जी बार-बार यह कहते थे कि दुनिया विकल्पहीन नहीं हैं, विकल्प है और विकल्प इसी समय से पैदा होता है, कोई विदेशी विकल्प नहीं आयेगा इस देश

में, क्यों! जब हम कोई सिस्टम उधार लेते हैं, जब कोई व्यवस्था हम बाहर से खड़ा करते हैं, तो उस सिस्टम के साथ उसके आदर्श भी लेने पड़ते हैं, क्योंकि हमने बाहरी सिस्टम लिया था, विदेशी आदर्श भी ले लिये थे। अगर हम देशी व्यवस्था विकसित कर रहे हैं, या करेंगे, तो हमारे आदर्श भी हमारी परम्परा के होंगे। हमारे इस देश के महापुरुष ही हमारे आदर्श होंगे, वह महात्मा गाँधी से लेकर अन्ना हजारे तक कोई भी हो सकता है, कल के दिन कोई और हो सकता है।

इतिहास, परम्परा और आधुनिकता के बीच संवाद

चितरंजन मिश्र

इतिहास को लेकर जो विवाद है वह इतिहास की मान्यताओं के कारण बनता है। इतिहास से हम क्या समझते हैं? उसे किस तरह समझाया गया? ये महत्त्वपूर्ण प्रश्न हैं। जब फारगुशन ने इतिहास लिखवाने का संकल्प किया और कहा कि भारत के पास कोई इतिहास नहीं है, तो उस समय एक औपनिवेशिक सत्ता थी; वह दम्भ की सत्ता थी। इस देश के पास कोई सभ्यता नहीं है, इस देश के पास कोई संस्कृति नहीं है, इस देश के पास कोई इतिहास नहीं है; यह कहकर, इस देश को, हजारों वर्षों की सभ्यता के निरन्तर प्रवाह में जीने वाले एक देश को, उन्होंने सभ्य बनाने का दम्भ पाला। उन्होंने इतिहास और संस्कृति देने का दम्भ पाला और हम लोग उसे ही इतिहास मानने लगे, उसे ही सभ्यता मानने लगे और उसे ही संस्कृति मानने लगे। 'हिस्ट्री' यूनानी परम्परा के अध्ययन से आया शब्द है और इतिहास या 'इतिवृत्त' हमारी अपनी परम्परा का शब्द है। यहाँ यह स्पष्ट कर देना जरूरी है कि हम जब विचार कर रहे होते हैं तो हम जिस भाषा में विचार करते हैं वह भाषा अपने साथ अपनी सांस्कृतिक विविधताएँ और अपना पूरा चरित्र हमारे सामने रखती है। जब कहा जा रहा था कि "भारत में कोई इतिहास नहीं था" तब यह समझाया जा रहा था कि जो दृष्टि आपकी है वह दृष्टि ही नहीं है। जिस ऋग्वेद की चर्चा की जा रही है उस ऋग्वेद में इतिहास के तत्त्व नहीं हैं, उसमें भी वंशों की चर्चा है, राजा की चर्चा है और बाद के समूचे भारतीय वाङ्मय में इतिहास की चर्चा है।

हमारा जो इतिहास लिखा जा रहा था वह कोरा इतिहास नहीं था। हमें तथ्य और सत्य का फर्क समझना चाहिए। खाली तथ्य में फँसेंगे तो तथ्य को प्रस्तुत करने के भिन्न-भिन्न तरीके होते हैं। सत्य हमेशा मनुष्य के पक्ष में होता है, व्यापक मनुष्यता के पक्ष में होता है। इस बात को समझना बहुत जरूरी है। हमारी दृष्टि और हमारे मानने

में इतिहास, परम्परा और आधुनिकता के बीच परस्पर संवाद है। उसकी निरन्तरता खण्डित होने पर न हमारा परम्परा-विवेक बचता है और न हमारी स्मृति बचती है। आधुनिकता भी एक तरह की दृष्टि है। जिस औपनिवेशिक आधुनिकता के हम शिकार हुए उसके कारण हम इतिहास को, धर्म को, दर्शन को, परम्परा को गलत समझने लगे। निरपेक्षता एक बहुत बड़ा मूल्य है और धर्म को केवल वहीं तक सीमित नहीं करना चाहिए। जब संविधान में धर्म-निरपेक्षता की बात होती है तो जनता के लिए नहीं होती। यह बहुत बड़ा मुगालता है कि धर्म-निरपेक्षता जनता के लिए बनायी गयी चीज है। धर्म-निरपेक्षता राज्य के लिए बनायी गयी है, सत्ता के लिए कहा गया है कि एक लोकतांत्रिक व्यवस्था में सत्ता का चरित्र धर्म-निरपेक्ष होना चाहिए। ऐसा न हो तो जिस विविधता और बहुवाचिकता की बात हम करते हैं वह खण्डित हो जायेगी। उस बहुवाचिकता को नष्ट करने के सारे उपक्रम ठीक उसी तरह से किये जा रहे हैं जिस तरह का उपक्रम एक समय में औपनिवेशिक दृष्टि ने किया था। इस खतरे को हमें दोनों तरफ से समझना पड़ेगा क्योंकि जितनी खतरनाक औपनिवेशिक चेतना है उतनी ही खतरनाक सिर्फ रूढ़ियों को धर्म बना देना है। परम्परा इसका निषेध करती है, परम्परा रूढ़ि और परम्परा का फर्क समझाती है।

आधुनिक विवेक व आधुनिकता कोई 19वीं शताब्दी की चीज नहीं है। मध्यकाल में हमारे पास आधुनिक विवेक था और उस आधुनिक विवेक को निरन्तर विवेक के रूप में पढ़ा और समझा जाना चाहिए। अभी पुरुषोत्तम अग्रवाल की जो किताब आयी है 'अकथ कहानी प्रेम' की वह उस ठेठ देशी आधुनिकता की खोज करती है जिस ठेठ देशी आधुनिकता को औपनिवेशिक दृष्टि ने बाधित किया था। वह हमारे लिए बहुत जरूरी है। उसके अभाव में हम न इधर के हुए न उधर के हुए, न हम भारतीय रह जायेंगे न हम आधुनिक हो पायेंगे, न हम सभ्य हो पायेंगे, न हमारे संविधान की प्रतिज्ञाएँ ही पूरी हो पायेंगी। संविधान भी एक मूल्य है और हमारी इतिहास-दृष्टि मूल्यों के अन्वेषण की इतिहास-दृष्टि है। हमारी इतिहास-दृष्टि काल स्रोत में निरन्तर बहते हुए जीवन्त मानवीय प्रवाह को खोजने की दृष्टि है। जीवन्त मानवीयता को खोजने का जो इतिहास है, विवेक है, उसे बचाना और उस इतिहास-विवेक के साथ अपनी परम्परा का मूल्यांकन करना बहुत जरूरी है। प्रो. विशुद्धानन्द पाठक ने 'प्राचीन भारत का इतिहास' पुस्तक नामक में लिखा है कि हमारे यहाँ इतिहास उस इतिवृत्त के रूप में नहीं लिखा गया जिस इतिवृत्त को हम इतिहास मान लेते हैं, हमारे यहाँ इतिहास में जब मूल्यों का अन्वेषण होगा तो सिर्फ एक वृत्त नहीं होगा, जब मूल्यों की स्थापना होगी तो मूल्यों के साथ बहुत सारी दूसरी चीजें भी जुड़ेंगी। इसीलिए इतिहास आख्यान है, और आख्यान जब बनेगा तब मूल्य की सृष्टि करेगा; तथ्य मूल्य की सृष्टि नहीं

करता। तथ्य आख्यान बनकर, सत्य आख्यान बनकर उस मूल्य की सृष्टि करता है जो मूल्य मनुष्य को मनुष्य बनाता है, उसे कुछ उच्चतर मानवीय मूल्यों से जोड़ने का उपक्रम करता है। आधुनिकता, पण्डित विद्यानिवास मिश्र की दृष्टि में अपने को निरन्तर जाँचने-परखने का एक उपक्रम है।

आधुनिकता हमारे देश में एक असमाप्त प्रक्रिया है। एक अधूरी प्रक्रिया के रूप में अचानक उसका विलोप करके उसकी जगह पर एक व्यावसायिक संस्कृति को विवेक के रूप में प्रतिष्ठित किया जाने लगा जिसकी वजह से आधुनिकीकरण की प्रक्रिया हमारे देश की इस समय की सबसे बड़ी जरूरत है। उस आधुनिकीकरण की प्रक्रिया को अपनी परम्परा के साथ रखकर देखना पड़ेगा। उसे छोड़कर हम किसी आधुनिकता या किसी आधुनिक समाज का सृजन नहीं कर सकते। उसे छोड़ने के कुपरिणाम हमारे सामने हैं। विकास का कोई नया फार्मूला 1991 के बाद नहीं आया है। चन्द्रशेखर जी चले गये लन्दन में सोना गिरवी रख दिए, यह मीडिया में आयी हुई बात है। सोना गिरवी रखना घरों की परम्परा में कोई महत्त्वपूर्ण बात नहीं है, जब भी संकट होता है तो सोना गिरवी रख देते हैं। 1992 की बात बताऊँ, मैं कहीं पढ़ रहा था जब पंचवर्षीय योजना लागू की गयी जवाहर लाल नेहरू भारत के प्रधानमंत्री थे और डे साहेब सामुदायिक विकास के मंत्री थे। डे साहेब ने पूरी योजना रखी जवाहर लाल नेहरू के सामने। जवाहर लाल नेहरू ने डे साहेब से कहा पूरी योजना पर विनोबा भावे से बात कीजिए। अब विनोबा भावे के पास ये सन्देश गया। विनोबा भावे पवराह से पैदल चलकर दिल्ली आये थे इस योजना पर बात करने के लिए और महीनों रहकर उन्होंने उस योजना को समझा और 1952 में उन्होंने कहा था कि आपकी इस योजना को मैं इन्कार करता हूँ, क्योंकि आप रिसन के सिद्धान्त पर देश का विकास करना चाहते हैं। यह सम्भव नहीं है। रिसन का सिद्धान्त आज अपने पूरे क्रूर रूप में हमारे सामने प्रस्तुत हुआ है। विनोबा जी ने कहा क्या आपका यह सिद्धान्त है कि अमीरों की हवेली इतना भर दो कि उसमें से जो रिस-रिस कर आयेगा, उस रिसन से देश की जनता का विकास होगा! उनका तात्पर्य यह था कि ऐसा महाभोज कर दो जिस महाभोज में इतना जूठन बच जाये कि उस जूठन को चाटकर सारे शहर का काम चल जाय। तो यह बहुत ही क्रूर और घातक किस्म की योजना थी। यह 1952 की बात है। उसी का चरितार्थ है कि आज अपना सबसे नंगा चेहरा लेकर पूँजीवादी वर्चस्व हमारे सामने आया हुआ है। इसकी मंशा को समझना चाहिए। क्या बात है कि हमारी भाषा में कितना पवित्र शब्द है उदारता, कितनी बड़ी बात है मुक्ति, कितनी बड़ी बात है निजी सत्व, और आज वही शब्द हमारी व्यवस्था का सबसे खराब शब्द बन गया है 'उदारता की अर्थ-व्यवस्था'। उदारता एक बड़ा मूल्य है, अब

देखिए कैसे भाषा का खात्मा पैदा किया जाता है। व्यवस्था के द्वारा बड़े विचारकों के द्वारा यह शब्द कोई महान आदमी के यहाँ से आया हुआ शब्द नहीं है, यह बहुत बड़े सिस्टम से आया हुआ शब्द है, उदारता। उदारता बहुत अच्छी चीज है, उदारता और मुक्ति का नया अर्थतन्त्र आया है। यह हमारी परम्परा का हिस्सा नहीं है, यह हमारे अपने आधुनिकता-बोध से नहीं उपजा है।

हमें इस बात को समझना चाहिए कि अभी भी हमारे देश में एक तबका है जो कहता है अंग्रेजों को अभी और कुछ दिनों तक राज करना चाहिए था। वह तबका भी है जो कह रहे हैं चरित्र बनाना चाहिए। चरित्र कहाँ से आयेगा? आपकी पूरी प्रणाली में अगर चरित्र-निर्माण की कोई व्यवस्था नहीं होगी तो पूँजी के वर्चस्व को बढ़ा देने से चरित्र बनेगा? करुणा कहाँ से पैदा होगी? 1952 में विनोबा भावे इसे समझ रहे थे। वे संत थे, इस देश की परम्परा का ज्ञान था उनको, खाली अंग्रेजी पढ़े हुए आदमी नहीं थे, देशी परम्पराओं का शोध करने वाले आदमी थे। उन्होंने समझा था कि जब अमीरों का वैभव बढ़ेगा तो वे अपने परकोटे को इतना मजबूत बना लेंगे कि उसमें से कुछ रिसेगा ही नहीं और नहीं रिसेगा यह अब साफ-साफ दिखाई दे रहा है। जो लोग बार में बैरे को सौ का नोट छोड़ कर चले आते हैं वे सब्जी खरीदते हुए मूली वाले से झगड़ा करते हैं। अगर वह दो रुपये किलो मिल रही होती है तो उससे जिद्द करते हैं एक रुपया किलो दो। उनसे कह दिया जाये चलिए एक किलो मूली खेत में से उखाड़कर धोकर इतना ही साफ कर दीजिए, उनकी घिग्घी बँध जायेगी। ये जो समाज बनता जा रहा है, वह निरपेक्ष किस्म का समाज बनता जा रहा है। हमें विकल्प की खोज करनी होगी हमें आधुनिकता का विकल्प या ब्रिटिश औपनिवेशिक आधुनिकता का एक विकल्प खोजना चाहिए। यह विकल्प ठेठ देशी संसाधनों से बनाया जा सकता है और देशी सोच के आधार पर विकसित किया जा सकता है।

इतिहास, परम्परा और आधुनिकता : भारतीय दृष्टि

राजेन्द्र प्रसाद पाण्डेय

जब हम परतन्त्र थे तो यह हम पर थोपा गया कि भारतवर्ष में इतिहास था ही नहीं। जन-जन के बीच चलने वाला कथन 'इतिहासपुराणाभ्याम् वेदम्' नकार दिया गया। यह बात पाश्चात्य देशों में इतिहास की अवधारणा से भिन्न थी। हमारे देश में भी वह लागू हुई, जब मुगलों ने इस देश का बर्बर अत्याचार करके गला घोंटा, उस समय आइने अकबरी, बाबरनामा आदि के लिए बाकायदे राज्यनियुक्त इतिहास-लेखक हुए। वह सब बर्बरता को औचित्यपूर्ण सिद्ध करने का प्रयास था। वे ज्ञान से कोई सम्बन्ध नहीं रखते थे। यहाँ से इतिहास शब्द अलग हुआ, 'इति-ह-आस' "यह ऐसा था", का जो भारतीय अर्थ है, भावार्थ है, वह यही है, "ऐसा हुआ था, विस्मृत हो गया।" इस देश ने बड़े-बड़े युद्ध झेले हैं। इस देश में लड़ने वालों का एक अलग वर्ग बना, चिन्तन करने वालों का अलग वर्ग बना। रासो काव्य-परम्परा, जहाँ से महाकाव्यों की शुरुआत होती है जिसे गाथा काल भी कुछ लोग कहते हैं, उसके बारे में एक बड़ी बढ़िया बात कहते थे प्रो. बलदेव सिंह "जिनकी बिटियाँ सुन्दर देखी, तापर जाय धरी तलवार', जिसकी बेटी सुन्दर थी, उस पर दूसरा चढ़ाई करता था, उसका अपहरण करता, उसके पिता को मारता था या उसका पैर पूज करके किसी तरह जीवन बिताता था। यह इतिहास नहीं है, ये घटनाएँ हैं और इस तरह की घटनाएँ होती रहती हैं। इसीलिए पूरा-का-पूरा वेद पढ़िए तो उसमें तमाम घटनाएँ मिलेंगी, लेकिन वे केवल बीज हैं, ऐसे बीज जिनसे आप बाद में बहुत कुछ पुष्पित-पल्लवित कर सकते हैं। धीरे-धीरे लोग आत्मविश्वास खोने लगे, लेकिन ऋषियों-मुनियों की ऐसी परम्परा रही जो हर चीज के बारे में अपने ढंग से सोचते थे, स्वतन्त्र रूप से सोचते थे।

'छान्दोग्योपनिषद' में एक कथा है 'सत्यकाम जाबाल' की, जाबाला एक स्त्री

थी जो घूम-घूम कर ऋषियों-गुरुओं के यहाँ और तमाम इधर-उधर बर्तन धोने, सफाई करने का काम करती थी। उसे एक पुत्र पैदा हुआ, उसका नाम उसने सत्यकाम रखा। सत्यकाम जब आश्रम में पढ़ने गया तो उससे गुरु ने पूछा–आप अपने पिता का नाम बताइए, उसने कहा, मुझे पिता का नाम तो नहीं मालूम। गुरु ने कहा तुम अपनी माँ से पूछ कर बताओं, माँ से जाकर पूछा, माँ ने साफ कहा कि मैं अनेकानेक पुरुषों के सम्पर्क में आयी हूँ, इसलिए तुम्हारा वास्तविक पिता कौन हैं मैं नहीं बता सकती। सत्यकाम ने जाकर अपने गुरु से यह बात बताई, माता मेरी तो जाबाला है पिता का पता नहीं, उन्होंने यह कहा कि "अनेकानेक पुरुषों से मेरे सम्बन्ध हुए हैं, मेरी मजबूरी का लोगों ने अनुचित ढंग से लाभ उठाया, कौन तुम्हारा पिता है मैं नहीं कह सकती।" गुरु ने जो बात कही वह आज भी पूरे विश्व की आँखें खोलने वाली है, इस आधुनिकता और उत्तर-आधुनिकता के युग में। गुरु ने कहा–तब तो तुम ब्राह्मण हो, क्योंकि तुम सच का साक्षात्कार कर सकते हो। हम सत्य का साक्षात्कार करें, इतनी हमारे पास हिम्मत हो, हम छद्‌म न फैलायें, तमाम तरह के आडम्बर न फैलायें, तब हम ब्राह्मण हैं। हम किस जाति में जन्मे हैं मात्र इससे हम ब्राह्मण नहीं होते। कोई छद्‌म से कितना जूझता है, सत्य को कितना स्वीकार करता है यह जो जीवन-शक्ति डालने वाली चीज है, वह सत्य है। सत्य के विषय में पाश्चात्य देश के अरनाल्ड गार्बी ने भी यह बात कही कि इतिहास का मुख्य स्रोत सत्य है, यथार्थ है, और उसके साथ-साथ तटस्थता होनी चाहिए, हालाँकि वह इस बात से सहमत है कि सारी इतिहास-रचना बर्बरों का अपनी बर्बरता को छिपाने का तौर-तरीका है, लेकिन वह इसके साथ-साथ इस बात पर भी जोर देता है कि मनुष्य द्वारा जो तमाम तरह की भूल-चूक की गयी, अच्छे कदम उठाये गये; उन सबको रेखांकित करने का काम इतिहास करे। इतिहास के विषय में एक बात और है, एक बड़े भाई जुनूनी हुए जैमिनी, जिन्होंने मीमांसा सम्प्रदाय की स्थापना की। वे कितने बड़े वैज्ञानिक थे इसका एक छोटा-सा उदाहरण दे दूँ। उन्होंने कहा कि अर्द्धरात्रि के बाद सूर्य पूर्वगामी हो जाता है, इसका मतलब है कि पृथ्वी गोल है। यह बात महर्षि अरविन्द जानते थे, लेकिन उनकी आँख राजा की नहीं धर्मवादी ऋषियों-मुनियों की थी, क्यों? क्योंकि हमारे पास सूर्य-सूत्र पहले से था, ऋग्वेद में सूर्य-सूत्र है, जिसमें सूर्य के बारे में कहा गया कि रात भी तुम्हारे कारण होती है और दिन भी तुम्हारे कारण होता है, वह पृथ्वी से हजार गुना ज्यादा बड़ा है। तो इस तरह से ज्ञान की अभिवृद्धि करना भारतीय इतिहास-दृष्टि में शामिल है।

इतिहास की जो पाश्चात्य दृष्टि थी उसका दुष्परिणाम यह हुआ कि, जो उत्तर-आधुनिकतावादी दार्शनिक हैं, वे मानते हैं कि इतिहास का अन्त हो चुका है, इतिहास

समाप्त हो गया है। ऐसी विचारधारा को तो मरना ही था क्योंकि वेद व्यास कहते हैं कि "मनुष्य से श्रेष्ठ कुछ नहीं है", छोटे-से व्यक्ति के घर में बहुत महान पैदा हो सकता है, और महान व्यक्ति के घर में नालायक पैदा हो तो, एक पीढ़ी-दो पीढ़ी लोग सह लेंगे, फिर एक महान पैदा होगा। इतिहास परम्परा से जुड़ता है। परम्परा शब्द का अर्थ है, 'पुनः-पुनः पूर्ति करना'। ज्ञान की आहुति की बात करते हैं भगवान विष्णु गीता में, ज्ञान की आहुति दो। कृष्ण भगवान ने गीता में कहा इस परम्परा से चले जो लोग हैं वह मैं तुमको बता रहा हूँ।

आचार्य विद्यानिवास मिश्र जी लोक और शास्त्र के बीच समन्वय के बहुत बड़े पक्षधर थे। एक बार मैंने ललित निबन्ध लिखा था, उसमें अपने गाँव की स्त्रियों का एक गीत उद्धृत किया था, मेरे गाँव की वाल्मीकि जाति की महिला, जो मेरी बहू लगती थी, हालाँकि मैं उम्र में उससे बहुत छोटा था, गा रही थी–'राजा मोरे गोरे मैं काली बदरिया', इतना उल्लास है इस गाने में, मैंने इसको उद्धृत किया था। पण्डित जी ने इस लेख को पढ़ा था, उसके बाद मुझको फोन किया और कहा चले आओ, मैं इन्तजार कर रहा हूँ। उन्होंने कहा ऐसा है कि लोरिकायन पर मैं 'अभिरुचि' पत्रिका में लिखवाना चाहता हूँ, तुमसे बेहतर कोई नहीं लिख पायेगा और तुम लोरिकायन पर लिखो। महिलाओं, स्त्रियों के प्रति सम्मान का भाव भी मैंने उन्हीं से सीखा। यह भी भारतीय परम्परा है, लम्बे समय से चली आ रही। स्मरणीय है कि वैज्ञानिकता भी भारतीय परम्परा का एक अभिन्न अंग है, हिस्सा है। स्थूल प्रत्यक्षवादी दर्शन में इसे देख सकते हैं। एक व्यक्ति का सामाजिक विकास होना चाहिए, यदि एक व्यक्ति पचीस वर्ष तक अपने को पूर्वजों के द्वारा अर्जित ज्ञान या वर्तमान में भी जो अर्जित ज्ञान है, उसके द्वारा अपने को आगे बढ़ाये, पूर्वजों के द्वारा और वर्तमान लोगों के द्वारा अर्जित ज्ञान को ले और उसमें आगे और कुछ जोड़े, व्यक्ति समाज के लिए समर्पित हो और अपना पूरा विकास करे, जितना चाहे उतना विकास करे, वह इतना कर सकता है कि मनुष्य से ईश्वर तक पहुँच सके। ऐसा नहीं है कि भगवान राम पैदा हुए तभी उन्हें ईश्वर मान लिया गया। कृष्ण भगवान तो पैदा हुए थे जेल में, वह ऐसा विचित्र व्यक्तित्व है जो जेल में जन्म लेता है। अरे! ईश्वर थे, कंस के ही बेटे क्यों नहीं बन गये, भले बाद में मार देते कंस को। गीता-पुराण पढ़िए; भगवान कृष्ण बार-बार कहते हैं अर्जुन से कि तुम वही बन जाओ जो मैं हूँ। नेता तो हमेशा डरा रहता है कि मेरा चमचा मुझसे आगे न निकल जाए; इसीलिए उसके खिलाफ हमेशा कुछ न कुछ लगाये रहता है। दुर्योधन दुष्ट था, वह जिन लोगों को काम सौंपता था, जिम्मेदारी सौंपता था, उनके पीछे भी जासूस लगाये रखता था, जब अच्छा काम होता था तो उनको पुरस्कृत करता था, तब लोग जानते थे कि अरे राजा को तो मालूम

था कि हम लोग क्या कर रहे हैं। यह भी एक परम्परा है, भारतीय परम्परा। राजा, महाराजा, ऋषि-मुनि हर कोई लोक के अनुग्रह के बारे में सोचता है, कैसे लोक का कल्याण हो। राम कहते हैं मैं तो जानकी को भी छोड़ दूँगा, और छोड़ देते हैं, यह सब भारतीय परम्परा है। वहाँ करुणा का एक सिन्धु लहरा रहा है। यजुर्वेद में मछली मारने वाले, कुत्ते पालने वाले, बहेलिये, चंडाल, इन सबको रुद्रदेवता मानते हुए उनके चरणों में प्रणाम निवेदित किया गया है। भारतीय दृष्टि व्यापक है, उसकी परम्परा की खोज, आत्मा की खोज आवश्यक है।

वस्तुतः जो हम तमाम घमण्ड करते हैं कि हमलोग आधुनिकता में चले आये हैं, उत्तर-आधुनिकता में चले आये हैं, यह सारा का सारा पूँजी के लिए है। पृथ्वी सूक्त में ऋषि कहता है हे माता पृथ्वी, तुमसे मैं जो-जो लेता हूँ वह जल्दी से जल्दी फिर से आ जाये। विकास की उल्टी अवधारणा है पाश्चात्य देशों में, ''भोगो-भोगो, जल्दी भोगो'' यह उनके जीने की शर्त बनी। हम लोग इक्कीसवीं शताब्दी में इसलिए आये कि हम सब कुछ भोग डालेंगे, अपनी आने वाली पीढ़ियों के लिए कुछ नहीं छोड़ेंगे।

साहित्य के सन्दर्भ में इतिहास, परम्परा और आधुनिकता

भारती गोरे

आधुनिक विश्व अनेक राजनीतिक, सामाजिक और सांस्कृतिक संक्रमण झेल रहा है। भूमण्डलीकरण के इस दौर में विश्व एक छोटे से गाँव में तब्दील हो रहा है। साथ ही वह उदारीकरण, बाजारवाद आदि से निर्मित कई अनसुलझी गुत्थियों के गिरफ्त में भी आ रहा है। बाहरी स्थितियों के दबाव और टूटती-झूलती चेतनाओं ने कई अन्तर्मुखी संघर्षो को जन्म दिया है, जिसका दुष्परिणाम आज की अस्थिर मानसिकता, इतिहास को लेकर दूषित दृष्टिकोण, परम्परा के प्रति विद्रोह की भूमिका और आधुनिकता की मनमानी संकल्पनाओं के प्रचलन के रूप में देख सकते हैं। इस परिप्रेक्ष्य में इतिहास, परम्परा और आधुनिकता को पुनः समझने की दरकार है। जरूरी हो चुका है कि हम जान लें कि इतिहास, जिसे हम मरा हुआ, दफन हुआ सत्य मान चुके हैं, परम्परा जिसे हम रीति-रिवाजों के बिगड़े प्रतिरूप के रूप में देख रहे हैं, आधुनिकता जिसकी परिभाषा नास्तिक होने का दावा करने और अपने संस्कृतिविरोधी होने की नवोक्ति करने तक सीमित होकर गयी है, इनका वास्तविक रूप क्या है? इन्हें जाने बिना गलत अवधारणाओं में उलझना एक सांस्कृतिक संकट का संकेत है।

आज युनीफार्मिटी के बढ़ते दबाव के कारण सांस्कृतिक संकट निश्चित रूप से गहराता जा रहा है। पश्चिमी जगत इतिहास, परम्परा और इनसे निर्मित कुछ नितान्त आत्मीय मूल्यों के स्वीकार और अस्वीकार के बीच जूझ रहा है। वह सांस्कृतिक एकरूपता के स्वीकार और नकार के बीच ताल-मेल नहीं बैठा पा रहा है। भूमण्डलीकरण के अनिवार्य परिणाम के रूप में उभरी युनीफार्मिटी को लेकर वह सकते नें है। हार्वर्ड के राजनीति शास्त्र के प्रोफेसर राबर्ट पुटनम युनीफार्मिटी का समर्थन कर रहे हैं, वहीं पैटरिक बेस्ट युनीफार्मिटी को लेकर असमंजस में हैं।

युनीफार्मिटी के कारण मिटता सांस्कृतिक वैविध्य, अपना अस्तित्व, अपनी पहचान का संकट पश्चिम को परेशान कर रहा है। पश्चिम में मचे इस वैचारिक हड़कम्प के पीछे एक प्रमुख कारण है उनके अपने इतिहास का सीमित परिदृश्य, सम्पन्न परम्परा का अभाव और आधुनिकता को लेकर बनी उनकी विचित्र अवधारणाएँ। इतिहास, परम्परा और आधुनिकता को लेकर पश्चिम में व्याप्त संशय ने भी कई सांस्कृतिक संकटों को जन्म दिया है। मैकडोनाल्ड दिल्ली का हो चाहे न्यूयार्क का, वहाँ के बर्गर का स्वाद एक जैसा होगा, लेकिन दिल्ली में एक पराँठा गली में सौ तरह के पराँठे आपको मिल जायेंगे। इस पृष्ठभूमि पर देखिए तो महसूस होगा कि भारत की स्थिति अत्यन्त मजबूत है, बेशक पश्चिम को त्रस्त करती इन बातों ने हमारे मन में भी थोड़ी आशंका, और सुगबुगाहट जरूर पैदा कर दी है, पर असमंजस की यह स्थिति भी अधिक समय तक नहीं टिकेगी।

भारतीय संस्कार, संस्कृति, इतिहास और परम्परा की महानता है कि जिन असमंजसों ने विश्व को चकराये रखा है, वे हमारी पकड़ में आ चुके हैं। हम अधिक भयभीत नहीं हैं, क्योंकि हम अपने इतिहास और परम्परा की समृद्धि से परिचित हैं। कहीं भूल-चूक से भी हम इनकी महिमा न भूलें इसके लिए हमारा साहित्य इनकी अहमियत समझाने में, इनमें समवाय स्थापित करने में कोई कोर-कसर बाकी नहीं छोड़ता। अपने इतिहास, उनसे मिले पाठ की सकारात्मकता बनाये रखने वाली परम्परा और इनके अच्छे-बुरे तत्त्वों की पड़ताल करने के बाद उभरी सर्जकता जिसे पण्डित विद्यानिवास मिश्र आधुनिकता कहते हैं, को समझने का कार्य, समझाने का कार्य इतिहासकार और साहित्यकार दोनों ही कर रहे हैं। इनके तत्त्वों को मार्मिक रूप में सम्प्रेषित करने का कार्य पण्डित जी ने जिस रूप में किया है, उसका कोई सानी नहीं है। उनका सम्पूर्ण निबन्ध-साहित्य इस बात का साक्षी है, न तो पण्डित जी इतिहास को मरा हुआ मानते हैं न ही परम्परा को रूढ़ि। परम्परा की उनकी व्याख्या की काफी चर्चा हो चुकी है। परम्परा पर के आगे, उत्तरवर्ती के आगे उत्तरवर्ती, आगे से आगे की ओर बढ़ती है; गतिशीलता उसका गुण धर्म है। परम्परा को रूढ़ि एवं जड़ग्रस्त बनाने वाली संगतियों को नकारा नहीं जा सकता, लेकिन उसके स्वस्थ तत्त्वों का ग्रहण कर अपने वातावरण के साथ जो परम्परा सामंजस्य स्थापित कर लेती है उसे अस्वीकृत करना गलत है।

अपने परिवेश, वातावरण और समय के प्रति जागरूकता और सजगता ही आधुनिकता है, यह समझाने में परम्परा का बहुत बड़ा योगदान है। इस दृष्टि से इतिहास, परम्परा और आधुनिकता एक ही दिशा के सहयात्री हैं। सर्वाधिक सन्तुष्टिदायक और आशाजनक बात यह है कि हिन्दी का रचनाधर्म बार-बार इन सहयात्रियों के

परस्पर सामंजस्य का वर्णन एवं समर्थन करता रहा है। सम्भवत: इसी सामंजस्य के कारण समय के प्रत्येक कठोर आघात से हम अपने को बचा पाये हैं। चाहे कबीर का साहित्य हो, चाहे तुलसी का हो या फिर भारतीय एवं मुस्लिम संस्कृति–सभी के सन्दर्भों में, इतिहास और परम्परा के बीच समन्वय करता जायसी के प्रेम जैसे मूल्य को स्थापित करता हुआ (चिर अधुनातन!) साहित्य हो, यह सब प्रमाण हैं। आचार्य रामचन्द्र शुक्ल हिन्दी भक्ति काव्यधारा की चर्चा करते समय कबीर और सूर की तुलना में अधिक महत्त्व जायसी को देते हैं, इसका कारण उनका समन्वय ही है। प्रसाद की 'कामायनी' सदैव ही समन्वय का विराट प्रयास मानी जाती रही है, अज्ञेय जैसे प्रयोगवादी नये कवि को भी मिश्र जी ने न केवल इतिहास, परम्परा और आधुनिकता का समन्वयवादी कवि कहा है, बल्कि सिद्ध भी किया है, जिसके लिए पण्डित विद्यानिवास मिश्र अज्ञेय की ही निम्नांकित पंक्तियों को उद्धृत करते हुए कहते हैं कि "झरे पत्ते के साथ गलता हूँ और जीर्ण होता रहता हूँ, नये प्राण पाता हूँ।" इतिहास, परम्परा और आधुनिकता का जीवन-चक्र इससे कम शब्दों में भारतीय साहित्य के अलावा और कहाँ मिलेगा? इस क्रम में युनीफार्मिटी वाले मुद्दे का पुन: उल्लेख करना चाहूँगी।

भूमण्डलीकरण के जिस दौर में हम युनीफार्मिटी और पहचान के संकट की बात कर रहे हैं, परेशान हो रहे हैं, इस समस्या के सन्दर्भ में भी भारतीय साहित्य अपनी समवायवाली भूमिका की सार्थकता सिद्ध करता रहा है। अज्ञेय द्वारा लिखित 'नदी के द्वीप' या 'दीप अकेला' इस समवाय के लाजवाब उदाहरण हैं। पश्चिम की भाँति हम एकरूपता के समर्थन या निषेध, इन दो अतिवादों में से किसी एक को स्वीकार नहीं करते, बल्कि विविधता में एकता का नारा देकर समन्वय साधते हैं। समन्वय की जड़ें बड़ी गहरी हैं। यदि देश, धर्म और समाज को आवश्यकता है तो हम सम्पूर्ण समर्पण से नहीं कतराते, लेकिन बहना, अकारण बहना हमारा स्वभाव नहीं, हम द्वीप बनने के आकांक्षी हैं, रेत बनने के नहीं। हमारा इतिहास साक्षी है और हमारी समृद्ध परम्परा प्रतिचेतन, अचेतन के अस्तित्व को अत्यधिक सम्मान देती रही है। तभी हम भारतीय सांस्कृतिक एकरूपता का सम्मान करते हुए अपने स्वत्व का जतन किये हुए हैं। परन्तु आवश्यकता पड़ने पर अपना स्वतन्त्र अस्तित्व भुलाकर, भारतीय जन वैयक्तिकता को बदलकर तत्काल युनीफार्मिटी के दायरे में आ जाते हैं, इसके सबसे अहम कारण हमारे जीवन के कुछ केन्द्रीय मूल्य जैसे भक्ति, आस्था, प्रेम और आशावादिता हैं। आज स्त्री-विमर्श की भी बात की जाती है। स्त्री-विमर्श चाहे लाख जोरों पर हो, सबके सिर पर चढ़कर बोल रहा हो, लेकिन हमारी परम्परा के कुछ लुभावने तत्त्वों ने ही शायद अनामिका से यह लिखवाया होगा कि 'माँ भूख लगी

है', इस सनातन वाक्य में एक स्पिरिट है, ऐसा लगा, कितनी भी आलसी हो माँ, उठ बैठती है। परिपक्व मातृत्व की यह सुखद अनुभूति सीमान्त उपभोगवाद को नहीं मानती। इस विवेचन का तात्पर्य यह कतई नहीं है कि अपनी परम्परा और इतिहास आदि के सन्दर्भ में हम ओवर कान्फीडेंट हैं, हमें क्लासिकी के विपरीत प्रचलित माडर्निज्म, आधुनिकता के बिगड़ते रूपों के कारण हमारे पारम्परिक मूल्यों के तीव्र क्षरण का एहसास भी है। इस दृष्टि से हम नये सिरे से सजग हो रहे हैं, आधुनिक हो रहे हैं, पुनः समवाय के लिए आवश्यक संवाद, सद्भाव, तर्क, विज्ञान आदि मूल्यों की पुनः स्थापना में जुटे हुए हैं। विकास के नाम पर परम्परा को ध्वस्त करने का षड्यंत्र भूमण्डलीकरण के परिणामों को भी आज खुलकर व्यक्त किया जा रहा है। नरेश सक्सेना की मर्मस्पर्शी कविता है 'नक्शे में जंगल है पेड़ नहीं, नक्शे में नदियाँ हैं पानी नहीं, नक्शे में पहाड़ है पत्थर नहीं, नक्शे में देश है लोग नहीं'। आप यह समझ ही गये होंगे हम सब एक नक्शे में रहते हैं।

अपने सम्मुख किसी भी आदर्श का न होना इस पीढ़ी का सबसे बड़ा दुर्भाग्य है। इस दुर्भाग्य को केदारनाथ सिंह इस प्रकार व्यक्त करते हैं कि "मैं वहाँ पहुँचा और डर गया, मेरे शहर के लोगो, ये कितना भयानक है कि शहर की सारी सीढ़ियाँ मिलकर जिस महान ऊँचाई तक जाती हैं वहाँ कोई भी नहीं है।" संचार माध्यमों के इस युग में मोबाइल, इण्टरनेट आदि के द्वारा बहुत पास आकर भी हम कहीं एक-दूसरे से कट-टूट तो नहीं रहे हैं? इस प्रश्न पर सजग चिन्तन राजेश जोशी करते हैं। संवाद के समस्त साधनों की उपलब्धता के बावजूद संवादहीन स्थिति उत्पन्न होती जा रही है। खतरे की इस घंटी को पहचान कर स्थितियों को, विडम्बना को उद्घाटित हिन्दी साहित्य ही कर रहा है–"नदियों से बातें करना चाहता हूँ पर टेलीफोन पर यह मुमकिन नहीं है, उन दरख्तों का भी मेरे पास कोई नम्बर नहीं जो अक्सर रास्तों में मिल जाया करते हैं, परिन्दों के पास कोई मोबाइल होगा, इसकी कोई उम्मीद नहीं।" तात्पर्य यही कि यूँ तो हमारा इतिहास परम्परा के सकारात्मक रूप को बल देता रहा है, परम्परा समय और स्थितियों में आवश्यक सतर्कता बरतते हुए आधुनिकता का रूप अपना रही है, लेकिन जहाँ कहीं ये गति मद्धिम हो जाती है या आधुनिकता को गलत रूप में स्वीकारा जाने लगता है, वहाँ सम्भावित दुष्परिणामों का संकेत भी हमारा साहित्य देता है। कई-कई परतों के भीतर होती इस अन्तर्यात्रा का उद्गार साहित्य में पाया जाता है। इसमें कोई सन्देह नहीं कि साहित्य इतिहास, परम्परा और आधुनिकता के समवाय विन्दुओं का समर्थक, उद्घाटक एवं पोषक रहा है।

इतिहास, परम्परा और आधुनिकता की अन्विति

अवधेश प्रधान

क्रूर दमन तो एक ओर है, लेकिन आप केवल अकाल और बीमारी को ले लीजिए तो इसमें कितने लोग मारे गये यह दिखाता है कि निर्धनीकरण एक प्रक्रिया है। दसवीं शताब्दी तक विश्व बाजार में भारत की तूती बोलती थी, मध्य एशिया के देशों तक अपने बने हुए जहाजों में यहाँ के बने हुए सूती कपड़े जाते थे। दुनिया के केन्द्र में भारत था, अब किस मुँह से इसे पिछड़ा देश कहते हैं, पिछड़ा देश आपने बनाया, निर्धनीकरण की प्रक्रिया आपने चलायी। हमारे उद्योग, धन्धे, कुटीर उद्योग और उसका उपयोग गुणवत्ता के उच्च स्तर पर था, उनके पास मशीनें थीं, इसके बावजूद सूती कपड़े और दूसरे माल का वे जवाब नहीं दे सकते थे, उसकी प्रतिद्वन्द्विता नहीं कर सकते थे, इसलिए उन्होंने असमान कानून बनाये, और उन सबको अपनाते हुए निर्धनीकरण की प्रक्रिया पूरी की। इसके जरिए उन्होंने यहाँ के उद्योगों को तबाह किया और इस देश को क्रमशः एक खेतिहर देश में, ठेठ खेतिहर देश में, गरीब खेतिहर देश में बदल दिया। संसार के सबसे पुराने नगरों का सबसे पहले विकास भारत में हुआ, अगर विकास का एक पैमाना यह मानें कि क्रमशः बाजार की माँगों को देखते हुए धीरे-धीरे, छोटे-छोटे कस्बे और उनके केन्द्र में बड़े बाजार और बड़े नगर होते हैं। सोवियत संघ से प्रकाशित एक पुस्तक आप पढ़िए 'प्राचीन नगर', उसमें विश्व के सभी प्राचीन नगर और समृद्ध मथुरा से लेकर मधुबनी तक शामिल हैं।

उन्नीसवीं सदी का अन्त समय देखिए, उस समय रवीन्द्रनाथ जब भेजे गये लन्दन में पढ़ने के लिए, उन्हें लन्दन बहुत ही उदास दिखाई पड़ा अपने कलकत्ते की तुलना में, लन्दन में पेड़-बाग धूल और धुएँ से भरा हुआ दिखाई पड़ा, निर्धन तो वही था। भारत की समृद्धि और विकास की जगह पर पूरा एक मिथक पहले से रौंदता गया और यही सभी देशों में हुआ।

परन्तु यूरोप से लूटने वाले ही नहीं आये, यूरोप से ऐसे लोग भी आये जिन्होंने

भारत के चरणों में बैठकर भारत की संस्कृति, उसका ज्ञान, उसकी वेद परम्परा देखकर सिर झुका लिया और उन्होंने पूरा जीवन उसकी सेवा में अर्पित कर दिया। मैं सबसे बड़ा नाम नहीं लूँगा, मॉ मैक्समूलर का, जिसने छुटपन में क्लास में पढ़ते हुए अपनी कापी पर बनारस का एक चित्र देखा था, जिसमें घाट से उतरते हुए लोग गंगा स्नान को जा रहे हैं, इस चित्र ने उसको ऐसा मुग्ध किया कि जीवन भर उसका एक सपना बना रहा, वह भारत में आया तो नहीं, कहता है, धन्य है वह देश जहाँ गंगा जैसी नदी बहती है, और यहाँ वैदिक मंत्रों के बीच लोग स्नान को उतर रहे हैं जलधि की तरफ। इस स्वप्न ने धीरे-धीरे उसे भारत का जबर्दस्त प्रशंसक बना दिया। जब-जब भारत से यूरोप का सम्पर्क हुआ तब-तब वहाँ नयी लहर आयी।

अब तो यह कहा जाता है कि अंग्रेजी की जो रोमांटिक कविता, जो रोमांटिक उत्थान है, उसके पीछे भारत के उपनिषदों के दर्शन का जो सम्पर्क है, उसकी भूमिका है, एक रोमांटिक पोयट जब कहता है मैं पृथ्वी और जल की पुत्री हूँ, मेरा रूपान्तरण होता है, मेरी मृत्यु नहीं होती तो यह यूरोपीय नहीं बल्कि भारत का स्वर था। यह उपनिषदों का स्वर था। यह गीता का अनुवाद था, जो वहाँ पहुँचा था, और उन्होंने इसकी कविता सुनी। इसलिए आज हम खड़े होकर देखें। उपनिवेशीकरण का दौर खत्म हो गया, लेकिन भारी-भारी कम्पनियाँ हैं, जिन्हें अब हम 'कारपोरेट' कहते हैं, जो वैश्वीकरण है, भूमण्डलीकरण है, यह पूँजी का भूमण्डलीकरण है। संसार का कोई भी प्राकृतिक संसाधन उनके दोहन से बचा नहीं है, यह उनके लिए भूमण्डलीकरण है। उसकी निगाह आपके जल पर है, आपके जंगलों पर है, आपके वनस्पतियों पर है, आपका कोई प्राकृतिक संसाधन उनकी बाँह से, उनके लोभी हाथों से दूर नहीं है। उनको लूटने के लिए उन्होंने बड़ा अभियान छेड़ा है, एक जबर्दस्त अभियान और युद्ध उनको चाहिए; अफ्रीका, एशिया का कोई देश ऐसा नहीं है जिसको युद्ध चाहिए। युद्ध उनको क्यों चाहिए? आप तर्क सुनेंगे तो अजब लगेगा। युद्ध इसलिए चाहिए कि इतना हथियार पैदा कर दिया है, उसे कैसे बेचें? इसलिए आतंकवादी खड़े किये जाते हैं, इसलिए उस तरह के लोग खड़े किये जाते हैं, और इसीलिए देशों के बीच विदेश नीतियाँ इस प्रकार से गढ़ी जाती हैं, ताकि युद्ध हो, और युद्धों में हथियार खपाए जायें। भारत का विचार एक दूसरे तरह का विचार था।

पृथ्वी की शान्ति, अन्तरिक्ष की शान्ति, पृथ्वी से लेकर अन्तरिक्ष तक बीच में सब की शान्ति लहरा रही है। ये शान्ति पाठ चार हजार वर्षों से है, उससे भी पहले से है। पृथ्वी सूक्त है, चौंसठ-पैंसठ मंत्र हैं, और संसद में जब उसके एक मंत्र का पाठ किया शंकर दयाल शर्मा ने तो सब भीगे-भीगे सुन रहे थे, कि यह महान सन्देश उनके भीतर पड़ा है। हिन्दी में अनुवाद कर देने से उसका रस सारा बँध जाता है,

'पृथ्वी घर जैसा', सिर्फ यह उसका अर्थ नहीं है, घर में बराबर होने का मतलब यह नहीं है कि सबको चार ही रोटी मिलें, शिशु को भी चार रोटी मिलें और वृद्ध को भी चार रोटी मिलें, यथोचित ढंग से कैसे घर में रहा जाता है, शिशु के लिए शिशु जैसा, वृद्ध के लिए वृद्ध जैसा, स्त्री के लिए स्त्री जैसा, बच्ची को बच्ची जैसा, यह सपना भारत का है।

आपके सामने कन्फ्युशियस का एक वाक्य लिखा है, "दूसरों का जो आचरण तुम्हें पसन्द नहीं है, वैसा आचरण दूसरे के प्रति मत करो।" कन्फ्युशियस से बहुत पहले, मनु महाराज ने यह कहा, वेदों में सब इससे मिलती-जुलती बातें हैं मालवीय महाराज ने जब भी छात्रों के बीच उपदेश दिया इसको हमेशा दोहराया–जो अपने को पसन्द नहीं वह दूसरे के लिए मत करो। इसीलिए राजा आपस में लड़ते रहे होंगे, सेनाएँ लड़ती रही होंगी आपस में, लेकिन जो नीचे जनता और घरों में संस्कृति है, वह एक दूसरे तरह की संस्कृति है। यूरोप का जो विचार है, हम और अन्य, ये तो साइकोलाजी और सोशियोलाजी में पढ़ाया जाता है, यह उनका विज्ञान है। भारतवर्ष एक मानता है, और केवल पृथ्वी को नहीं, इस सौरमण्डल में जितना है सब को, और संकट जब भी पास आ जाता है तो अपनी क्षुद्रता का ऐसा एहसास है कि आदमी अभिमान कर ही नहीं सकता। मंदाकिनियों में किसी एक मंदाकिनी के किसी एक कोने में एक सौरमण्डल और उसमें कहीं पृथ्वी पड़ी हुई है, उसमें पड़े कहीं द्वीप में मैं हूँ। अभिमान करने को जगह कहाँ है? किस बात का अहंकार है? लेकिन "वी एण्ड अदर्स" की जो आधुनिकता है, वह आज मनुष्य को यहाँ ले आयी है। कितने परमाणु संयन्त्र इस पृथ्वी पर खड़े हो गये हैं! अपनी पृथ्वी को बदलना अब सम्भव नहीं है, शान्ति के नाम के लिए इतने समृद्ध कार्य हो चुके हैं, उनसे भी पृथ्वी को बचाना सम्भव नहीं है। कब रेडियेशन से जीवन क्या रूप ले लेगा, कब इस पृथ्वी से मनुष्यता समाप्त हो जायेगी–कहा नहीं जा सकता। आधुनिकता ने हमको यहाँ लाकर खड़ा कर दिया।

भारतवर्ष की जो परम्परा है उसके भीतर आधुनिकता का क्या सन्देश है? यहाँ परम्परा, यानी एक के बाद दूसरा, उससे पर, यानी उससे और बेहतर, स्वामी विवेकानन्द जी इस बात को इस रूप में कहते हैं। गीता में बार-बार इस चीज को दोहराया गया, विकास बुरे से अच्छे की ओर नहीं होता, विकास अधम से उत्तम की ओर नहीं होता, विकास उच्च से उच्चतर की ओर होता है। स्वामी विवेकानन्द कहते थे, "मैं कह रहा हूँ तुम सब अच्छे हो, तुम सब उत्तम हो, क्योंकि ऋषियों ने इसी नाम से हमें पुकारा। हम नहीं मानते कि मनुष्य पापजन्मा है, इसलिए वह कहता था, मैंने देखा है यह सब कुछ सत्य नहीं है, इसके पार जो परम सत्य है, जो मैंने देखा

है, तुम भी देख सकते हो। भारत आश्वासन देता है, पूरी पृथ्वी को देता है, हमने सत्य का दर्शन किया है, तुम भी कर सकते हो, वह परम सत्य क्या है? तुम अमृत के पुत्र हो, तुम्हारे भीतर घोर अमृत का स्थान है, तुम्हारा सच्चा रूप, मनुष्य का सच्चा रूप जो है, उस तक पहुँचना तुम्हारा लक्ष्य होना चाहिए।'' एक बड़ा लक्ष्य हमेशा भारत ने सामने रखा, परम्परा के भीतर आधुनिकता को लेते हुए बाइबिल कहती है कि ''पड़ोसी को भाई जैसा मानो'', लेकिन भारत कहता है कि ''अपने जैसा मानो, कोई पराया नहीं सब अपने हैं'', भाई ही नहीं सब में अपने को ही देखता हूँ। भारत का यह उच्च विशाल दर्शन परम आधुनिक है, और यह विज्ञान की बड़ी-बड़ी खोजों से डरता नहीं कि विज्ञान की एक खोज होगी तो क्या होगा, जाने कितने वैज्ञानिकों को मुकदमा चलाकर मार डाला, बाँध के भून दिया, जिन्दा। भारत में इसकी जरूरत नहीं पड़ी। आप देखिए। जगदीश चन्द्र बोस को यूरोप में टिकाए रखने के लिए लोगों ने चन्दा इकट्‌ठा करके पैसा भेजा। विज्ञान से भारत डरता नहीं, वैज्ञानिकों को उन्होंने गले लगाया, कहा विज्ञान की खोजों से हमारा दर्शन और पुष्ट हो रहा है। हायर फिजिक्स जितना ऊँचा जा रहा है, उतना ही वेदान्त सच साबित हो रहा है। इसलिए भारतवर्ष विज्ञान को गले लगाता है। धर्म को छोड़ता नहीं, और विज्ञान को गले लगाता है। वैज्ञानिक को पीड़ित नहीं किया गया, पेरिस में जो धर्मसभा हुई थी, उसमें धर्म के मंच से स्वामी विवेकानन्द बोले और विज्ञान के मंच से जगदीश चन्द्र बोस बोले थे। जब जगदीश चन्द्र बोस बोल रहे थे तो सभा में बैठे सिस्टर निवेदिता के साथ स्वामी विवेकानन्द भी बैठे थे, उन्होंने पत्र लिखा, उल्लसित होकर पत्र लिखा कि जगदीश चन्द्र भारत का बहुत उज्ज्वल रत्न है। इसलिए पूर्व-पश्चिम, धर्म-विज्ञान, परम्परा और आधुनिकता का जो द्वन्द्व है; पूँजी, नाम और लोभ की जो दुनिया है पश्चिम की, उसने वास्तव में यह द्वन्द्व पैदा किया। भारत जिस उच्च वेदांग के दृष्टिकोण का पथ अपनाने के लिए सबसे अपील करता है, उसी पथ पर चलता आया है, उसमें कोई द्वन्द्व नहीं है, उसको आधुनिकता से कोई भय नहीं है। आनन्द कुमार स्वामी ने नटराज शिव के सौन्दर्य की अद्‌भुत व्याख्या की। आप नटराज शिव को देखिए, उनका एक पैर जमा हुआ है, पूरी मूर्ति उसी एक पैर पर खड़ी होती है, और दूसरा पैर उठा हुआ है, इसी प्रकार हमारा जीवन है, काल है और इतिहास का प्रवाह भी उसी तरह है। हम अपना एक पैर जो जमाए हुए हैं, हम उसको उठायेंगे नहीं उस आधार से, यह भारत का अपना, परम्परा का अपना आधार है, जहाँ उसने अपना एक पैर जमा लिया है, दूसरा पैर उसने उठा लिया है, वह विज्ञान का है, आधुनिकता का है, वह पर से पर जाने के लिए तैयार है। इस तरह काल का जो नृत्य है, वह चलता रहता है, इसलिए हमारे यहाँ परम्परा और आधुनिकता का द्वन्द्व

नहीं है, उसमें अन्विति का भी विचार है, और जैसा स्वामी विवेकानन्द ने कहा था आने वाली सभ्यता के लिए अगर आश्वासन की पुकार है कहीं, तो भारत के विचार में है। 1936 में जब रामकृष्ण परमहंस की शताब्दी मनाई जा रही थी, तो डायली ने लिखा, विश्व सभ्यता का जो आरम्भ होता है, अगर उसका कोई यूरोपियन एण्ड नहीं होना है, तो वास्तव में भारत की शरण में जाना चाहिए, क्योंकि वहाँ उसे युद्ध के बजाय शान्ति का, अपनत्व का, और एक विराटता का हमेशा एक ऐसा भाव, एक स्वप्न, एक अनुभूति उसको मिलती है, जहाँ उसको जीवन के सभी प्रश्नों का समाधान प्राप्त होगा।

इतिहास, परम्परा और आधुनिकता : अन्तःसम्बन्ध

निर्मल कुमार

महान इतिहासकार गिब्बन का कथन है, "इतिहास रचना है अपराधों, मूर्खताओं और दुर्भाग्यों की"। इतिहास से लोगों को हैरानी होती है–उस जमाने के लोगों की अपराध-वृत्ति पर, पश्चात्ताप होता है उनकी मूर्खताओं पर और दुख होता है मनुष्य के दुर्भाग्य पर, क्योंकि कोई भी पक्ष जीते सर्वाधिक हानि होती है मनुष्यत्व की, मनुष्यत्व के भविष्य बच्चों की और मनुष्यत्व के वर्तमान माताओं की।

कुछ विद्वानों का मत है कि वह जाति जो अपने इतिहास से कुछ नहीं सीखती पतित होती चली जाती है। इनको उत्तर दिया जा सकता है हीगल के शब्दों में कि मनुष्य जाति ने और शासकों ने कभी भी इतिहास से कुछ नहीं सीखा।

इतिहास पर सार्थक चिन्तन करने के लिए यह जानना जरूरी होगा कि इतिहास-लेखन का आरम्भ कैसे हुआ। मानव जाति के अतीत को इतिहास नहीं कहते। शारीरिक बल, धूर्तता और हिंसा के बल पर लोभ, क्रोध, मद, काम और भ्रान्ति नामक मत्सरों द्वारा दिखाये गये मार्ग पर चलने वाले मनुष्यों में यह उलटी समझ पैदा हो जाती है कि सत्य की राह पर चलने वाले लोगों की हत्या कर, उन्हें लूटकर जीवन आसानी से चलाया जा सकता है। जब ऐसे युद्धजीवी सरदारों को सत्य के अनुयायी मनुष्यों ने अपराधी कहकर उनसे किनारा किया तो उन्हें जरूरत पड़ी मानव जाति के मूल्यों को उलटा कर देने की। उन्होंने कुछ बुद्धिजीवियों को अपने गिरोह में शामिल किया, इतिहास लिखने के लिए, उन्हें भरपूर सुख-सुविधाएँ दीं और उन्हें केवल एक काम दिया, यह कि धूर्त, बलवान और हत्यारे, लोभी सरदारों के कारनामों में निहित नीचता और दुष्टता को रूपान्तरित करके ऐसे लिखें कि वे सरदार सत्य की राह पर चलने वालों को वीर और मर्दाने नजर आने लगें। इस आवश्यकता ने इतिहास-लेखन को शुरू किया और यह प्रवृत्ति आज तक उसी तरह चली आ

रही है। विरोधियों की हत्या कर, निर्दोषों को गुलाम बना लेने वालों को इतिहास का नायक बनाया गया और जो सत्य मार्ग पर चलते हुए आजीविका अर्जित कर रहे थे उन्हें कैसे-कैसे दुःख सहने पड़े इस पर पर्दा डाल दिया गया। उस इतिहास को पढ़कर मनुष्य की बुद्धि भी तामसिक हो गयी और पूर्ण सत्य को मंजिल मानकर चलने वालों को मूर्ख और कायर समझा जाने लगा।

गिब्बन ने इस तनखैया इतिहास-लेखन का विरोध किया और आह्वान किया कि सम्यक रूप से इतिहास को पुनः देखा जाय। उसने प्राचीन काल के सबसे बड़े रोमन साम्राज्य के उत्थान और पतन की लम्बी कहानी कई ग्रन्थों में अंकित की और यह निष्कर्ष निकाला कि "इतिहास रचना है, अपराधों, मूर्खताओं और दुर्भाग्यों की"।

यही निष्कर्ष आधुनिक काल के महान चिन्तक आर्नल्ड टायनवी ने भी निकाला। उसने कहा कि युद्धोन्मत्त, लोभी, हत्यारे, अमानुष सरदारों की जीवनी सच्चा इतिहास नहीं है। सच्चा इतिहास लिखा जा रहा है समय द्वारा, तनखैया इतिहासकारों द्वारा लिखे इतिहास से ढँकी धरती पर। इतिहास-लेखन की वह सच्ची धारा सम्यक इतिहासकारों ने पश्चिम से शुरू की थी। अगर युद्धोन्मत्त नेताओं ने दुनिया को पहले ही समाप्त नहीं कर दिया तो मानव जाति की आधुनिक सभ्यता के इतिहास का अन्तिम परिच्छेद भारत लिखेगा।

गिब्बन और टायनवी जैसे इतिहासकारों ने मनुष्य की दुर्दशा और पतन को इतिहास नहीं माना। उन्होंने हर मनुष्य के हृदय में छुपे मनुष्यत्व के प्रकटन और मनुष्यत्व के ईश्वरत्व की ओर उन्नयन को मानवजाति का इतिहास माना। प्रश्नोपनिषद में एक अत्यन्त सारगर्भित सत्य उजागर हुआ है, जो इतिहास-चिन्तन के सन्दर्भ में अत्यन्त महत्त्वपूर्ण हो जाता है। यह मानवजाति का दुर्भाग्य ही कहा जा सकता है कि इस सत्य पर किसी ने ध्यान नहीं दिया। इसके अभाव में भारत के इतिहासकार पश्चिमी इतिहासकारों की नकल करके मानव को त्रास और हताशा के द्वार तक ले आये हैं। इस सत्य में शक्ति है जो इतिहास पर पश्चिम के सम्यक इतिहासकारों के दृष्टिकोण को ऋषियों के दृष्टिकोण के साथ समन्वित करेगी और तब पूरब और पश्चिम मिलकर मनुष्य जाति के इतिहास को मनुष्यत्व और उससे आगे ईश्वरत्व की राह से जोड़कर काल और अकाल के बीच सेतु बना देंगे। इस तरह प्रत्येक मनुष्य को अनन्त तक चिर विकास का मार्ग मिल जायेगा। मानव-स्वभाव मनुष्यत्व में विकसित होगा और मनुष्यत्व ईश्वरत्व में। इस तरह असत्य की कोई भूमिका नहीं रह जाती मनुष्य के विकास में।

प्रश्नोपनिषद में आख्यान है कि सृष्टि के उपरान्त ब्रह्म ने चिन्तन किया कि मैं तो इस सृष्टि में रहूँगा नहीं अतः क्या करूँ कि मेरे न रहने पर भी जीवों को ऐसा

लगे कि मैं सृष्टि में ही हूँ। तब ब्रह्म ने सोलह कलाएँ रचीं, सृष्ट तत्त्वों को ही अपने कलात्मक स्पर्श से रूपान्तरित करके मनुष्यत्व में बदल दिया। एक ऐसा तत्त्व, मनुष्यत्व, बना दिया जो एक दृष्टि से देखने पर मरणधर्मा है और दूसरी दृष्टि से अमर है। जो इतना नाजुक है कि जरा-सी चोट लगने पर मर जाता है। प्रेम, मैत्री, करुणा, क्षमा, शील, सहयोग ऐसे ही गुण हैं मनुष्यत्व के, जो जरा-सी चोट लगने पर मर जाते हैं। बेवफाई, धृष्टता, उद्दण्डता, क्रूरता की चोट से मनुष्यत्व मर जाता है। यदि मनुष्यत्व मरते हुए क्रोध, प्रतिरोध, घृणा आदि नकारात्मक भावों को प्राप्त हो जाए तो राक्षसत्व में बदल जाता है। लेकिन सत्चरित्र व्यक्ति इसे मर जाने देते हैं, रूपान्तरित नहीं होने देते। वे दुष्टता, विश्वासघात, अभिमान आदि नकारात्मक भावों का जवाब उससे भी प्रचण्ड नकारात्मक भाव से नहीं देते। वे मनुष्य होते हुए राक्षस बने लोगों के सामने प्रश्न बन जाते हैं कि ये मनुष्य होते हुए भी उनके घात के बदले प्रतिघात क्यों नहीं करते! कोई सत्कर्म ऐसा नहीं करता मनुष्य, जिसका सुफल भगवान नहीं देते। सुफल यह है कि जो मनुष्य घात से विचलित होकर प्रतिघात नहीं करता उसका मनुष्यत्व मर कर पुनर्जन्म लेता है। मनुष्यत्व के गुण प्रेम, मैत्री, करुणा, सहयोग, सेवादि पहले की अपेक्षा कई गुना मजबूत होकर उसके हृदय में जन्म लेते हैं। उन पर भी चोट करें लोग, और मनुष्य प्रतिघात न करे तो उसका मनुष्यत्व और मजबूत होकर पुनर्जन्म लेता है। इस तरह उत्तरोत्तर मजबूत होकर वह अमरता प्राप्त कर लेता है। ऐसे लोग अनेक हुए भारत में, जिन्होंने उसे अमरता प्राप्त कराई। यह सिद्ध करता है कि सहनशीलता के कारण ही मनुष्यत्व के गुण अमर हो सकते हैं, अन्यथा नहीं। यह एक महान यज्ञ है जो मनुष्यत्व के नाजुक गुणों को, नाजुकता अक्षुण्ण रखते हुए उन्हें अमर कर देता है। ऐसी मानव-जातियों की कमी नहीं पृथ्वी पर जिनका मनुष्यत्व बचपन में ही मर जाता है और उनका चरित्र अमानवीय हो जाता है। उनका आदर्श राक्षसत्व हो जाता है।

प्रश्नोपनिषद में ऋषियों का कथन है कि प्राणात्, श्रद्धाम्, खम्, वायु, ज्योति, आपः, पृथ्वी, मन, इन्द्रियम्, अन्नात्, वीर्यम्, तपः, मंत्रः, कर्म, लोकः, च नाम–सोलह कलाएँ ब्रह्म ने सृष्टि में डालीं, इस उद्देश्य से कि उनके रहते मनुष्यों को लगता रहेगा कि ब्रह्म इसी सृष्टि में वास करता है, यद्यपि ब्रह्म इस सृष्टि में नहीं रहेगा। हमें यह नहीं भूलना चाहिए कि यह कर्म ब्रह्म ने किया, जिनकी परछाईं किसी मानव-बुद्धि में पड़ जाए तो उसे सत्य, शिव, सुन्दर के अस्तित्व में सहज ही विश्वास हो जाता है। यह कोई छल नहीं है, जो ब्रह्म मनुष्य को भ्रम में रखने के लिए कर रहे हैं। यह कोई जादूगरी नहीं, यथार्थ है। ब्रह्म आत्मा के भी आत्मा होने के कारण किसी एक स्थान में नहीं रहता, सर्वव्यापी है। मनुष्यत्व प्रतिरूप है ब्रह्म का, जिसे पृथ्वी

पर ही रहने के लिए ब्रह्म ने बनाया। यह सत्य-शिव-सुन्दर की तरह ब्रह्म की परछाईं है जो धरती से कभी नहीं मिटती। हत्यारे, अपराधी इसकी हत्या कर देते हैं, मगर यह फिर वैसा ही शुद्ध मनुष्यत्व बनकर जन्म ले लेता है। सत्यमय दर्शन की, सुन्दर मूर्तियों की और शुभ कर्मों की अनेकों बार हत्या की, भारत में विदेशी आक्रमणकारियों ने और स्वदेशी राक्षसों ने। मगर आज भी हर ज्ञानी व्यक्ति की मेधा में सत्य-शिव-सुन्दर इतने ही उज्ज्वल और पवित्र बनकर प्रकट होते हैं। ऐसे ज्ञानी की मेधा पर सत्य-शिव-सुन्दर के विनाशी कोई प्रभाव नहीं डाल पाते।

ब्रह्म का प्रतिरूप पृथ्वी का मनुष्य है। मनुष्यत्व की हत्या हजारों लाखों बार की कंस, रावण, हिरण्यकश्यप जैसों ने, किन्तु मनुष्यत्व जब भी पुनः प्रकट होता है, मानव-हृदय में, एक बार नष्ट किये जाने के बाद, तो उतना ही निर्दोष, पवित्र और कोमल होता है। दो विश्वयुद्धों के नृशंस मनुष्य के द्वारा मनुष्य के हत्याकाण्ड के बाद भी जिन मनुष्यों के हृदयों में मनुष्यत्व पुनः पैदा हुआ, पुनः जन्मे उस मनुष्यत्व पर विगत मनुष्यत्व की हत्याओं का लेशमात्र साया भी नहीं पाया जाता। इसी तरह सन् 47 के नरसंहार के बाद भारत ने मनुष्यत्व की अमरता में विश्वास नहीं खोया। अतः भारत में मनुष्यत्व का जो पुनर्जन्म हुआ इस पर विगत मनुष्यत्व की हत्या के कारण कोई विकृति नहीं आयी। सभी सम्प्रदाय भारत में उसी तरह मैत्री और प्रेम के साथ रह रहे हैं।

इसके विपरीत पड़ोसी देश आज भी अन्य समस्याओं के समूल उच्छेदन में सन् 47 के बाद से ही लगा रहा, किन्तु सत्य की हत्या कर देने का फल यह हुआ कि हत्या करने वाले ही दो टुकड़े हो गये। एक आतंकवादी बना रहा किन्तु दूसरे में मनुष्यत्व ने पुनर्जन्म ले लिया। वह अनुभव कर रहा है प्रश्नोपनिषद के इस सत्य को कि पृथ्वी में मनुष्यत्व वह तत्त्व है जो इतना नाजुक है कि कोई भी आतंकवादी इसे मार सकता है, किन्तु इसकी कोमलता में अमरता छुपी है। यह जब पुनर्जन्म लेता है तो इसे इसके साथ हुए अमानवीय हत्याकाण्ड की कोई घटना विकृत करके प्रतिहिंसक नहीं बना पाती।

मनुष्यत्व एक ऐसा आशाप्रद और मानवीय आदर्शों को अमरता प्रदान करने वाला तत्त्व है जिसका इतिहासकार की तनखैयावृत्ति कहीं जिक्र नहीं करती। पुराण-प्रथा भारत के ऋषियों ने अपनाई और इतिहास को तनखैयावृत्ति से लिखने का निषेध किया क्योंकि यह वृत्ति अभिमान, हत्योन्माद, लूट-मार को मर्दानापन कहती है। यह डार्विन की मानसिक प्रकृति को ही एकमात्र प्रकृति मानती है। पुराण इसके विपरीत है। पुराण यह दर्शाता है कि हजार बार जमाना हत्या के उन्माद से धरती को लाल कर दे, मनुष्यत्व की कभी मृत्यु नहीं होती। पुराण दर्शाते हैं कि मनुष्यत्व ब्रह्म का

पृथ्वी पर वास करने वाला वह तत्त्व है जिसकी मरकर भी मृत्यु नहीं होती। वही याद रखने की वस्तु है, हत्याकाण्ड नहीं। इतिहास लिखने की परम्परा रही, आतंकवादी लुटेरों व शासकों की नीचता और क्रूरता को वीरता दर्शाकर, बच्चों को स्कूलों में पढ़ाना और उनकी मनोवृत्ति को विकृत करना। इस दृष्टि से देखें तो भारत का पिछले एक हजार वर्षों का इतिहास दुख और निराशा की कहानी है। पुराण-लेखक ऋषि इसे बलिदान की अनुपम कथा कहेंगे, क्योंकि इस एक हजार वर्षों में, भारतीयों में, मनुष्यत्व बहुत जल्दी पुनर्जीवित होता रहा। आज भारत विश्व के सामने एक मिसाल है, ऐसे एकमात्र देश की, जिसके चरित्र ने जुल्मों के आगे घुटने नहीं टेके। राजनैतिक बेड़ियाँ पहनीं, मगर मानसिक और आध्यात्मिक स्वतन्त्रता को मिटने नहीं दिया। पिछले एक हजार वर्षों के भारत की इस महान् आधुनिक पौराणिक-गाथा के आगे आज भी राजनैतिक स्वाधीनता का ढिंढोरा पीटने वाले भारत के राजनैतिक दल कितने दयनीय लगते हैं! कोई भी भारतीय क्यों सन्तुष्ट नहीं है भारतीयों को मिली राजनैतिक स्वतन्त्रता से! लोग कहते हैं कि स्वतन्त्रता के बाद भारत को मानसिक और आध्यात्मिक बेड़ियाँ पहनाने की तैयारी 64 वर्षों से चल रही है। यह भारत ने देख लिया कि केवल राजनैतिक स्वतन्त्रता को स्वतन्त्रता मानने वाले सांसदों और विधायकों ने मानसिक और आध्यात्मिक स्वतन्त्रता खोकर अपने मानस और आत्मा को बेड़ियों से जकड़ दिया है। वे इस कदर सन्तुलन खो बैठे हैं कि स्वयं को भारत के छोटे-छोटे 550 राजाओं का संगठन और भारत की सवा अरब जनता को अपनी प्रजा समझने की धृष्टता कर रहे हैं। वे उस मनुष्यत्व को भूल ही गये हैं जिस रूप में ब्रह्म आज भी भारत के प्रत्येक नागरिक का और भारत माता का हृदय बनकर रहते हैं ।

उनसे अपेक्षा थी कि वे स्वतन्त्र भारत के कानून को ईगोकेन्द्रिक से निकालकर आत्मकेन्द्रिक बनाएँगे, क्योंकि यह परिवर्तन भारत की परम्परा के अनुकूल होगा। यह परम्परा वह ज्ञानमय परम्परा है जिस पर विश्व को आना होगा अन्यथा प्रजातन्त्र और जनता के बीच सन्देह के बीज पड़ते जा रहे हैं ।

यूरोप और अमेरिका ने ही नहीं, चीन और अरब देशों ने भी मनुष्यत्व की उपेक्षा करके, तर्कबुद्धि से, साम्यवाद से या धार्मिक कट्टरवाद से परम्परा बनाने की कोशिश की। तर्कबुद्धि को ब्रिटेन ने ब्रह्म का दर्जा दिया। अमेरिका ने प्रेगमेटिज्म, यानी 'चलती का नाम गाड़ी', को ब्रह्म का दर्जा दिया। अरब देशों और पड़ोसी देश ने धार्मिक उन्माद को ब्रह्म का दर्जा दिया। उन्हें विश्वास था कि परम्परा बनाना मनुष्य के हाथ में है, जिस बात में मनुष्य विश्वास करने लगे वही परम्परा बन जायेगी। परम्परा तो बन गयी मगर मृत परम्परा, अभिमानग्रस्त परम्परा, जो थोड़ी दूर जाकर रुक गयी। वहाँ से आगे

चलाने के लिए उसे अन्धविश्वास और जिद की जरूरत पड़ने लगी। इस ईगोग्रस्त, अभिमानग्रस्त परम्परा की नियति है कि उसकी ऐंठें और अकड़ उसे मार देती हैं। उसे जिद और अन्धविश्वास ही आगे ले जा सकते हैं, मगर जिद और अन्धविश्वास परम्परा का अर्थ ही विकृत कर देते हैं। मार्क्स ने 'तर्कयुक्त पदार्थवाद' की परम्परा बनाई इस विश्वास के साथ कि तर्क और वितर्क परस्पर टकराएँगे तो पूँजीवादी सभ्यता नष्ट होगी और मजदूरवाद की तानाशाही हो जायेगी। कुछ दिन बाद स्वत: ही मजदूरवाद की तानाशाही खत्म हो जाएगी और स्वशासित लोग होंगे। न शासक रहेंगे न राज्य। यही समन्वय होगा। सब लोग पूरी तरह स्वशासित और सभ्य होंगे, धन का समान वितरण हो जायगा, सब मनुष्य आत्मकल्याण के पथ पर लगे मिलेंगे। स्वतन्त्र मानव की परम्परा बन जायगी। यही मार्क्स का उद्देश्य था जो भ्रान्ति होकर रह गया।

किन्तु परम्परा ऐसे नहीं बनती। परम्परा पृथ्वी पर चलता हुआ मनुष्यत्व है, जो पूर्ण चैतन्य का मानव-हृदय में प्रकट हुआ प्रतिरूप है। रूस और चीन ने मार्क्स के सिद्धान्त में विश्वास करके, निर्ममता से अपने ही लाखों नागरिकों की हत्या करके, यह सीखा कि मार्क्स ने भावुकता से ग्रस्त होकर झूठे सब्जबाग दिखा दिये थे। रूस और चीन ने मार्क्स की परम्परा बनानी चाही, प्रत्येक मनुष्य की पूर्ण स्वाधीनता की, इस मूल सिद्धान्त की उपेक्षा करके कि चैतन्य आत्मा के अलावा कोई परम्परा नहीं बना सकता। जब मार्क्स की परम्परा की गाड़ी मजदूरों की तानाशाही पर ही रुक गयी और आगे नहीं बढ़ी तो रूस ने साम्यवाद को एक प्रपंच और झूठा सिद्धान्त मानकर त्याग दिया। चीन ने साम्यवाद और पूँजीवाद के बीच सेतु बनाकर अपने सिद्धान्त को अनर्गल में बदल दिया। चीन मतिभ्रम की नीति से जनता को बरगलाकर और डराकर शासन चला रहा है। चीन के शासक बिना परम्परा के ज्वालामुखी के ऊपर चबूतरा बनाये बैठे हैं। ज्वालामुखी को इस तरह शीतल जल में बदलने का ख्वाब स्वयं को धोखा देना है।

इतिहास को तर्क-वितर्क-समन्वय में तर्कबुद्धि ने बाँटकर हीगल और मार्क्स के लिए एक परम्परा बना दी, जो जी नहीं सकी। आत्मा से परम्परा उत्पन्न होती है। प्रकृति उसका लालन-पालन करती है। अन्यथा उत्पन्न की गयी परम्परा कभी नहीं चल पाती।

भारत में परम्परा बनी भक्ति साहित्य की, कबीर, नानक, तुलसी, सूर, मीरा आदि की चैतन्य आत्माओं के बल पर। यह परम्परा सारे विश्व में फैली, क्योंकि आत्मा का न तो सम्प्रदाय होता है, न कोई संकीर्ण देश। मध्य एशिया में, यूरोप में, अमेरिका में आत्माओं का यह संवाद फैला। आज भी वह भक्तिगीतों और प्रेमगीतों के रूप में जीवित है। अंग्रेजी साहित्य में केवल एक बार चैतन्य आत्मा ने एक

परम्परा को जन्म दिया जिसे आत्मा का प्रकृति से प्रेम नाम दिया गया। इस परम्परा को वर्ड्सवर्थ, कीट्स, कोलरिज, शेली, वायरल, चार्ल्स लैम्ब, सर वाल्टर स्काट की आत्माओं ने इंग्लैण्ड में जन-जन तक पहुँचा दिया। उसके बाद औद्योगिक क्रान्ति ने इसे पनपने नहीं दिया। हालाँकि अठारहवीं सदी में इसे डिकेन्स, टेनीसन, मैथ्यू आर्नल्ड आदि ने और हार्डी, यीट्स, एज़रा पाउण्ड आदि ने बीसवीं सदी के पूर्वार्ध तक, आंशिक रूप से जीवित रखा। उसके बाद अंग्रेजी साहित्य को वादों और फैशनों ने घेर लिया और किसी परम्परा का निर्माण नहीं होने दिया।

रूस में भी एक बार साहित्य की परम्परा बनी, चैतन्य आत्मा के बल के सहारे, जब पुश्किन, तुर्गनेव, दोस्तोयेवस्की, टाल्सटाय आदि की चैतन्य आत्मा ने रूस को एक राष्ट्र और एक जाति की प्रेममय भावना से भर दिया। उसके बाद लेनिन ने मायाकोवस्की आदि की मदद से सोवियत साहित्य परम्परा बनाने की चेष्टा की, साम्यवादी सिद्धान्त को केन्द्र बनाकर। किन्तु आत्मा के बिना आज तक रूस में कोई दूसरी साहित्य-परम्परा नहीं बन पायी।

यही हाल अमेरिका का हुआ। स्वतन्त्रता का आह्वान वाल्ट ह्विटमेन, विलियम जेम्स, मार्क ट्वेन, हरमन मेलविले, ईमर्सन आदि चैतन्य आत्माओं ने किया तो प्रेम, सौहार्द और मनुष्यत्व की परम्परा बनी। उसके बाद पूँजीवाद और कारपोरेट हाउसेज की चलन ने मनुष्यत्व की इस परम्परा को निगल लिया। आज अमेरिका में कोई भी वाद चल जाता है, चलाने वाला चाहिए, क्योंकि परम्परा नष्ट होते ही आत्मा खो जाती है। तब हर तरह का व्यभिचारी भाव साहित्य और धर्म के नाम पर चल जाता है। इस पतन से जो शक्ति राष्ट्र को बचा सकती है, उसे परम्परा कहते हैं और परम्परा को केवल आत्मा बना सकती है। बुद्धि, जिद या दादागिरी नहीं।

मनुष्यत्व मनुष्य-हृदय में जीता-जागता ब्रह्म है, जो भावना-प्रधान है। सत्य-शिव-सुन्दर की बुद्धि में जीता-जागता ब्रह्म है। ज्ञानियों की आत्मा के ये दोनों रूप ब्रह्मरूपी जड़ में समन्वित हैं। इन्हें जोड़ने की जरूरत नहीं, क्योंकि ये दो नेत्रों में एक ही दृष्टि की तरह एकत्व को ही दर्शाते हैं, एक ही वृक्ष की दो शाखाएँ होने के कारण।

वे ऋषि-ज्ञानी धन्य हैं, जिन्होंने भारत में परमात्मा का जीता-जागता बिम्ब बनाया मनुष्यत्व के रूप में और उसे मरकर पुनः अपने मौलिक रूप में पुनर्जन्म लेने वाला तत्त्व बनाने के लिए घोर तप किया। यही कारण है कि अग्नि की तरह मनुष्यत्व भी भारतीयों में एक भूरिजन्मा तत्त्व बन गया है, जिसमें ब्रह्म का प्रकाश विद्यमान है, ब्रह्म की चेतना और संवेदना विद्यमान है, जिसमें ब्रह्म का प्रेम, ज्ञान, करुणा, क्षमा और पाप की विस्मृति आदि अनेक गुण विद्यमान हैं। दुनिया हैरान है कि भारतीयों

में क्यों मनुष्यत्व चोट खाकर, बार-बार धोखा खाकर भी विकृत नहीं होता? इसका एकमात्र कारण यह है कि दूसरे देशों में मनुष्यत्व राक्षसत्व से चोट खाकर मर जाता है और राक्षसत्व बनकर पुनर्जन्म लेता है, इसका कारण है, उनके मरते हुए मनुष्यत्व के हृदय में विद्यमान प्रतिशोध की ज्वाला। प्रतिशोध उन्हें राक्षसत्व की अनुकृति बना देता है।

इसके विपरीत भारत के ऋषियों-ज्ञानियों ने कहा है कि मनुष्यत्व स्वयं ईश्वर है पृथ्वी पर। उसके मरने का दुख न करो, न उसको मारने वाले से बदला लो। तुम मनुष्य हो मनुष्य की मर्यादा में रहो। मनुष्य की मर्यादा में रहोगे तो तुम्हें ध्यान आ जाएगा कि ईश्वर की कभी मृत्यु नहीं होती। मनुष्यत्व मरता नहीं, अन्तर्धान हो जाता है। उसके बाद एक ही समय में करोड़ों लोगों के हृदयों में और भी पुष्ट मनुष्यत्व बनकर प्रकट हो जाता है। एक ही समय में अनेकों में प्रकट हो जाना ही Synchronicity है। मनुष्य की मर्यादा में न रहने वाले, नीत्शे की तरह कहने लगते हैं कि ईश्वर मर गया।

मनुष्यत्व ब्रह्म की अनुकृति है पृथ्वी पर। वह पशुओं में और राक्षसों में भी जन्म ले सकता है, ब्रह्म की छवि बनकर। जाम्बवन्त, सुग्रीव, जटायु, काकभुशुण्डी ऐसे ही पशु हैं जिनमें मनुष्यत्व बनकर ब्रह्म का प्रतिरूप प्रकट हो गया है। विभीषण का जन्म राक्षसों के बीच हुआ, किन्तु उसमें मनुष्यत्व प्रकट हो गया। बार-बार उसके मनुष्यत्व की हत्या हुई होगी, क्योंकि राक्षसों के बीच मनुष्यत्व का जीते रहना सम्भव नहीं, किन्तु बार-बार मरकर भी उसने विभीषण में बदला लेने की नीयत को नहीं बनने दिया। विभीषण ने अपनी राक्षसवृत्ति पर पूर्ण विजय प्राप्त कर ली। मनुष्यत्व को अपनाकर भी उसने राक्षसों का राजा बनकर सिद्ध कर दिया कि पृथ्वी पर मनुष्यत्व से अधिक बलवान राक्षसत्व नहीं है।

दारा, सिकन्दर, नेपोलियन, हिटलर, लेनिन, माओ, कंस, रावण, अरिल्ला, तोरामन, चंगेज आदि किसी भी मनुष्यत्व पर शासन करने की आकांक्षा रखने वाले मनुष्य की परम्परा नहीं चल पायी। इस दृष्टि से भी स्पष्ट है कि परम्परा ईश्वरीय शक्ति है, और केवल मनुष्यत्व की परम्परा धरती पर सफल हुई। शेष सभी परम्परा देर-सबेर नष्ट हो गयी। संस्कृतियाँ भी सब डूब गयीं, सिवाय भारतीय संस्कृति के, केवल इस कारण कि यह मनुष्यत्व की संस्कृति है। आधुनिक मानव तेजी से अन्य इतिहासों और परम्पराओं को छोड़कर मनुष्य की पुराण-संस्कृति और परम्पराओं की ओर लौट रहा है।

यह दुख की बात है कि पश्चिम में ईसाई राजाओं के समक्ष जब यह प्रश्न आया, जो कुछ पैगम्बरों के सामने आया था–जब हम दूसरों के साथ भलाई करें और दूसरे

हमारा बुरा करें तो हमें क्या करना चाहिए, तो दोनों मौकों पर निर्णय यही लिया गया कि बुराई का बदला बुराई से, दुष्टता और क्रूरता का बदला दुष्टता और क्रूरता से दो। पश्चिम के महानतम ज्ञानियों में से एक, गेटे ने अपने महाकाव्य 'फाउस्ट' में लिखा है, 'प्रगति, नहीं हो सकती जब तक हम दुष्टता से मैत्री न करें। दुष्टता के सहयोग से ही मनुष्य महान् कर्म कर सकता है, अन्यथा नहीं।' इन उक्तियों का इतना विषैला प्रभाव पड़ा पश्चिम पर कि दो विश्वयुद्ध लड़े पश्चिम वालों ने और सारी दुनिया को उनमें झोंक दिया और हिटलर जैसा विकृत मानसिकता वाला एक राष्ट्र-नायक उत्पन्न हुआ जिसने नस्लवाद का नारा लगाया जिसकी आग अभी तक दुनिया में लगी हुई है। दुष्टता से मैत्री का विध्वंसक मंत्र गेटे से सीखकर कुछ लोगों ने भारत का विभाजन कराने में और धार्मिक कट्टरतावाद की नींव डालने में घातक सहयोग दिया।

यह मानव जाति का सौभाग्य है कि आधुनिकता और परम्परा ने मानव जाति के इतिहास से जन्म नहीं लिया। ऐतिहासिक युद्धों और पारस्परिक वैमनस्य की स्मृति में आज का मानव कोई पारम्परिक उत्सव या त्योहार नहीं मनाता। कोई संगीत या साहित्य की स्थायी परम्परा नहीं बन सकती मनुष्यत्व का नाश करके या मनुष्यत्व को राक्षसत्व में विकृत करके। मार्क्स ने त्रिगुणात्मक 'डायलेक्टिकल पदार्थवाद' का भ्रान्तिपूर्ण नारा दिया। उसने कहा पूँजीवाद का विनाश मजदूर एकत्रित होकर करें और शासकों की हत्या करें और सत्ता पर कब्जा कर लें। वे जो शासन-व्यवस्था लायेंगे उससे धीरे-धीरे लोग इतने उन्नत चरित्र के हो जायेंगे कि सब, स्वशासित हो जायेंगे। न शासक रहेंगे और न शासित।

सत्तर वर्ष के बोल्शेविक शासन के बाद भी रूस में स्वशासन आने के आसार तक प्रकट नहीं हुए। तब रूस ने मार्क्सवाद को झूठा मानकर दफना दिया। चीन में भी, 62 वर्षों के साम्यवादी शासन में, लोग शासन के शिकंजे से त्राण नहीं पा रहे हैं। चीन के शासक चीनियों के व्यक्तित्व के दो टुकड़े कर देते हैं, आध्यात्मिक और शारीरिक। वे आध्यात्मिक को इतनी गहराई से दबा देते हैं जहाँ से स्वयं चीनियों को पता नहीं चलता कि उनका आधा व्यक्तित्व दफन है, उसके अभाव में केवल शारीरिक व्यक्तित्व लेकर जीने वाला मानव रोबोट तुल्य है जो अपने हित से अनभिज्ञ है और पूर्ण स्वाधीनता के लिए सर्वथा अनुपयुक्त हो गया है।

कार्ल पापर का कहना है कि साम्यवादियों ने मार्क्स का सर्वाधिक महत्त्वपूर्ण संवाद जनता से छुपा दिया है। साम्यवादी नेताओं को भय है कि उस संवाद को जान कर जनता नहीं छोड़ेगी। वह संवाद है; "मैंने तुम्हें केवल आर्थिक असमानता को दूर करने का रास्ता दिखाया है यह नहीं कहा कि असमानता दूर हो जाने पर तुम्हें सुख प्राप्त हो जायेगा। सुख-प्राप्ति का साधन है; आर्थिक समानता के बाद पदार्थ

की दुनिया को छोड़कर अध्यात्म की दुनिया में प्रवेश करना। सुख-शान्ति मनुष्य को केवल अध्यात्म की दुनिया में प्राप्त हो सकती है।"

आप युवा श्रोतागण पूरे भारत के युवा प्रतिनिधि हैं। आपकी अनुभूतियाँ और भावनाएँ अनाहत हैं। यही कारण है कि आप ब्रह्म के उस संगीत प्रणव ॐ को सुन सकते हैं अपने प्राणों की वीणा पर, अपने स्नायविक-संसार की तरंगों में। आप सौभाग्यशाली हैं कि आपने जन्म लिया है 21वीं शताब्दी के आरम्भ होने से सिर्फ चन्द वर्ष पहले। यह शताब्दी अभूतपूर्व है। आज का युवक सत्य के लिए आग्रह करता है। सत्य जानना चाहता है। कटु सत्य भी। उसका हृदय दुदन्ति से दुदन्ति, अमानुषिक से अमानुषिक घटनाओं से विदीर्ण नहीं होता, क्योंकि वह जानता है कि यह वृत्तान्त यथार्थ का है, जो सत्य से भिन्न है। यथार्थ मानव द्वारा नियंत्रित सत्य है। मनुष्य की कल्पना आशावंत हो, नैराश्यतिमिर से आच्छादित नहीं, तो हर दुदन्ति और वीभत्स घटना की पुनरावृत्ति रोकी जा सकती है। दुदन्ति और वीभत्स घटनाओं को देखकर आप भाग्य को नहीं कोसते। आप उसके कारण को ढूँढ़ते हैं। आप यह जान गये हैं कि विधाता ने इस संसार को ऐसा बनाया है कि यह कल्पना से जन्मा है किन्तु इसकी नियंत्रक बुद्धि है, भावना नहीं। भावना मनुष्य की वह पूर्ण शक्ति है जिसका उपयोग मनुष्यत्व का शासन स्थापित करने में और मनुष्यत्व को अमर करने में किया जाना चाहिए। इस संसार को तर्क, गणित और विज्ञान नियंत्रण में रखे हुए हैं वर्तमान में। यह मनुष्यत्व का विकास नहीं करेंगे

इस शताब्दी में मानव हृदय में एक अभूतपूर्व लगन लगी है। संसारी सत्य को जानने की। सूचना का अधिकार माँगा है इसी पीढ़ी ने। इसका मायने यह है कि शासक वास्तव में सम्प्रभु जनता के प्रत्येक नागरिक का सेवक है। चाहे वह प्रधानमंत्री हो, चाहे सांसद, चाहे प्रशासनिक अधिकारी। जनता के प्रत्येक व्यक्ति को अधिकार है शासन से पूछने का कि वह जो कर्म कर रहा है एक सामान्य नागरिक के प्रति, क्या वह सत्य और न्याय की कसौटी पर खरा है और मानवोचित है? अभी तक चुने हुए शासक समझते थे कि परीक्षाओं को पास करके आने वाले अधिकारी जनता के सेवक हैं किन्तु चुने हुए सांसद और विधायक, मंत्रीगण, मुख्यमंत्री व प्रधानमंत्री जनता के शासक हैं। आज यह स्पष्ट हो रहा है कि स्वतन्त्र मनुष्यों की पहचान यह है कि उनपर शासन करने वाला उनके द्वारा चुना गया प्रतिनिधि भी उनका सेवक है, शासक नहीं। यह कदम वास्तव में महत्त्वपूर्ण कदम है उस दिशा में जाने के लिए जिसकी कल्पना मार्क्स ने की थी, जिसपर चलकर एक दिन शासकों की जरूरत ही नहीं रहेगी। प्रत्येक मनुष्य राष्ट्र की जिम्मेदारी में भागीदार होकर उस मानसिकता को प्राप्त कर लेगा जो स्वतन्त्र मनुष्य की पहचान है। वह स्वयं को नियंत्रित रख सकता है ताकि

उसकी स्वतन्त्रता किसी नागरिक की स्वतन्त्रता का अतिक्रमण न करे।

एशिया और अफ्रिका के अनेक देशों जैसे मिस्त्र, लीबिया, सीरिया की जनता को ऐसे स्वभाव वाली जनता माना जाता था जो सुल्तानों और तानाशाहों के अधीन रहने की अभ्यस्त है। इस जनता ने भी 2011 में शासकों को खदेड़ दिया और व्यक्ति की स्वतन्त्रता का नारा बुलन्द किया। उन्होंने हुस्नेमुबारक और गद्दाफी जैसे तानाशाहों से सत्ता छीनी।

यह आधुनिकता प्राचीनकाल से उत्पन्न नहीं हुई। इसमें प्राचीनकाल की किसी ऐसी परम्परा को जीवित रखने की इच्छा नहीं है जो मनुष्यत्व को मजबूत न करती हो। ऐसा प्रतीत होता है इस आधुनिकता का सीधा सम्बन्ध उस परमपिता से है जिसे निरन्तर हमारी चिन्ता है। हमारा यह उत्तरदायित्व बनता है कि हम परमेश्वर, ब्रह्म या आद्यशक्ति किसी भी नाम से पुकारें, हम उस परमशक्ति के इस नये प्रयोग को सफल करने में पूरा सहयोग दें। ऋषियों की यह मान्यता है कि ब्रह्म हममें केवल आत्मा बनकर नहीं, आत्मा और मनुष्यत्व इन दो रूपों में निवास करते हैं। इन दोनों रूपों में प्रगाढ़ मैत्री कराये बिना पृथ्वी पर मनुष्य शासन नहीं चल सकेगा। श्रीकृष्ण और अर्जुन ने मिलकर धरा पर मनुष्यत्व के प्रतीक युधिष्ठिर का शासन स्थापित किया था। यह तभी सम्भव हो सका जब श्रीकृष्ण ने अर्जुन का अपहत हुआ स्वभाव और कार्पण्य दोष स्वयं अपने ऊपर ले लिए थे। उनके सारे कर्ता और कर्मफल भी अपने ऊपर ले लिए थे और यश अर्जुन को दे दिया था।

आधुनिकता आधुनिक काल नहीं है। आधुनिक काल अपौरुषेय है, आधुनिकता पौरुषेय है। भारत की आधुनिकता वह होगी जो हम अपने पौरुष, ज्ञान और मनुष्यत्व को समन्वित करके बनायेंगे।

आधुनिकता का अर्थ है आज तक मनुष्य की मेधा ने जितना सत्य जाना और कर्म में प्रकट किया उससे आगे के सत्य को जानने और व्यक्त करने के लिए आत्मा का सदैव जाग्रत रहना। भारत की भूमिका इसमें वह होगी जो हम बनायेंगे। इस बिन्दु पर कोई सन्देह नहीं है कि भारत का पथ वह है जिसमें मनुष्य के भौतिक, मानसिक और आध्यात्मिक व्यक्तित्व समन्वित हो जाते हैं।

भारत ने बहुत दुःख सहे हैं। अपने इस समन्वित मार्ग पर चलने के संकल्प को बनाये रखने के लिए आज विश्व अन्य मार्गों पर चलकर और उनसे हताश होकर क्षितिज को देख रहा है, किसी नये पथ की आशा में जो उसे सत्य की ओर ले जाये। वह जान गया है कि सत्य के बिना मनुष्य जीवनभूमि पर अनाथ है और संसार विजय पथ बनाने का स्थान न बनकर एक भूलभुलैया होकर रह जाता है।

भारत को मार्ग दिखाना है विश्व को। विश्व का अनुकरण करना आज की

परिस्थिति में विनम्रता नहीं मूर्खता होगी। आज भारत को गुरुपद स्वीकार करना ही होगा।

आप सभी का आज की इस संगोष्ठी में स्वागत करता हूँ और आशा करता हूँ कि यह संगोष्ठी अत्यन्त सफल होगी और यहाँ वाराणसी में एक मेनिफेस्टो तैयार होगा। मानव जाति के उज्ज्वल भविष्य का, जिसमें धरती का ऋत परमधाम के सत्य से समन्वित होगा।

सम्पर्क-सूत्र

विद्यानिवास मिश्र : प्रख्यात लेखक, विचारक एवं चिन्तक। देहावसान 14 फरवरी 2005

रामाश्रय राय : बी.एम. 36, शालीमार बाग, दिल्ली।

श्याम सुन्दर दुबे : श्री चण्डीबाई वार्ड, हटा, दमोह (म.प्र.)।

ओम प्रकाश : 74/6, सरयू कॉलोनी, पुरा गड़ेरिया-211004।

रमेश चन्द्र शाह : एम-4, निराला नगर, भदभदा रोड, भोपाल-462002।

अमरनाथ 'अमर' : 61 एफ, सेक्टर-4, बंगला साहबरोड, गोल मार्केट, नयी दिल्ली-110001।

दिलीप सिंह : प्रोफेसर, भाषाविज्ञान, इन्दिरा गाँधी नेशनल ट्राइवल यूनिवर्सिटी, अमरकण्टक।

माधवेन्द्र पाण्डेय : हिन्दी विभाग, पूर्वोत्तर पर्वतीय विवि (NEHU) शिलांग।

अच्युतानन्द मिश्र : 419, रॉयल टॉवर, क्षिप्रा सनसिटी, इन्दिरापुरम, गाजियाबाद।

चितरंजन मिश्र : प्रोफेसर, हिन्दी विभाग, दी.द.उ. गोरखपुर वि.वि., गोरखपुर।

राजेन्द्र प्रसाद पाण्डेय : सी 32/29 बी-7, अन्नपूर्णा नगर, वाराणसी।

भारती गोरे : रीडर, हिन्दी विभाग, बाबा साहेब अंबेडकर वि.वि., औरंगाबाद (महाराष्ट्र)।

अवधेश प्रधान : प्रोफेसर, हिन्दी विभाग, काशी हिन्दू विश्वविद्यालय, वाराणसी।

निर्मल कुमार : 266, फेज-II, वसन्त विहार-248006, देहरादून।

दयानिधि मिश्र : विद्याश्री, अभिलाषा कॉलोनी, पी.डब्ल्यू.डी. कार्यालय मार्ग, एक्सेल टावर के निकट, नदेसर, वाराणसी-2।

उदयन मिश्र : प्राचार्य, श्रीबलदेव पीजी कॉलेज, बड़ागाँव, वाराणसी-221204।

प्रकाश उदय : शिव. 5/41, आर-2, लक्ष्मणपुर, शिवपुर, वाराणसी-221003!